Python教科書

パイソン

はじめに

　「Python」は、研究機関でよく使われている言語で、最近では業務の効率化にも活用されています。

　また、「機械学習」や「深層学習」といった「人工知能」（AI）に関するライブラリが多くあるため、AI技術を業務に素早く取り入れることに適しているプログラミング言語です。

＊

　システムに実装されたAI技術が"ブラックボックス"でも、入力と出力が分かっていればそれを使って準最適な結果を導き出すことができます。

　「Python」では、AIのみならず、さまざまなドメインのライブラリが提供されており、それらを簡単に利用できる環境が整っているため、業務支援レベルのプログラムを容易に作ることができます。

　一見、ライブラリを利用することで高度なプログラミングができたように思われますが、本来のアルゴリズムの理解には至っていない開発者を生み出すことになりかねない、と危惧しています。

　しかし、「Python」においてはその手軽さが故に普及し、利用者が増えてきたのだと思います。

＊

　今後、社会で稼働している多くの基幹システムを「Python」で実装することはないでしょう。

　小規模なシステムにおいて、「Excel VBA」や「R言語」より少し高度な処理には適しているかな、ぐらいの感覚で学んでもらえると良いのではないでしょうか。

＊

　プログラムリストを丸写しして実行する段階を抜け出して、読者用のモジュールやパッケージ、便利ツールが作れるようになったら、もう初級者です。

　その先には、中級者の世界が広がっています。プログラミングを大いに楽しんでいただければ幸いです。

＊

　本書はPythonのプログラミングの基礎的な知識を網羅していますが、後半には「Excel操作」「Web処理」「画像処理」「GUIアプリケーション」などの応用事例も紹介しています。

　本書の例題には、すべてソースコードを例示しているため、すぐにでも試してみることができます。

　本書が、初心者だけでなく、初・中級者にも有用な一冊となれば幸いです。

大阪高槻・摂津峡にて
田中成典，鳴尾丈司，小林孝史，山本雄平

Python 教科書

CONTENTS

第1部　基礎編

第1章　「Python」の基本

第2章　演算子

第3章　分岐

第4章　繰り返し処理

第5章　シーケンス

第6章　文字列

第7章　関数

第8章　クラス

サンプルのダウンロード

　本書の**サンプルプログラム**は、サポートページからダウンロードできます。

＜工学社ホームページ＞

http://www.kohgakusha.co.jp/support.html

　ダウンロードした ZIP ファイルを、下記のパスワードを「大文字」「小文字」に注意して、すべて「半角」で入力して解凍してください。

FT45baQd

第1部

基礎編

第1部の初心者向けでは、Python 言語の「基本構文」と「関数」「クラス」「モジュール」「ファイル入出力」「例外処理」「ライブラリ」について解説。

サンプルプログラムや練習問題を通して、初歩的なプログラミング能力を高めてほしい。

第1章 「Python」の基本

「Python」は、オランダ人のグイド・ヴァンロッサム氏が 1991 年に発表した「インタープリタ型」の高水準汎用プログラミング言語の一種。
「インタープリタ」は、プログラムを実行する方法の 1 つで、「ソースコードを一命令ずつ解釈して実行するプログラミング」を指す。
そのため、コンパイルすることなくプログラムの実行結果を確認できる (1.1.5 参照)。

1.1 「Python」の概要

■ 1.1.1 「Python」とは

図 1.1 は「Python」のロゴマークを表わしたもの。
「Python」は日本語で「ニシキヘビ」を意味し、実際に「Python」のロゴには二匹の蛇が合わさったようなイラストがある。

しかし、名前の由来はニシキヘビからではなく、開発者のグイド・ヴァンロッサム氏が、短くてユニークな名前を求めていたときに、グイド本人が BBC（英国放送協会）のコメディ番組である「空飛ぶモンティ・パイソン」(Monty Python's Flying Circus) のファンであったことから、この名称を採用した。

図 1.1 「Python」のロゴマーク
公式サイト：https://www.python.org/

■ 1.1.2 「Python」の特徴

「Python」は、コードがシンプルであるため、**可読性が高く、効率的に記述できる**特徴がある。
そのため、初心者にも比較的学びやすい言語として注目を集めている。
また、他の言語と比べて **「科学技術計算用のライブラリ」** の充実度が高く、「データ解析」「統計処理」「機械学習」の分野で多く使われている。

＊

しかし、ソースコードを上から一行ずつ翻訳していくため、実行速度が遅くなってしまう場合があるため、「処理速度を求めるソフト」「スマートフォン・アプリ」「ゲーム」では、他の言語を使って開発が行なわれる傾向にある。
また、「Python」は **「インデント」** （字下げ）によって、「構文のブロック」を識別しており、インデントの未挿入やズレがあった場合は、エラーが発生してしまう。

「Python」のメリット / デメリットを、**表 1.1** に示す。

表 1.1 「Python」のメリット・デメリット

メリット	デメリット
・コードがシンプルで読みやすい ・簡単に記述できる ・豊富なライブラリ群	・実行速度が遅い ・インデント（字下げ）が厳格

■ 1.1.3 「Python」のバージョン

1994 年の「Python1.0」の誕生以来、数多くのアップデートが行なわれてきた。

その中でも、使用頻度の高いバージョンとして、「**Python 2（2系）**」と「**Python 3（3系）**」の 2 つが存在する。

「Python 2」については、20 年近くサポートが継続されたが、2020 年 1 月をもってサポートおよび新規バージョンのリリースが終了した。

また、「Python 2」は「Python 3」とプログラムの記述方法が大きく異なり、それぞれの間で互換性の問題が存在しているため、現在では「Python 3」への環境移行が行なわれている。

＊

以降、本書では「**Python 3**」の規則にしたがって、内容を記述していく。

■ 1.1.4 オブジェクト指向

「オブジェクト指向」とは、「オブジェクト」を処理単位としてプログラミングを行なう考え方であり、「Python」は「オブジェクト指向型言語」の 1 つ。

「オブジェクト」は、Python が扱う「整数」「実数」「文字列」などのデータ（変数）を保持するとともに、そのデータを処理するための機能（メソッド）を有している。

「オブジェクト指向」では、このオブジェクトを使ってデータ間の関係や振る舞いを記述することでプログラムを作成する。

＊

「Python」で扱われるデータは、すべてオブジェクトまたはオブジェクト間の関係として表わされ、「同一性」「型」「値」をもっており、これらを組み合わせてプログラムを作ることを「**オブジェクト指向プログラミング**」と言う。

■ 1.1.5 「インタープリタ言語」と「コンパイラ言語」

プログラミング言語には、「インタープリタ言語」と「コンパイラ言語」の 2 種類が存在する。

＊

「インタープリタ言語」は、プログラムを逐次翻訳して実行し、「コンパイラ言語」はすべてのコードを機械語へ変換してから実行する。

「インタープリタ言語」と「コンパイラ言語」の違いを**図 1.2** に示す。

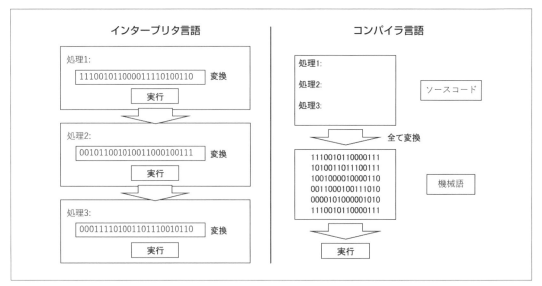

図 1.2 「インタープリタ言語」と「コンパイラ言語」の違い

「インタープリタ言語」と「コンパイラ言語」の特徴を**表 1.2** に示す。

表 1.2 「インタープリタ言語」と「コンパイラ言語」の特徴

特 徴	インタープリタ言語	コンパイラ言語
動作速度	低速	高速
コードの修正	容易	困難
機械語への翻訳	不要	必須
開発規模	小規模開発や中規模開発	大規模開発
主な言語	Python、Ruby、PHP	C/C++、C#、Java、Go

● インタープリタ言語

「インタープリタ」とは、プログラムを機械語へ同時通訳すること、またはその仕組みそのものを指す。

「インタープリタ言語」は逐次ソースコードを翻訳して実行するため、実行に時間が掛かる。

一方、コンパイルが必要ないため、実行に失敗した時点でエラーを確認して修正する作業（デバッグ）ができる。

● コンパイラ言語

「コンパイル」とは、コンピュータが認識できるように機械語へ翻訳することを指す。

コンピュータは、プログラムをそのまま理解することができないため、コンパイルすることで人間が理解できる言語から機械が理解できる言語へプログラムをすべて変換する。

「コンパイラ言語」は、「インタープリタ言語」と比べてプログラム作成の難易度が高い傾向にある。

1.2 「絶対パス」と「相対パス」

■ 1.2.1 「パス」とは

コンピュータでディレクトリやファイルを指定するには、コマンドライン上で「パス」を指定する必要がある。

「パス」とは、コンピュータ上のファイルまでの道順を表わしており、**「絶対パス」**と**「相対パス」**の2種類がある。

たとえば、「Python」で「画像」や「テキスト・ファイル」を読み込むには、「パス」を指定してそのファイルの場所を明示する必要がある。

また、ディレクトリ名やファイル名は「¥」や「/」によって区切られている。

■ 1.2.2 「絶対パス」と「相対パス」の概要

ここでは、「絶対パス」と「相対パス」について解説する。

● 絶対パス

「絶対パス」とは、**階層構造のトップ（root）から目的のディレクトリやファイルがある場所までの道順**を示したもの。

Windowsでは、ドライブ名から目的のディレクトリまでのパスを記述する。

初期設定時に指定したコンピュータの使用者名が「UserName」へ反映される。

【「絶対パス」の例】

```
C:¥Users¥UserName¥Documents
```

● 相対パス

「相対パス」とは、**「カレント・ディレクトリ」から目的のディレクトリやファイルがある場所までの道順**を示したもの。

「カレント・ディレクトリ」とは、ユーザーやプログラムがその時点で作業を行なっている地点のことを指し、「.¥」で表わされる。

また、下層の相対パスを指定する場合、「.¥」は省略しても構わない。

「カレント・ディレクトリ」から下層のディレクトリまでのパスを示す記述方法を以下に示す。

【「相対パス」の例：「カレント・ディレクトリ」が「C:¥Users¥UserName」の場合】

```
.¥Documents
または
Documents
```

この例では、「カレント・ディレクトリ」までの「絶対パス」は、「C:¥Users¥UserName」となり、「カレント・ディレクトリ」は「.¥UserName」になる。

そのため、「カレント・ディレクトリ」より下に存在する「Documents」を相対パスで表わす場合、「.¥Documents」または「Documents」と表わす。

また、「カレント・ディレクトリ」より上の階層に存在するディレクトリやファイルについても、相対パスを使って表わすことができる。

「カレント・ディレクトリ」よりも上層にあるディレクトリまでのパスを示す記述方法を以下に示す。

「カレント・ディレクトリ」から1つ上の階層の相対パスは「..¥」で表わされる。

2つ以上のディレクトリを表わす場合は、「..¥」をさらに追記する。

【「相対パス」の例：同じ階層にあるディレクトリを参照する場合】

```
..¥Music
```

「C:¥Users¥UserName¥Documents」の地点にいるユーザーが、「C:¥Users¥UserName¥Music」の地点を相対パスで表現する場合、1つ上のディレクトリの相対パス「..¥」を加えて「..¥Music」までの位置を表わす。

また、2つ上にあるディレクトリの「Users」を表わす場合、「..¥..¥」と記述する。

■ 1.2.3　ディレクトリ操作・移動

コンピュータでは、「シェル」を使うことで、ディレクトリの新規作成や、パスを指定することでディレクトリ間の移動ができる。

「シェル」とは、コマンドを使ってコンピュータの操作や設定ができるソフトのことを指す。Windows では、「PowerShell」と呼ばれるソフトウェアが標準的に搭載されている。

> ※ 他にも、「コマンドプロンプト」と呼ばれる同様のソフトウェアが Windows には内蔵されているが、機能に制約があるため、本書では「PowerShell」を使って解説を行なう。

「PowerShell」を起動させるには、Windows の検索欄に「PowerShell」と入力するか、「Windows キー」と「x」を同時に押し、現われたウィンドウの項目から「Windows PowerShell」を選択する。

「PowerShell」で使う基本的なコマンドを**表1.3**に示す。

表 1.3　「PowerShell」の基本的なコマンド

コマンド名	コマンドの意味	記述方法	説　明
mkdir	ディレクトリの新規作成	mkdir 新規ディレクトリ名	新規ディレクトリを作成
cd	ディレクトリの移動	cd 絶対パスまたは相対パス	指定したパスへ移動
		cd ..¥	1つ上の階層へ移動
ls	ディレクトリとファイルの一覧の表示	ls	フォルダ内の情報を表示
pwd	絶対パスの表示	pwd	「カレント・ディレクトリ」の絶対パスを表示

*

次に、ディレクトリの新規作成とディレクトリの移動方法について解説する。

● ディレクトリの新規作成
「PowerShell」を起動させると、図1.3の左側に示すような画面が表示される。

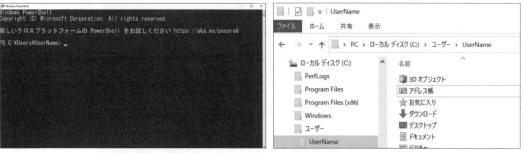

図1.3 「PowerShell」の起動画面とエクスプローラ画面

「PowerShell」の画面に表示されている「C:¥Users¥UserName>」は、現在ユーザーがいる位置の絶対パスを表わす。
「C:¥Users¥UserName>」は、エクスプローラでは図1.3の右側に示す画面の位置に相当する。

次に、「C:¥Users¥UserName>」の下層に、本書で扱う「Python」のプログラムを保存するディレクトリを作る。
「PowerShell」上で新しくディレクトリを作るには、「mkdir」コマンドを使う。
ここでは、以下の例のようにして「Python_TextBook」ディレクトリを作る。

【「PowerShell」でディレクトリを新規作成する場合の例】

mkdir Python_TextBook

コマンドを実行した場合、図1.4の左側に示すような画面になる。
また、エクスプローラで右クリックした後、新規作成からディレクトリ名を入力することで、同様の作業を行なうことができる。

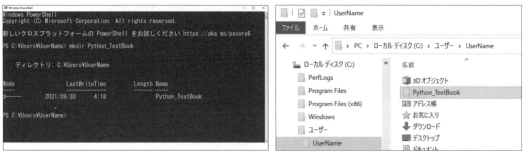

図1.4 ディレクトリの新規作成を行なう場合の画面

また、ディレクトリの一覧を確認したい場合には、「ls」コマンドを使う。
「PowerShell」上に「ls」と入力することで、「カレント・ディレクトリ」に存在するディレ

クトリとファイルの一覧が出力される。

たとえば、「Python_TextBook」ディレクトリを作成した後に「ls」コマンドを実行した場合、**図 1.5** に示すような画面になる。

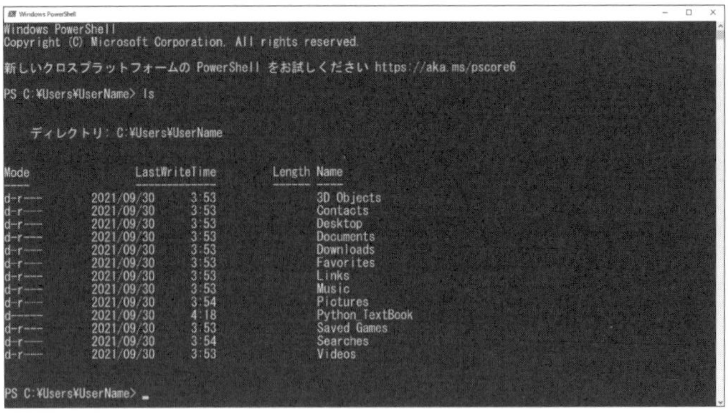

図 1.5　ディレクトリ一覧を表示した画面

● ディレクトリ間の移動

「PowerShell」上でディレクトリ間を移動するには、「cd」コマンドを使う。

このコマンドを使うことで、指定したディレクトリへ移動することができる。

ここでは、先に作成した「Python_TextBook」ディレクトリへ「カレント・ディレクトリ」を移動する。

【「PowerShell」でディレクトリ間を移動する場合の例】

```
cd Python_TextBook
または
cd C:¥Users¥UserName¥Python_TextBook
```

また、「pwd」コマンドを使うことで、「カレント・ディレクトリ」の絶対パスを確認することができる。

「PowerShell」上に「pwd」と入力することで、「絶対パス」がコマンドラインへ出力される。

ディレクトリを移動し、「絶対パス」をコマンドライン上に表示させたものを**図 1.6** に示す。

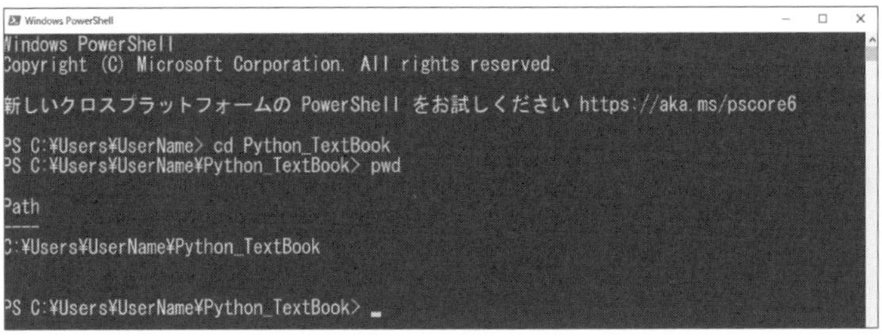

図 1.6　ディレクトリを移動し、「絶対パス」を表示した画面

1つ上の階層のディレクトリに戻る場合には、「cd ..¥」と入力して実行することで「カレント・ディレクトリ」を移動できる。

【「PowerShell」で 1 つ上の階層へ移動する場合の例】

```
cd ..¥
```

1.3 プログラムの「記述」「実行」「終了」「変換」

1.3.1 プログラムの概要

コンピュータが実行する命令を記述した「プログラム」を「ファイル」に記述する。

プログラムを記述するには、「テキスト・エディタ」「IDE（統合開発環境)」「ウェブサービス」などを使う。

*

「Python」のプログラムとしてファイルを保存するときは、ファイル名の拡張子(形式)に「.py」をつける。

「拡張子」とは、コンピュータ内におけるファイルの種類を識別するために使われるもので、ファイル名の末尾に記載される。

Windows では、エクスプローラのオプションを切り替えることで、拡張子が表示されるようになる。

1.3.2 プログラムの記述

Python プログラミングでは、**「インデント」**の概念を理解する必要がある。

「インデント」とは、行頭に空白を挿入して字下げを行なうことで、「Python」ではインデントによって処理内容を区分する。

つまり、同じインデントでまとめられた処理は1つのブロックとして扱われる。

さらに、インデントによってプログラムの動作が大きく変化するため、インデントは「Python」において非常に大きな役割を果たす。

また、インデントを行なう場合は、半角スペースを4つ挿入することに注意が必要である。

インデントによる処理内容の区分を**図 1.7** に示す。

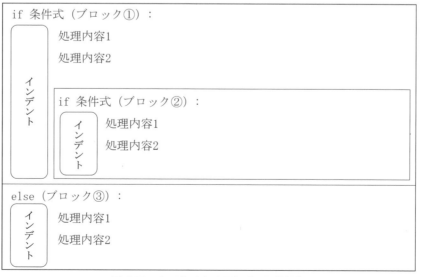

図 1.7　インデントによる処理の区分規約

インデントの指定が不正確である場合、次のようにエラーが発生する。

【実行結果：エラーの例】

```
Traceback (most recent call last):
 File " C:\Users\UserName\Python_TextBook\Chapter1\IndentationError.py", line 9
  print(str(value) + " は偶数。")
  ^
IndentationError: expected an indented block
```

また、一連の規則は、**図 1.8** に示すように「PEP 8 -- Style Guide for Python Code」と呼ばれる「Python」のコーディング規約にまとめられており、「Python」プログラミングのルールとなっている。

図 1.8 「Python」のコーディング規約
参照サイト：https://www.python.org/dev/peps/pep-0008/

次に、プログラムの使用例を**プログラム 1.1** に示す。

プログラム 1.1 はターミナルから入力された値が、奇数か偶数のどちらであるかを判定するプログラム。

プログラムのフロー図を**図 1.9** に示す。

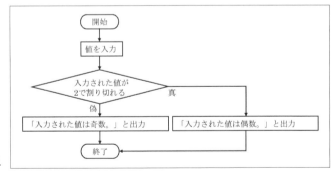

図 1.9 プログラム 1.1 の処理の流れ

プログラム 1.1 プログラムの使用例

```
001 print(" 値を入力してください。")              # 文字列の出力
002 value = int(input( ))                        # 数値型の値の入力
003 print(" 入力された値は " + str(value) + "。")   # 値の出力
004
005 """                                          #""" で囲まれた
006 入力された値に対して、2 で除算した余りが 1 か 0 かで、    行は注釈文として
007 その値が奇数か偶数であるかを判別する。              実行されない
008 """
009
010 if value % 2 == 0:
```

```
011      print(str(value) + "は偶数。")          # 偶数の場合
012 else:
013      print(str(value) + "は奇数。")          # 奇数の場合
```

【実行結果】

```
値を入力してください。
6
入力された値は 6。
6 は偶数。
```

【プログラム解説】

001 行目	「print」関数を使って、文字列を出力する。
002 行目	「input」関数を使って、「value」へ値を入力する。
003 行目	「print」関数と数値を文字列に変換する「str」関数を使って、「value」に入力された値を出力する。
005 行目〜 008 行目	ダブル・クォーテーションを使って、複数行の注釈文をプログラム上に記述する。
010 行目	「if 文」を使って、「value」を「2」で割った余りが「0」となるかどうかを判定する。
011 行目	「print」関数を使って、「value」が偶数であることを出力する。
012 行目〜 013 行目	「value」が偶数でないため、「print」関数を使って、「value」が奇数であることを出力する。

■ 1.3.3 プログラムの実行

　「Python」で記述されたプログラムを実行するには、「Python」の公式サイトからソフトウェアをダウンロードし、コンピュータに「Python」をインストールする必要がある。

　また、プログラムは「PowerShell」「IDE」「ウェブサービス」などで実行できる。
　特に、「IDE」を使うことで、プログラムの記述から実行まで1つのソフトウェアで行なうことができる。
　その他にも、コンピュータ上で「Python」のプログラムを実行するには、主に次の2種類がある。

●「PowerShell」でファイルを指定して実行する方法
　「PowerShell」で「Python ファイル」を実行するには、そのファイルのある場所まで移動して実行するか、ファイルまでの「絶対パス」または「相対パス」を指定して実行する。
　ファイルを指定して実行（図 1.10）することで、ファイル内に記述されたプログラムを実行できる。

図 1.10 「PowerShell」を使ったプログラムの実行結果

【プログラムの実行方法】

```
python ファイル名
または
python ファイルまでの絶対パスまたは相対パス
```

● 「対話モード」で実行する方法

「Python」では、「PowerShell」や「ターミナル」などを使って、直接入力したコードを即座に実行できる「対話モード」と呼ばれる機能がある。

「対話モード」を使うことで,簡単なプログラムはファイルを新規作成することなく実行 (図 1.11) できる。

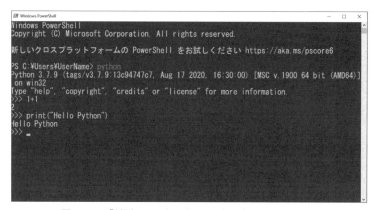

図 1.11 「対話モード」を使ったプログラムの実行結果

「対話モード」を起動するには、「PowerShell」やターミナル上で「python」と入力する。

「対話モード」が起動した状態では、コマンドライン上に「> (大なり記号)」が 3 つ並んだ「>>>」が表示され、コマンドの入力待ち状態になる。

また、「PowerShell」に「exit( )」と入力して「Enter」を押す (図 1.12) か、「Ctrl」+「Z」または「Ctrl」+「D」を押すことで「対話モード」を終了できる。

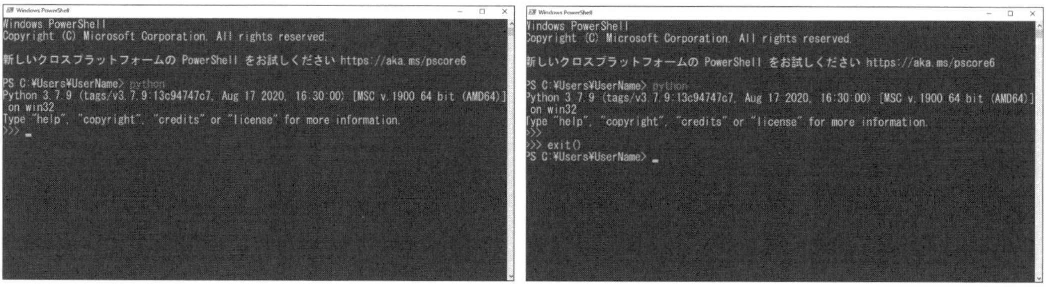

図 1.12 「対話モード」の起動・終了

■ 1.3.4　プログラムの終了、停止

　誤った記述などにより、「Python」のプログラムが止まらなくなってしまった場合、「PowerShell」を選択した状態で「Ctrl」＋「C」を入力することにより、そのプロセスを終了させることができる。

　また、プログラムの動作を一時停止させたい場合、キーボード上の「Pauseキー」を押すことでプロセスを一時停止でき、任意のキーを押すとプロセスが再開される。

■ 1.3.5　プログラムの変換

　「インタープリタ言語」である「Python」では、コンパイルを実行する必要はないが、「バイトコンパイル」を使ってプログラムを機械語へ変換できる。

　コンパイルされたファイルの拡張子は「.pyc」になり、同一フォルダ内へ自動作成される「__pycache__」フォルダへ実行ファイルが保存される。

＊

　「Python」でコンパイルを行なうには、次の2つの方法がある。

●「compileall」を使ったコンパイル方法

　「compileall」では、ファイル名またはフォルダ名を指定することで、プログラムをコンパイルすることができる。

　また、フォルダ名を指定した場合、そのフォルダ内にあるすべてのファイルがコンパイルされる。

【「compileall」の記述方法】

```
python -m compileall ファイル名またはフォルダ名
```

●「py_compile」を使ったコンパイル方法

　「py_compile」では、ファイル名を指定することで、プログラムをコンパイルできる。

　「compileall」の場合と異なり、フォルダ名を指定してコンパイルを実行した場合、エラーが発生してしまう。

【「py_compile」の記述方法】

```
python -m py_compile ファイル名
```

1.4 型

「型」とは値の種類を表わすもの。
ここでは、**「数値型」**と**「シーケンス型」**について解説する。

■ 1.4.1 数値型

主な「数値型」の種類と特徴を**表 1.4** に示す。

表 1.4 「数値型」の種類と特徴

型の名前	型の種類	値の範囲
int 型	整数	上限なし
float 型	浮動小数点	$-1.7976931348623157e+308 \sim 1.7976931348623157e+308$
complex 型	複素数	$-1.7976931348623157e+308 \sim 1.7976931348623157e+308$
bool 型	論理	True または False

● int 型 (整数型)

「int 型」は、**「整数」**を扱う型。
「整数」とは、小数点を含まない「0」「正の数」「負の数」のことを指す。

> ※ 本来「int 型」には扱える数値の上限があるため、大きな値を扱うための「long 型」(長整数型) が存在するが、現在の「Python」のバージョンでは「long 型」は「int 型」に含まれており、値の上限はない。

● float 型 (64bit 倍精度浮動小数点型)

整数のみ扱う「int 型」に対し、「float 型」では**「実数」**を扱う型。
小数点を含む「正の数」や「負の数」がこれに当たる。

> ※「Python」では「C 言語」や「Java」における「32bit 単精度浮動小数点数」は標準で存在しない。

● complex 型 (複素数型)

「complex 型」は、**「複素数」**を扱う型。
「複素数」とは、「5-i」や「-2+8i」といった実数と虚数を組み合わせた数のこと。

> ※「Python」では、虚数部分を「i」ではなく「j」と書くことに注意が必要。
> また、虚数部分の前に数字が記述されていない場合、「Python」ではそれを虚数として認識できずエラーとなってしまうため、「5-1j」といったように虚数部分の前に数字を入れる必要がある。

● bool 型 (論理型)

「bool 型」は、**「真偽値」**を扱う型。
「True」(真) か「False」(偽) を格納する。
「True」は「int 型」の「1」と、「False」は「int 型」の「0」と同値であるため、「bool 型」同士で演算できる。

■ 1.4.2　シーケンス型

　「シーケンス型」とは、複数の値を順番に並べて 1 つにまとめるための型で、「数値」や「文字列」を扱うことができる。

　シーケンスのはじめの要素は、0 番目としてカウントされるため注意が必要。

● リスト型（list 型）、タプル型（tuple 型）

　「リスト型」と「タプル型」は、複数の値をまとめて管理できる。

　それぞれの違いとして、リストは値を追加、変更や削除ができる。このことを「ミュータブル」（mutable）と言う。

　一方、「タプル」では一度格納した値を変更することはできない。
　このことを「イミュータブル」（immutable）と言う（5 章参照）。

● 文字列型（str 型）

　「文字列型」では、文字列を扱う。

　「文字列型」として代入された値（文字、数値、記号など）はすべて文字列として扱われることになる。

　また、両端を「'」（シングル・クォーテーション）または「"」（ダブル・クォーテーション）で囲むことで文字列を表現できる（6 章参照）。

1.5　文

　ここでは、「実行文」「制御文」「注釈文」について解説する。

● 実行文

　「実行文」とは、プログラムが実行する命令の文。

　「実行文」には、**「単文」**と**「ブロック」**がある。
　「単文」とは、**【単文の記述例】**に示した単一行の命令文を指す。
　「ブロック」とは、**【ブロックの記述例】**に示したインデントによって区分された複数行の命令文を指す。

　特に、「関数」（7 章参照）や「クラス」（8 章参照）では、「ブロック」によって処理の大きなまとまりを区分する。

【「単文」の記述例】

```
print(" 値を入力してください。")           # 値の出力
```

【「ブロック」の記述例】

```
if value % 2 == 0:                       # 偶数の場合
    print(str(value) + " は偶数。")
else:                                    # 奇数の場合
    print(str(value) + " は奇数。")
```

● 制御文

「制御文」とは、コンピュータが実行する処理の流れを制御する文。

「制御文」には、「分岐」(**3 章参照**)と「繰り返し処理」(**4 章参照**)がある。

【制御文の記述例】

```
if value % 2 == 0:                        # 偶数の場合
    print(str(value) + " は偶数。")
else:                                     # 奇数の場合
    print(str(value) + " は奇数。")
```

● 注釈文

「注釈文」とは、プログラム内に記述された「コメント」のことで、記述方法として**「単数行」**と**「複数行」**の 2 種類がある。

コメントを書き入れることで、コードの可読性を高めることができる。

また、複数人でプログラムを作成する場合、コメントを書き入れることで、他のメンバーにもその内容を一目で伝えることができる。

他にも、実行させたくないコードを一時的にコメントとすることで、その部分を消すことなく動作確認を行なうことができる。

【単数行の記述例】

```
value = int(input( ))                     # 値の入力
```

【複数行の記述例】

```
"""
入力された値に対して、2 で除算した余りが 1 か 0 かで、
その値が奇数か偶数であるかを判別する。
"""
```

コメントが「単数行」の場合、半角の「#」から右側の部分をコメントとして扱う。

「複数行」の場合、上下で 3 つ並んだ「'」(シングル・クォーテーション)または「"」(ダブル・クォーテーション)で囲まれた範囲がコメントになる。

1.6　エスケープ・シーケンス

「エスケープ・シーケンス」は、「改行」や「行送り」といった文字として表現できない記号を表わすための特殊文字のこと。

＊

「Python」で使われる特殊文字を**表 1.5** に示す。

「Python」で使われる特殊文字の中でも「¥」は「継続文字」と呼ばれ、「¥」の後ろにある改行記号を無視し、行が継続されている状態とみなす。

表 1.5　主な特殊文字

特殊文字	意　味	特殊文字	意　味
￥	文字列を継続する	￥f	フォームフィード（改ページ）
￥￥	バックスラッシュ（\）	￥n	行送り
￥'	シングル・クォーテーション（'）	￥r	復帰
￥"	ダブル・クォーテーション（"）	￥t	水平タブ
￥a	端末ベル	￥v	垂直タブ
￥b	バックスペース	￥0	NULL 文字

【特殊文字の記述例】

```
print(" 入力された値に対して、2 で除算した余りが 1 か 0 かで、￥
その値が奇数か偶数であるかを判別する。")
```

【実行結果】

入力された値に対して、2 で除算した余りが 1 か 0 かで、その値が奇数か偶数であるかを判別する。

　「Python」では、「￥」を使うことで長いソースコードを複数行に分けて記述できる。

　ただし、ここでの改行はあくまで表面上で、**そのプログラム自体は 1 行のコードとして認識**される。

　たとえば、【特殊文字の記述例】に示すように、「￥」を使うことで文字列を途中で改行することができるが、出力結果自体は 1 行となっている。

1.7　変数

■ 1.7.1　「変数」とは

　「変数」とは、一般的に「値を格納するボックス」または「値の保管場所を示すラベル」のどちらかを意味する。

　どちらの概念を指すかはプログラミング言語によって異なり、「Python」では、後者の「値の保管場所を示すラベル」としての役割を意味する。

*

　「変数」は、「数値型」や「シーケンス型」の値を繰り返し入れたり、参照したりすることが可能である。

　変数を使うことで、実行結果や演算結果などのプログラム実行中に使うあらゆるデータを一時的に記憶し、管理できる。

*

　変数を使うには、変数名に「値」を代入して「定義」する必要がある。

　「C 言語」や「Java」といった他の言語では、変数を定義して初期値を設定する場合、「変数の定義」や「宣言」を行なう必要があるが、「Python」では不要。

■ 1.7.2　変数名

変数を識別するには、「**変数名**」を指定する必要がある。

「変数名」は、開発者が自由に命名できるが、いくつかの制約を守らなければならない。

変数の命名規則を次に示す。

・a～z, A～Z,「_（アンダースコア）」, 0～9のいずれかを使う。
・「名称の先頭の文字」は、「英文字」または「_」を使う。
・「名称の先頭の文字」に「数字」は使えない。
・名前の長さに制限はない。
・「英小文字」と「英大文字」は区別される。
・「予約語」と同じ名称は使えない。

「予約語」とは、あらかじめ決められた意味をもつ単語である。

予約語一覧を**表 1.6**に示す。

表 1.6　予約語一覧

予約語				
and	continue	for	lambda	try
as	def	from	nonlocal	while
assert	del	global	not	with
async	elif	if	or	yield
await	else	import	pass	False
break	except	in	raise	None
class	finally	is	return	True

■ 1.7.3　変数の定義

変数には、**代入演算子「=」**を使って「値」を代入する。

代入演算子「=」は右辺の値を左辺で指定した変数名に代入することを表わす（**2章参照**）。

【変数を定義する記述方法】

```
変数名 = 数値や文字列、式も可能
```

【変数定義の記述例】

```
result = str(value) + "は偶数。"
```

「Python」では、変数を定義する場合に値の型が自動的に指定されるため、開発者が自ら型を指定する必要はないが、**変数に異なる型の値を入れることはできない**ため注意してほしい。

異なる型の値を変数に代入する場合は、一度変数の型を変換する必要がある。

【変数の記述例】では、「str( )」を使って、「value」を文字列型へ一時的に変換し、型を文字列型へ統一して演算（ここでは文字列を結合）している（**6章参照**）。

1.8　　データの入出力

データの入出力には、さまざまな方法がある。
ここでは、代表的な入出力関数を解説する。

● データの入力

「数値型」や「シーケンス型」を入力するには、「input」関数を使う。

【「input」関数の記述方法】

```
変数名 = input( )
```

【「input」関数の記述例】

```
value = int(input( ))
```

「input」関数により入力した値を利用するには、その値を変数へ代入する必要がある。
また、入力する値の型をあらかじめ指定することができる。

● データの出力

指定した値をコマンドライン上へ出力するには、「print」関数を使う。

【「print 関数」の記述方法：変数の値を出力する方法】

```
print( 変数名 )
```

【「print 関数」の記述方法：値を文字列として出力する方法】

```
print(" 出力したい文字列 ")
```

【「print 関数」の記述例】

```
print(" 値を入力してください。")
```

変数名を指定することで、変数に格納された値を出力できる。
また、値を「'」（シングル・クォーテーション）または「"」（ダブル・クォーテーション）
で囲むことで、文字列として出力できる。

上記の基本的な入出力方法に限らず、「Python」では他にも「read」関数や「write」関数
を使って、ファイルの読み込みや書き込みを行なうことができる（**10 章参照**）。

1.9 ライブラリ

■ 1.9.1　「ライブラリ」とは

　「ライブラリ」とは、**「関数」「クラス」「モジュール」「パッケージ」**の総称で、「Python」を使う場合に便利な機能がまとめられたもの。

*

　「Python」には、利用頻度の高い機能がまとめられた**「標準ライブラリ」**があらかじめ準備されている。

　また、「Python」には「標準ライブラリ」以外にも、さまざまなライブラリが用意されており、必要なものを追加することもできる（**12 章参照**）。

● 標準ライブラリ

　「標準ライブラリ」とは、「Python」と一緒にインストールされるライブラリのことで、「Python」を使う上で便利な機能がまとめられている。

　「標準ライブラリ」に搭載されている機能を使いたい場合には、「モジュール名」を指定して「インポート」する必要がある。

● 拡張ライブラリ

　「拡張ライブラリ」とは、「標準ライブラリ」には搭載されていない機能を含む「サードパーティ・ライブラリ」のことを指す。

　「拡張ライブラリ」を使う場合には、ライブラリをインストールした上で、「モジュール名」を指定して「インポート」する必要がある。

■ 1.9.2　ライブラリの内容

　ここでは、ライブラリの簡単な内容を解説する。

● 関数

　「関数」とは、複数の処理を 1 つにまとめた命令群。

　関数には**「組み込み関数」**と**「ユーザー定義関数」**の 2 種類がある。

　「組み込み関数」は、「Python」にあらかじめ準備されている関数のことで、「標準・拡張ライブラリ」のように「インストール」や「インポート」を行なうことなく、その機能を使うことができる。

　「ユーザー定義関数」は、開発者が独自に定義する関数のことを指す（**7 章参照**）。

● クラス

　「クラス」とは、**「属性」**や**「振る舞い」**が格納されており、**1 つのまとまり**として構成する。

　この概念は「オブジェクト指向」の考えからきている（**8 章参照**）。

●「モジュール」と「パッケージ」

　「モジュール」とは、関数やクラスが記述されている**「Python ファイル」**(.py) のことを指す。モジュール群をまとめたものを「パッケージ」と呼ぶ。

　「モジュール名」や「パッケージ名」を指定して「インポート」することで、その機能を使うことができる（**9 章参照**）。

第2章 演算子

「演算子」とは、各種演算を行なう場合に使われる記号。
また、値の演算や代入、値同士の比較のために使われる。

*

「Python」の演算子には、以下のようなものがある。

- 代入演算子
- 代数演算子
- 複合代入演算子
- 文字列演算

- 比較演算子
- 論理演算子
- 条件演算子

本章では、これらの「演算子」の使い方を解説する。

2.1 演算子の使い方

■ 2.1.1 「代入演算子」の使い方

「代入演算子」とは、「**変数**」に**データを代入**する演算子。

表2.1の代入演算子「=」の例では、変数「a」に変数「b」のデータを代入する。

右辺には、「定数」や「変数」を指定し、左辺には、「データを代入する変数」を指定する。

表2.1 代入演算子

演算子	意 味	例	説 明
=	代入	a = b	a に b を代入

「代入演算子」の使用例として、変数に値を代入する**プログラム2.1**を示す。

プログラム2.1 「代入演算子」の使用例

```
001 value1 = 1                                              # 値の初期化
002 value2 = 2                                              # 値の初期化
003
004 print("変数 value1 の値は " + str(value1) + "。")        # 値の出力
005 print("変数 value2 の値は " + str(value2) + "。")        # 値の出力
006 value2 = value1                                        # 値の代入
007 print("変数 value2 の値は " + str(value2) + "。")        # 値の出力
```

【実行結果】

```
変数 value1 の値は 1。
変数 value2 の値は 2。
変数 value2 の値は 1。
```

【プログラム解説】

001 行目	「=」を使って、「value1」を「1」で初期化する。
002 行目	「=」を使って、「value2」を「2」で初期化する。
004 行目〜 005 行目	「print」関数を使って、「value1」と「value2」を出力する。

006 行目	「=」を使って、「value2」に「value1」を代入する。
007 行目	「print」関数を使って、「value2」を出力する。

■ 2.1.2 「代数演算子」の使い方

「代数演算子」は**「算術演算子」**とも呼ばれ、四則演算などを行なう場合に使われる。

表 2.2 の代数演算子「+」の例では、変数「a」に変数「b」を加算する。

代数演算子「%」の例では、変数「a」を変数「b」で除算した「余り」を算出する。

この剰余算は「整数」を「整数」で除算する場合のみ有効。

> ※ 代数演算子「/」では、変数「a」、変数「b」のどちらか、もしくは両方が「int 型」であったとしても、計算は「float 型」で行なわれることに注意が必要。

*

その他の「代数演算子」には以下のようなものがある。

表 2.2 代数演算子

演算子	意味	例	説明
+	加算	a + b	a に b を加算
-	減算	a - b	a から b を減算
*	乗算	a * b	a に b を乗算
/	除算	a / b	a を b で除算
%	剰余算	a % b	a を b で除算した剰余
**	累乗算	a ** b	a を b 乗
//	除算の整数値	a // b	a を b で除算した整数値

「代数演算子」の使用例として、値の「加算」と「乗算」をする**プログラム 2.2** を示す。

プログラム 2.2 「代数演算子」の使用例

```
001 value1 = 1                                              # 値の初期化
002 value2 = 2                                              # 値の初期化
003
004 result = value1 + value2                                # 値の加算
005 print(str(value1) + "+" + str(value2) + "=" + str(result) )   # 値の出力
006 result = value1 * value2                                # 値の乗算
007 print(str(value1) + "*" + str(value2) + "=" + str(result) )   # 値の出力
```

【実行結果】

```
1 + 2 = 3
1 * 2 = 2
```

【プログラム解説】

001 行目	「=」を使って、「value1」を「1」で初期化する。
002 行目	「=」を使って、「value2」を「2」で初期化する。

004 行目	「+」を使って、「result」を「value1」と「value2」を加算した値を初期値として代入する。
005 行目	「print」関数を使って、「value1」「value2」「result」を出力する。
006 行目	「*」を使って、「result」に「value1」と「value2」を乗算した値を代入する。
007 行目	「print」関数を使って、「value1」「value2」「result」を出力する。

■ 2.1.3　「複合代入演算子」の使い方

「複合代入演算子」は、**「代入演算子」**と**「代数演算子」**を組み合わせた演算子。

表2.3の複合代入演算子「+=」の例では、変数「a」に対して、「a＝a＋b」と同じ処理を行なう。

表2.3　複合代入演算子

演算子	意　味	例	説　明
+=	加算と代入	a += b	a に b を加算し、a に代入
-=	減算と代入	a -= b	a から b を減算し、a に代入
*=	乗算と代入	a *= b	a に b を乗算し、a に代入
/=	除算と代入	a /= b	a を b で除算し、a に代入
%=	剰余と代入	a %= b	a を b で除算した剰余を a に代入
**=	累乗と代入	a **= b	a を b 乗し、a に代入
//=	除算の整数値と代入	a //= b	a を b で除算して整数値を求め、a に代入

「複合代入演算子」の使用例として、値の「加算」と「乗算」する**プログラム2.3**を示す。

プログラム2.3　「複合代入演算子」の使用例

```
001 value1 = 1                                          # 値の初期化
002 value2 = 2                                          # 値の初期化
003
004 value1 += value2                                    # 値を加算して代入
005 print("value1 += value2 は " + str(value1) + "。")   # 値の出力
006 value1 *= value2                                    # 値を乗算して代入
007 print("value1 *= value2 は " + str(value1) + "。")   # 値の出力
```

【実行結果】

```
value1 += value2 は 3。
value1 *= value2 は 6。
```

【プログラム解説】

001 行目	「=」を使って、「value1」を「1」で初期化する。
002 行目	「=」を使って、「value2」を「2」で初期化する。
004 行目	「+=」を使って、「value1」と「value2」を加算した値を「value1」に代入する。
005 行目	「print」関数を使って、「result」を出力する。
006 行目	「*=」を使って、「value1」と「value2」を乗算した値を「value1」に代入する。
007 行目	「print」関数を使って、「result」を出力する。

「文字列演算子」は、文字列を「操作」や「比較」する場合に使う。

　表2.4の文字列演算子「+」の例では、「文字列型」(str型) の変数「a」と変数「b」を結合する。
文字列演算子「*」の例では、文字列型の変数「a」をn回繰り返す。
　文字列演算子「in」の例では、文字列型の変数「b」の中に変数「a」が含まれているかどうかを判定する。

表2.4　文字列演算子

演算子	意　味	例	説　明
+	文字列の結合	a + b	文字列aと文字列bを結合
*	文字列の繰り返し	a * n	文字列aをn回繰り返す
==	指定した文字列同士が一致するかを判定	a == b	文字列aと文字列bが一致するかを判定
!=	指定した文字列同士が異なるかを判定	a != b	文字列aと文字列bが異なるかを判定
in	指定した文字列の中に特定の文字列が含まれているかを判定	a in b	文字列bに文字列aが含まれているかを判定

　「文字列演算子」の使用例として、文字列を結合する**プログラム2.4**を示す。

プログラム2.4　「文字列演算子」の使用例

```
001 print("1つ目の単語を入力してください。")          # 文字列の出力
002 word1 = input( )                                # 値の入力
003 print("2つ目の単語を入力してください。")          # 文字列の出力
004 word2 = input( )                                # 値の入力
005
006 words = word1 + word2                           # 値の結合
007 print("1つ目と2つ目の単語が結合され、" + words + "になる。")   # 値の出力
```

【実行結果】

```
1つ目の単語を入力してください。
犬
2つ目の単語を入力してください。
猫
1つ目と2つ目の単語が結合され、犬猫になる。
```

【プログラム解説】

001 行目	「print」関数を使って、文字列を出力する。
002 行目	「input」関数を使って、「word1」へ値を入力する。
003 行目	「print」関数を使って、文字列を出力する。
004 行目	「input」関数を使って、「word2」へ値を入力する。
006 行目	「+」を使って、文字列の「word1」と「word2」を結合した値を「words」に代入する。
007 行目	「print」関数を使って、文字列と「words」を出力する。

■ 2.1.5 「比較演算子」の使い方

「比較演算子」は、「条件式」を構成する場合に使われる演算子。

条件式は、右辺と左辺の関係を評価し、判定結果を「真偽値」で表わす。

＊

表2.5 の比較演算子「<」の例では、変数「a」の値が変数「b」の値より小さい場合に「真」になることを表わす。

比較演算子「==」の例では、変数「a」の値が変数「b」の値と等しい場合に「真」になることを表わす。

関係演算子「!=」の例では、変数「a」の値が変数「b」の値と異なる場合に「真」になることを表わす。

表 2.5　比較演算子

演算子	意 味	例	説 明
<	左辺が右辺より小さい場合に「真」	a < b	a が b よりも小さい
>	左辺が右辺より大きい場合に「真」	a > b	a が b よりも大きい
<=	左辺が右辺以下の場合に「真」	a <= b	a が b 以下である
>=	左辺が右辺以上の場合に「真」	a >= b	a が b 以上である
==	左辺と右辺が等しい場合に「真」	a == b	a が b と等しい
!=	左辺と右辺が異なる場合に「真」	a != b	a が b と異なる
is	左辺と右辺の識別値が等しい場合に「真」	a is b	a と b の識別値が等しい

「比較演算子」の使用例として、任意の値の正負を判定する**プログラム 2.5** を示す。

プログラム 2.5　「比較演算子」の使用例

```
001 print(" 値を入力してください。")              # 文字列の出力
002 value = int(input( ))                        # 値の入力
003
004 if 0 < value:                                #0 より大きい場合
005     print(" 入力された値は正。")             # 文字列の出力
006 else:                                        #0 または負の場合
007     print(" 入力された値は 0 または負。")    # 文字列の出力
```

【実行結果】

```
値を入力してください。
5
入力された値は正。
```

【プログラム解説】

001 行目	「print」関数を使って、文字列を出力する。
002 行目	「input」関数を使って、「value」へ値を入力する。
004 行目	「if 文」と「<」を使って、「value」が「0」より大きいかどうかを判定する。
005 行目	「print」関数を使って、「value」が正の数であることを出力する。
006 行目～ 007 行目	「value」が「0」より大きくない場合、「print」関数を使って、「value」が「0」以下であることを出力する。

■ 2.1.6 「論理演算子」の使い方

「論理演算子」とは、複数の条件式の真偽値を組み合わせて、「論理演算」の結果を算出する演算子。

「論理演算子」は、複数の条件式を組み合わせることで、より複雑な条件式を構成できる。

「1<x」と「x<10」という条件式があった場合、**表2.6**の論理演算子「and」で結合すると、変数「x」が「1」より大きく、「10」より小さい場合に「真」になる。

「x<1」と「10<x」という条件式があった場合、論理演算子「or」の例では、変数「x」が「1」より小さい、または「10」より大きい場合に「真」になる。

論理演算子「not」の例では、変数「x」が「1」より大きくない場合に「真」になることを表わす。

表2.6　論理演算子

演算子	意　味	例	説　明
and	論理積	1 < x and x < 10	x が 1 より大きい、かつ 10 より小さい場合に「真」
or	論理和	x < 1 or 10 < x	x が 1 より小さい、または 10 より大きい場合に「真」
not	否定	not(1 < x)	x が 1 より大きくない場合に「真」

「論理演算子」の使用例として、入力された値が「0 より大きい」かつ「100 未満」かどうかを判定する**プログラム 2.6** を示す。

プログラム 2.6　「論理演算子」の使用例

```
001 print(" 値を入力してください。")          # 文字列の出力
002 value = int(input( ))                    # 値の入力
003 if 0 < value and value < 100:           #0 より大きくかつ 100 未満
004     print(" 入力された値は 0 より大きいかつ 100 未満。")   # 文字列の出力
005 else:                                    #0 以下または 100 以上
006     print(" 入力された値は 0 以下または 100 以上。")      # 文字列の出力
```

【実行結果】

```
値を入力してください。
87
入力された値は 0 より大きいかつ 100 未満。
```

【プログラム解説】

001 行目	「print」関数を使って、文字列を出力する。
002 行目	「input」関数を使って、「value」へ値を入力する。
003 行目	「if 文」と「and」を使って、「value」が「0」より大きく、「100」未満であるかどうかを判定する。
004 行目	「print」関数を使って、「value」が「0」より大きく「100」未満であることを出力。
005 行目～ 006 行目	「value」が「0」より大きく、「100」未満でない場合、「print」関数を使って、「value」が「0」以下または「100」以上であることを出力する。

■ 2.1.7 「条件演算子」の使い方

「条件演算子」とは、条件式を使って演算を行なう演算子。

「条件演算子」を使うことで、**【条件式の記述方法】**で示した「条件分岐処理」(**3 章参照**)を**【条件演算子の記述方法】**のように 1 行に書き表わすことができる。

「条件式」が「真」の場合は「処理内容 1」を実行し、「偽」の場合は「処理内容 2」を実行する。

【「条件式」の記述方法】

```
if 条件式 :
    処理内容 1
else:
    処理内容 2
```

【「条件演算子」の記述方法】

```
処理内容 1  if  条件式  else  処理内容 2
```

「条件演算子式」の使用例として、**第 1 章のプログラム 1.1** で使われている条件式を「条件」演算子へ書き換え、入力された値が「偶数」か「奇数」であるかを判別する**プログラム 2.7**を示す。

プログラム 2.7 「条件演算子式」の使用例

```
001 print(" 値を入力してください。")                    # 文字列の出力
002 value = int(input( ))                            # 値の入力
003 print(" 入力された値は " + str(value) + "。")        # 値の出力
004
005 print(str(value) + " は偶数。") if value % 2 == 0 else
    print(str(value) + " は奇数。")                    #2 で除算した場合
```

【実行結果】

```
値を入力してください。
4839
入力された値は 4839。
4839 は奇数。
```

【プログラム解説】

001 行目	「print」関数を使って、文字列を出力する。
002 行目	「input」関数を使って、「value」へ値を入力する。
003 行目	「print」関数を使って、「value」を出力する。
005 行目	「条件演算子式」を使って、「value」を「2」で割った余りが「0」となるかどうかを判定する。次に、割った余りが「0」となる場合「value」が偶数であることを出力し、そうでない場合「value」が奇数であることを出力する。

2.2　演算子の優先順位

「演算子」は優先順位が決まっており、複数の演算子がある場合は、優先順位の高い演算子から順に演算が実行される。

演算子の優先順位を**表2.7**に示す。

表2.7　演算子の優先順位

優先順位	演算子の種類	演算子
高	括弧	( )
	代数演算子（累乗算）	**
	代数演算子（乗算、除算、剰余算）	*, /, //, %
	代数演算子（加算、減算）	+, -
	比較演算子（等価、否定、比較）	==, !=, <, <=, >, >=,
	論理演算子（論理積）	and
	論理演算子（論理和）	or
	条件演算子	if, elif, else
低	代入演算子	=

優先順位が異なる演算子の使用例として、優先順位が演算子にどのように影響するのかを確認する**プログラム2.8**を示す。

プログラム2.8　優先順位が異なる演算子の使用例

```
001 value1 = 3                                                # 値の初期化
002 value2 = 5                                                # 値の初期化
003
004 result = value1 + value2 * value1                         # 値の算出
005 print("() を使わない場合、変数 result の値は " + str(result) + "。") # 値の出力
006
007 result = (value1 + value2) * value1                       # 値の算出
008 print("() を使う場合、変数 result の値は " + str(result) + "。")     # 値の出力
```

【実行結果】

( ) を使わない場合、変数 result の値は 18。
( ) を使う場合、変数 result の値は 24。

【プログラム解説】

001 行目	「=」を使って、「value1」を「3」で初期化する。
002 行目	「=」を使って、「value2」を「5」で初期化する。
004 行目	「value2」と「value1」を乗算した値を「value1」に加算する。「=」を使って、計算した値を初期値として「result」に代入する。
005 行目	「print」関数を使って、「result」を出力する。
007 行目	「value1」と「value2」を加算した値を「value1」と乗算する。「=」を使って、計算した値を「result」に代入する。
008 行目	「print」関数を使って、「result」を出力する。

第3章 分岐

「条件分岐処理」とは、任意の条件式を満たすかを判定し、処理の流れを分岐させる処理。
「条件分岐処理」では、任意の条件式を満たす場合（判定結果が「真」）と満たさない場合
（判定結果が「偽」）のそれぞれに対応する処理内容を実行する。

「条件分岐処理」の概要を図3.1に示す。

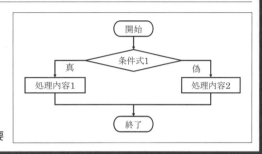

図3.1 「条件分岐処理」の概要

3.1 if 文

「if文」は「if 条件式:」と「else:」で構成され、「処理内容2」を記述しない場合は、「else:」
を省略できる。
「else:」とそれ以下の処理内容を「else 文」と呼ぶ。

【「if 文」の記述方法】

```
if 条件式1:
        処理内容1
else:
        処理内容2
```

ここでは「if文」の使用例として、入力された値が「0以上」か「0未満」を判定する**プロ
グラム3.1**を示す。

プログラム3.1 「if 文」の使用例

```
001 print(" 値を入力してください。")              # 文字列の出力
002 value = int(input( ))                        # 値の入力
003
004 if 0 <= value:                               # 値が0以上の場合
005     print(" 入力された値は0以上。")           # 文字列の出力
006 else:                                        # 値が0未満の場合
007     print(" 入力された値は0未満。")           # 文字列の出力
```

【実行結果】

```
値を入力してください。
2
入力された値は0以上。
```

【プログラム解説】

001 行目	「print」関数を使って、文字列を出力する。
002 行目	「input」関数と「int」関数を使って、整数に変換した値を「value」に入力する。
004 行目	「if 文」を使って、「value」が「0」以上かどうかを判定する。
005 行目	「print」関数を使って、「value」が「0」以上であることを出力する。
006 行目〜 007 行目	「value」が「0」以上でない場合、「print」関数を使って、「value」が「0」より小さいことを出力する。

3.2 elif 文

「elif 文」とは、「if 文」とともに使うことで、処理の流れを 2 つ以上に分岐する制御文。
「elif 文」の概要を**図 3.2** に示す。

① 「条件式 1」の判定結果が「真」の場合は、「処理内容 1」を実行する。
   「偽」の場合は、「条件式 2」を評価する。
② 「条件式 2」の判定結果が「真」の場合は、「処理内容 2」を実行する。
   「偽」の場合は次の条件式を評価する。

このように、「偽」の場合には、次の条件式を順に評価していく。
いずれの条件式も「偽」の場合は、「処理内容 n」を実行する。

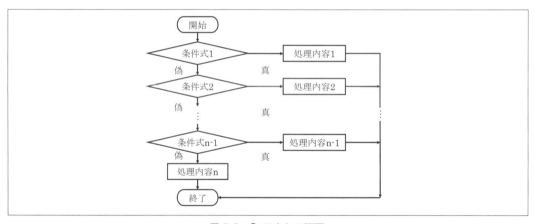

図 3.2 「elif 文」の概要

【「elif 文」の記述方法】

```
if 条件式 1:
        処理内容 1
elif 条件式 2:
        処理内容 2
・・・・・中略・・・・・
elif 条件式 n-1:
        処理内容 n-1
else:
        処理内容 n
```

「elif 文」を使うことにより、複数の条件で処理を分岐できる。

不要な場合は、「else 文」を省略できる。

*

ここでは「elif 文」の使用例として、入力された値が「0」の場合、「1」または「2」の場合、「それ以外」の場合を判定する**プログラム 3.2** を示す。

プログラム 3.2 「elif 文」の使用例

```
001 print(" 値を入力してください。")        # 文字列の出力
002 value = int (input( ))                # 値の入力
003
004 if value == 0:                        # 値が 0 の場合
005     print(" 入力された値は 0。")         # 文字列の出力
006 elif value == 1 or value == 2:        # 値が 1 または 2 の場合
007     print(" 入力された値は 1 または 2。")  # 文字列の出力
008 else:                                 # 値が 0,1,2 以外の場合
009     print(" 入力された値は 0,1,2 以外。")  # 文字列の出力
```

【実行結果】

```
値を入力してください。
2
入力された値は 1 または 2。
```

【プログラム解説】

001 行目	「print」関数を使って、文字列を出力する。
002 行目	「input」関数と「int」関数を使って、整数に変換した値を「value」に入力する。
004 行目	「if 文」を使って、「value」が「0」であるかどうかを判定する。
005 行目	「print」関数を使って、「value」が「0」であることを出力する。
006 行目	「elif 文」を使って、「value」が「0」でない場合、「value」が「1」か「2」であるかどうかを判定する。
007 行目	「print」関数を使って、「value」が「1」または「2」であることを出力する。
008 行目〜 009 行目	「value」が「0」、「1」または「2」でない場合、「print」関数を使って、「value」が「0」、「1」または「2」以外であることを出力する。

3.3　ネスト型

「条件分岐処理」では、「if 文」の中に「if 文」を書き込むことができる。

これを**「ネスト型」（入れ子構造）**と言う。

ネスト型を使うことでより複雑なプログラムを記述することができるようになる。

【「ネスト型」の記述方法】

```
if 条件式 1:
        if 条件式 2:
                処理内容 1
```

「if文」の中に「if文」が入っており、「条件式1」と「条件式2」が「真」の場合に「処理内容1」を実行する。

*

続いて、「else」を含む「ネスト型」(**図3.3**)について解説する。

「条件式1」と「条件式2」が「真」の場合に「処理内容1」を実行する。
「条件式1」が「偽」の場合は「処理内容2」を実行する。

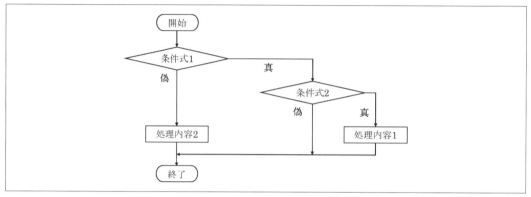

図3.3 「ネスト型」の概要

【「else」を含む「ネスト型」の記述方法】

```
if 条件式1:
        if 条件式2:
                処理内容 1
else:
        処理内容 2
```

ここでは、「ネスト型」の使用例として、「うるう年」を判定する**プログラム3.3**を示す。

入力された西暦が「うるう年」の場合は、「うるう年。」と出力し、「うるう年」でない場合は「うるう年ではない。」と出力する。

「うるう年」の条件分岐の流れを**図3.4**に示す。

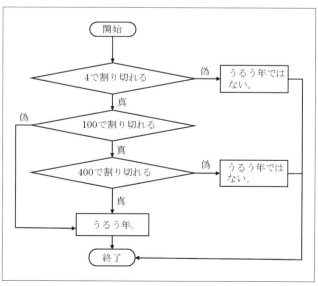

図3.4 「条件分岐処理」の流れ

プログラム 3.3 「ネスト型」の使用例

```
001 print(" 西暦を入力してください。")          # 文字列の出力
002 year = int(input( ))                        # 値の入力
003
004 if year % 4 == 0:                            #4 で割り切れる場合
005     if year % 100 == 0 and year % 400 != 0: #100 で割り切れて 400 で割り切れ
                                                  ない場合
006         print(" うるう年ではない。")          # 文字列の出力
007     else:                                    # 上記以外の条件の場合
008         print(" うるう年。")                 # 文字列の出力
009 else:                                        #4 で割り切れない場合
010     print(" うるう年ではない。")              # 文字列の出力
```

【実行結果】

```
西暦を入力してください。
2012
うるう年。
```

```
西暦を入力してください。
2100
うるう年ではない。
```

【プログラム解説】

001 行目	「print」関数を使って、文字列を出力する。
002 行目	「input」関数を使って、「year」へ値を入力する。
004 行目	「if 文」を使って、「year」を「4」で割り切れるかどうかを判定する。
005 行目	「if 文」のネスト型を使って、「year」を「100」で割り切れ、かつ「400」で割り切れないかどうかを判定する。
006 行目	「print」関数を使って、「year」がうるう年でないことを出力する。
007 行目～ 008 行目	「year」が 005 行目の条件式を満たさない場合、「print」関数を使って「year」がうるう年であることを出力する。
009 行目～ 010 行目	「year」が「4」で割り切れないため、「print」関数を使って、「year」がうるう年でないことを出力する。

3.4　練習問題

■ 3.4.1　練習問題①

「年齢」を判定するプログラムを作りなさい。

20 歳未満の場合は「未成年」と出力し、20 歳以上の場合は「成人」と出力しなさい。

また、負の値の場合は「不適切な値」と出力するプログラムを作りなさい。

【実行結果】

```
年齢を入力してください。
20
成人
```

```
年齢を入力してください。
-10
不適切な値
```

■ 3.4.2 練習問題②

「FizzBuzz ゲーム」のプログラムを作りなさい。

入力された整数が「3の倍数」の場合は「Fizz」と出力し、「5の倍数」の場合は「Buzz」と出力しなさい。

また、「3と5の両方の倍数」の場合は「FizzBuzz」と出力し、それ以外の場合は「3または5の倍数ではない。」と出力するプログラムを作りなさい。

【実行結果】

```
整数を入力してください。
15
FizzBuzz
```

```
整数を入力してください。
7
7は、3または5の倍数ではない。
```

■ 3.4.3 練習問題③

入力した値が「10以上」か「10未満」かを判定するプログラムを作りなさい。

また、入力された値が0の場合は「ZERO」と出力し、負の値の場合は「負の値」と出力しなさい。

【実行結果】

```
値を入力してください。
10
10 以上
```

```
値を入力してください。
-5
負の値
```

第4章 繰り返し処理

「繰り返し処理」とは、任意の条件を満たすかどうかを判定し、「判定結果」に応じて特定の処理を反復する処理。「繰り返し」は「ループ」とも呼ぶ。

同じ処理を何度も行なう場合、繰り返し処理を使うことで同じ処理を複数回記述する必要がなくなる。

また、プログラムの効率化を図ることができる。

＊

本章では、「繰り返し処理」の使い方と活用法について解説する。

4.1　while 文

「while 文」とは、繰り返し処理を行なう制御構文の 1 つで、与えられた条件を満たす限り処理を繰り返す構文。

「条件式」を指定することで、その条件が満たされている間、「while 文」内のブロックの処理を繰り返し実行し続ける。

＊

「while 文」の概要を**図 4.1** に示し、その使用例を**プログラム 4.1** に示す。

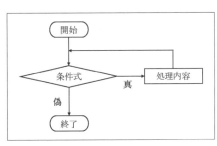

図 4.1　「while 文」の概要

【「while 文」の記述方法】

```
while 条件式：
        条件式が真の場合に行なう処理
```

プログラム 4.1　「while 文」の使用例

```
001 i = 0                           # 値の初期化
002
003 while i < 5:                    #5 未満の場合
004     print(i)                    # 値の出力
005     i = i + 1                   # 値を加算し代入
```

【実行結果】

```
0
1
2
3
4
```

【プログラム解説】

001 行目	「i」を「0」で初期化する。
003 行目	「while 文」を使って、「i」が「5」未満の場合に対して繰り返し処理を行なう。
004 行目	「print」関数を使って、「i」を出力する。
005 行目	「i」に「i」と「1」で加算した値を代入する。

4.2 for 文

■ 4.2.1 for 文

「for 文」は、繰り返し処理を行なう制御構文の 1 つであり、与えられた 1 個以上のデータに対して同じ処理を実行し続けるもの。

この処理を最初の要素から順番に行ない、最後の要素に到達した場合ループを終了する。

また、「for 文」は与えられた「イテラブル・オブジェクト」の要素の数だけ処理を行なうため、あらかじめ決まった回数だけ処理が行なわれる。

※「イテラブル・オブジェクト」とは、「リスト」(**5章参照**) や「文字列」(**6章参照**) などのように、要素を 1 つずつ順番に取り出せる繰り返し処理が可能なオブジェクト。

「for 文」の概要を**図 4.2** に示し、その使用例を**プログラム 4.2** に示す。

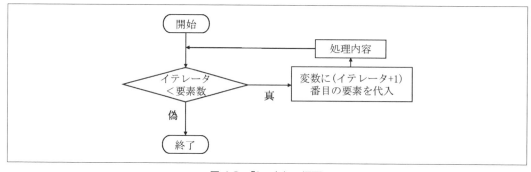

図4.2 「for 文」の概要

【「for 文」の記述方法】

```
for 変数 in イテラブル・オブジェクト:
    処理内容
```

プログラム 4.2 「for 文」の使用例

```
001 for i in "01234":      # 要素の終点まで繰り返し
002     print(i)           # 値を出力
```

【実行結果】

```
0
1
2
3
4
```

【プログラム解説】

001 行目	「for 文」を使って、文字列に対して繰り返し処理を行なう。この場合、「i」には文字列の各要素が代入される。
002 行目	「print」関数を使って、「i」を出力する。

■ **4.2.2** 「range」関数

「Python」では、**「range」関数**と呼ばれる「組み込み関数」が用意されている。

「range」関数に**表 4.1** の引数を指定することで、連続した値を要素としてもつ「イテラブル・オブジェクト」を簡単に生成できる。

*

「range」関数の使用例を**プログラム 4.3** と**プログラム 4.4** に示す。

表 4.1 「range」関数の引数

指定する引数	生成するオブジェクトがもつ要素（x は変数）
(繰り返し回数)	0, 1, 2, …, x ＜ (繰り返し回数)
(初期値 , 最終値 +1)	初期値 , (初期値 ＋ 1), (初期値 ＋ 2), …, (初期値 ＋ x) ＜ (最終値 ＋ 1)
(初期値 , 最終値 +1, 増分)	初期値 , (初期値 ＋ 増分), (初期値 ＋ 増分 * 2), …, (初期値 ＋ 増分 * x) ＜ (最終値 ＋ 1)

【「range」関数の記述方法】

```
range( 繰り返し回数 )
range( 初期値 ， 最終値 +1)
range( 初期値 ， 最終値 +1， 増分 )
```

プログラム 4.3 「range」関数の使用例

```
001 for i in range(0, 5):        # 要素の終点まで繰り返し
002     print(i)                 # 値を出力
```

【実行結果】

```
0
1
2
3
4
```

【プログラム解説】

001 行目	「for 文」と「range」関数を使って、初期値が「0」で最終値が「4」に対して「繰り返し処理」を行なう。この場合、「i」には「0」以上「5」未満の整数が代入される。
002 行目	「print」関数を使って、「i」を出力する。

プログラム 4.4 「range」関数の使用例：増分を指定した場合

```
001 for i in range(0, 5, 2):          #2 ずつ増分し、終点まで繰り返し
002     print(i)                      # 値を出力
```

【実行結果】

```
0
2
4
```

【プログラム解説】

001 行目	「for 文」と「range」関数を使って、初期値が「0」で最終値が「4」、増分が「2」の要素に対して繰り返し処理を行なう。この場合、「i」には「0」以上「5」未満で増分「2」の整数が代入される。
002 行目	「print」関数を使って、「i」を出力する。

4.3   多重ループ

　繰り返し処理は、「if 文」と同様に、「while 文」の中に「while 文」、「for 文」の中に「for 文」を書き込むことができる。

　これを**「多重ループ」**、または**「ネスト型」**と呼ぶ。

　「多重ループ」を使うことでより複雑なプログラムを記述できる。

＊

　外側の「for 文」が繰り返し処理を実行するごとに、内側の「for 文」では、すべての要素に対して繰り返し処理が実行される。

　これを外側の「for 文」のすべての要素を網羅するまで繰り返す。

＊

　また、「while 文」の中に「for 文」を記述することも、逆に「for 文」の中に「while 文」を記述することもできる。

　しかし、2 個以上のブロックを重ねると、プログラムが複雑化してしまい、バグの原因になるため注意が必要。

＊

　「多重ループ」の使用例を**プログラム 4.5** に示す。

【「多重ループ」の記述方法】

```
while 条件式 1:
        while 条件式 2:
                条件式 2 が「真」の場合に行なう処理
```

プログラム 4.5 「多重ループ」の使用例

```
001 i = 0                                        # 値の初期化
002
003 while i < 2:                                 #i が 2 未満まで繰り返し
004     j = 0                                    # 値の初期化
005     while j < 3:                             #j が 3 未満まで繰り返し
006         print(str(i) + " " + str(j))         #i と j の値を出力
007         j = j + 1                            #j に 1 を加算し代入
008     i = i + 1                                #i に 1 を加算し代入
```

【実行結果】

```
0 0
0 1
0 2
1 0
1 1
1 2
```

【プログラム解説】

001 行目	「i」を「0」で初期化する。
003 行目	「while 文」を使って、「i」が「2」未満の場合に対して繰り返し処理を行なう。
004 行目	「j」を「0」で初期化する。
005 行目	「while 文」の多重ループを使って、「j」が「3」未満の場合に対して繰り返し処理を行なう。
006 行目	「print」関数を使って、「i」と「j」を出力する。
007 行目	「j」に「j」と「1」で加算した値を代入する。
008 行目	「i」に「i」と「1」で加算した値を代入する。

4.4 繰り返し処理の構文

　ここでは、「繰り返し処理」のブロックの中で使える「break 文」「continue 文」「pass 文」について解説する。

■ 4.4.1 break 文

　「break 文」は、条件分岐処理と組み合わせることで、特定の条件に一致した場合、強制的にそのブロックの繰り返し処理を終了する。そのため、ブロック内の「break 文」以降の処理は実行されない。

　「break 文」の概要を図 4.3 に示し、その使用例をプログラム 4.6 とプログラム 4.7 に示す。

*

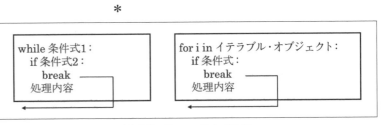

図 4.3 「break 文」の動作

【「while 文」を使った「break 文」の記述方法】

```
while 条件式1:
        if 条件式2:
                break
        処理内容
```

プログラム 4.6　「while 文」を使った「break 文」の使用例

```
001 i = 0                          # 値の初期化
002
003 while i < 5:                   #i が 5 未満まで繰り返し
004     if i == 3:                 #i が 3 の場合
005         break                  # 処理終了
006     print(i)                   # 値を出力
007     i = i + 1                  #i に 1 を加算し代入
```

【実行結果】

```
0
1
2
```

【プログラム解説】

001 行目	「i」を「0」で初期化する。
003 行目	「while 文」を使って、「i」が「5」未満の場合に対して繰り返し処理を行なう。
004 行目	「if 文」を使って、「i」が「3」であるかどうかを判定する。
005 行目	「break 文」を使って、「while 文」を終了する。
006 行目	「print」関数を使って、「i」を出力する。
007 行目	「i」に「i」と「1」で加算した値を代入する。

*

「while 文」の代わりに「for 文」を使っても同じ処理ができる。

【「for 文」を使った「break 文」の記述方法】

```
for 変数 in イテラブル・オブジェクト:
        if 条件式:
                break
        処理内容
```

プログラム 4.7　「for 文」を使った「break 文」の使用例

```
001 for i in range(0, 5):         #i が 5 未満まで繰り返し
002     if i == 3:                #i の値が 3 なら
003         break                 # 処理終了
004     print(i)                  # 値を出力
```

【実行結果】

```
0
1
2
```

【プログラム解説】

001 行目	「for 文」と「range」関数を使って、初期値が「0」で最終値が「4」に対して繰り返し処理を行なう。この場合、「i」には「0」以上「5」未満の整数が代入される。
002 行目	「if 文」を使って、「i」が「3」であるかどうかを判定する。
003 行目	「break 文」を使って、「for 文」を終了する。
004 行目	「print」関数を使って、「i」を出力する。

■ 4.4.2　continue 文

「continue 文」とは、繰り返し処理における処理内容を処理の先頭に飛ばす制御文。
「continue 文」の動作を**図 4.4** に示す。

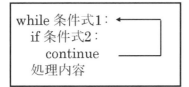

```
while 条件式1:
    if 条件式2:
        continue
    処理内容
```
```
for i in イテラブル・オブジェクト:
    if 条件式:
        continue
    処理内容
```

図 4.4　「continue 文」の動作

「continue 文」は、条件分岐処理と組み合わせることで、特定の条件式を満たす場合、以降の処理内容を実行せずに、次の繰り返し処理が継続される。

多重ループにおいて「continue 文」を使った場合、「continue 文」が記述されているブロックのみに適用される。

*

「continue 文」の使用例を**プログラム 4.8** と**プログラム 4.9** に示す。

【「while 文」を使った「continue 文」の記述方法】

```
while 条件式1:
        if 条件式2:
                continue
        処理内容
```

プログラム 4.8　「while 文」を使った「continue 文」の使用例

```
001 i = 0                              # 値の初期化
002
003 while i < 5:                       #i が 5 未満まで繰り返し
```

```
004     if i == 3:                      #i の値が 3 の場合
005         i = i + 1                   #i に 1 を加算し代入
006         continue                    # 次の繰り返し処理に移る
007     print(i)                        # 値を出力
008     i = i + 1                       #i に 1 を加算し代入
```

【実行結果】

```
0
1
2
4
```

【プログラム解説】

001 行目	「i」を「0」で初期化する。
003 行目	「while 文」を使って、「i」が「5」未満の場合に対して繰り返し処理を行なう。
004 行目	「if 文」を使って、「i」が「3」であるかどうかを判定する。
005 行目	「i」に「i」と「1」で加算した値を代入する。
006 行目	「continue 文」を使って、現在の繰り返し処理をスキップし、次の繰り返し処理へ移る。
007 行目	「print」関数を使って、「i」を出力する。
008 行目	「i」に「i」と「1」で加算した値を代入する。

*

「while 文」の代わりに「for 文」を使っても同じ処理ができる。

【「for 文」を使った「continue 文」の記述方法】

```
for 変数 in イテラブル・オブジェクト:
        if 条件式:
                continue
        処理内容
```

プログラム 4.9 「for 文」を使った「continue 文」の使用例

```
001 for i in range(0, 5):              #i が 5 未満まで繰り返し
002     if i == 3:                     #i が 3 の場合
003         continue                   # 次の繰り返し処理に移る
004     print(i)                       # 値を出力
```

【実行結果】

```
0
1
2
4
```

【プログラム解説】

001 行目	「for 文」と「range」関数を使って、初期値が「0」で最終値が「4」に対して繰り返し処理を行なう。この場合、「i」には「0」以上「5」未満の整数が代入される。
002 行目	「if 文」を使って、「i」が「3」であるかどうかを判定する。
003 行目	「continue 文」を使って、現在の繰り返し処理をスキップし、次の繰り返し処理へ移る。
004 行目	「print」関数を使って、「i」を出力する。

■ 4.4.3　pass 文

「pass 文」は、それ自体では何も処理を行なわない。

「Python」では「def 文」や「if 文」などを記述する場合、ブロック内部を省略することができない。

したがって、ブロック内に何も記述しないまま実行した場合、エラーが発生する。

そのため、**「pass 文」を明記することでエラーを回避**することができる。

システム開発において詳細なプログラムを設計していない場合、「分岐」や「関数」などに「pass 文」を記述しておくことでエラーが発生せず、将来拡張のために必要な場所を確保することができる。

*

「pass 文」の使用例を**プログラム 4.10** と**プログラム 4.11** に示す。

【「while 文」を使った「pass 文」の記述方法】

```
while 条件式1:
        if 条件式2:
                pass
        処理内容
```

プログラム 4.10　「while 文」を使った「pass 文」の使用例

```
001 i = 0                        # 値の初期化
002
003 while i < 5:                 #i が5未満まで繰り返し
004     if i == 3:               #i が3の場合
005         pass                 # 処理を行なわない
006     print(i)                 # 値を出力
007     i = i + 1                #i に1を加算し代入
```

【実行結果】

```
0
1
2
3
4
```

【プログラム解説】

001 行目	「i」を「0」で初期化する。
003 行目	「while 文」を使って、「i」が「5」未満の場合に対して繰り返し処理を行なう。
004 行目	「if 文」を使って、「i」が「3」であるかどうかを判定する。
005 行目	「pass 文」を使って、次の処理に移る。
006 行目	「print」関数を使って、「i」を出力する。
007 行目	「i」に「i」と「1」で加算した値を代入する。

「while 文」の代わりに「for 文」を使っても同じ処理になる。

【「for 文」を使った「pass 文」の記述方法】

```
for 変数 in イテラブル・オブジェクト:
        if 条件式:
                pass
        処理内容
```

プログラム 4.11　「for 文」を使った「pass 文」の使用例

```
001 for i in range(0, 5):            #i が 5 未満まで繰り返し
002     if i == 3:                   #i の値が 3 の場合
003         pass                     # 処理を行なわない
004     print(i)                     # 値を出力
```

【実行結果】

```
0
1
2
3
4
```

【プログラム解説】

001 行目	「for 文」と「range」関数を使って、初期値が「0」で最終値が「4」に対して繰り返し処理を行なう。この場合、「i」には「0」以上「5」未満の整数が代入される。
002 行目	「if 文」を使って、「i」が「3」であるかどうかを判定する。
003 行目	「pass 文」を使って、次の処理に移る。
004 行目	「print」関数を使って、「i」を出力する。

4.5 　else 文

「繰り返し処理」における「else 文」は、「for 文」や「while 文」の処理が終了後、処理内容を実行する。

ただし、「break 文」によって「for 文」の中のブロックの処理が終了する場合は、「else 文」内のブロックの処理は実行されない。

*

「else 文」の使用例を**プログラム 4.12** に示す。

【「else 文」の記述方法】

```
for 変数 in イテラブル・オブジェクト:
        繰り返し処理
else:
        処理内容
```

プログラム 4.12 「else 文」の使用例

```
001 for i in range(0, 5):            #i が 5 未満まで繰り返し
002     print(i)                     # 値を出力
003 else:                            #for 文が終了したら実行
004     print("end")                 # 文字列の出力
```

【実行結果】

```
0
1
2
3
4
end
```

【プログラム解説】

001 行目	「for 文」と「range」関数を使って、初期値が「0」で最終値が「4」に対して繰り返し処理を行なう。この場合、「i」には「0」以上「5」未満の整数が代入される。
002 行目	「print」関数を使って、「i」を出力する。
003 行目〜 004 行目	「else 文」を使って、「for 文」終了後に「print」関数を使って、文字列を出力する。

4.6 練習問題

■ 4.6.1　練習問題①

「繰り返し処理」を使って「イテラブル・オブジェクト」の数字の中から、「偶数」のみを判別して出力するプログラムを作りなさい。

【イテラブル・オブジェクト】

[4, 5, 7, 8, 11, 13, 14, 16, 19, 20]

【実行結果】

```
4
8
14
16
20
```

■ 4.6.2　練習問題②

「多重ループ」を使って「九九」の計算表を作成するプログラムを作りなさい。

　「Python」では、出力結果の末尾が自動的に改行されるため、そのままでは実行結果のようにはならない。
　このような場合に使える引数として「end」がある。
　引数「end」を使うと末尾に出力する文字を指定できる。

【「end」の記述方法】

```
print( 出力するもの , end = " 末尾に出力する文字 ")
```

　改行したくない場合、「末尾に出力する文字」に何も書かないことで改行しないようにすることができる。

【実行結果】

```
1  2  3  4  5  6  7  8  9
2  4  6  8 10 12 14 16 18
3  6  9 12 15 18 21 24 27
4  8 12 16 20 24 28 32 36
5 10 15 20 25 30 35 40 45
6 12 18 24 30 36 42 48 54
7 14 21 28 35 42 49 56 63
8 16 24 32 40 48 56 64 72
9 18 27 36 45 54 63 72 81
```

第5章 シーケンス

「シーケンス」とは、要素を1列に並べて格納することができる型。
「シーケンス」の概要を図5.1に示す。

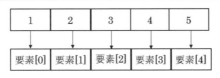

図5.1　「シーケンス」の概要

通常の変数の場合は、データを1つしか格納できないことから、複数のデータを格納するとき、多くの変数が必要になる。
それらの変数を処理する場合、非常に煩雑になるため、まとめて扱うことが可能なデータ構造が必要。
そこで、「シーケンス」を使うことで複数のデータを一元に管理することが可能になる。

5.1 「シーケンス」の使い方

■5.1.1　「リスト型」と「タプル型」

「リスト」は、最も重要なシーケンスであり、要素を「[ ]」(角括弧)で囲み、それぞれの要素を「,」(カンマ)で区切る。
一方、シーケンスの一種である**「タプル」**では、要素を「( )」(丸括弧)で囲み、それぞれの要素を「,」で区切る。

＊

「タプル」は「リスト」とほとんど同じ構造だが、生成後の要素への「追加」「変更」「削除」ができない。
この性質を**「イミュータブル」**と呼ぶ。
「タプル」は要素の変更を望まず、複数の値を固定値にしたいときに使う。

■5.1.2　「リスト」と「タプル」の作成

【「リスト」の記述方法】

リストの変数名 ＝［要素1，要素2，…，要素n］

「リスト」は、要素を「[ ]」の中に記述することで作ることができる。

【「タプル」の記述方法】

タプルの変数名 ＝(要素1，要素2，…，要素n)

「タプル」は、要素を「( )」の中に記述することで作ることができる。

＊

「リスト」と「タプル」のどちらでも、要素を記述しないことで要素が含まれない空の「リスト」

と「タプル」を作ることができる。

「リスト」と「タプル」の使用例を**プログラム 5.1**に示す。

プログラム 5.1 「リスト」と「タプル」の使用例

```
001 list1 = [10, 30, 150, 20, 400, 340]        #リストの初期化
002 list2 = []                                   #空のリストの初期化
003 tup1 = (60, 90, 70, 1200, 250, 520)          #タプルの初期化
004 tup2 = ()                                    #空のタプルの初期化
005
006 print(list1)                                 #リストの出力
007 print(list2)                                 #リストの出力
008 print(tup1)                                  #タプルの出力
009 print(tup2)                                  #タプルの出力
```

【実行結果】

```
[10, 30, 150, 20, 400, 340]
[]
(60, 90, 70, 1200, 250, 520)
()
```

【プログラム解説】

001 行目	「list1」をリストとして 6 つの要素で初期化する。
002 行目	「list2」を空のリストとして初期化する。
003 行目	「tup1」をタプルとして 6 つの要素で初期化する。
004 行目	「tup2」を空のタプルとして初期化する。
006 行目	「print」関数で、「list1」を出力する。
007 行目	「print」関数で、「list2」を出力する。
008 行目	「print」関数で、「tup1」を出力する。
009 行目	「print」関数で、「tup2」を出力する。

■ 5.1.3 「リスト」と「タプル」の要素の参照

ここでは、「リスト」と「タプル」の要素を参照する**「インデックス」**と**「スライス」**について解説する。

● インデックス

シーケンスの要素には、シーケンスの位置を表わす「インデックス」と呼ばれる番号が順番に割り振られている。

これを利用することでシーケンスの要素を参照できる。

「インデックス」は「0」から始まり、シーケンスの最初の要素から順に割り振られる。

「インデックス」は、負の値も記述でき、その場合、最後尾から逆順に要素を指定することができる。

このシーケンス内の要素を指定するインデックスを**「添字」**と呼ぶ。

「インデックス」を使ったリストの要素の参照例を**プログラム5.2**に示す。

【「リスト」と「タプル」の要素を参照する方法】

```
リストの変数名 [ インデックス ]
タプルの変数名 [ インデックス ]
```

プログラム 5.2 「リスト」の要素の参照例

```
001 list1 = [10, 30, 150, 20, 400, 340]    # リストの初期化
002
003 print(list1[2])                         # インデックス [2] の値を出力
004 print(list1[-1])                        # インデックス [-1] の値を出力
```

【実行結果】

```
150
340
```

【プログラム解説】

001 行目	「list1」をリストとして6つの要素で初期化する。
003 行目	「print」関数で、「list1」のインデックス [2] の要素を出力する。
004 行目	「print」関数で、「list1」のインデックス [-1] の要素を出力する。この場合、最後尾から1つ目の要素を指す。

● スライス

「スライス」とは、「始点」と「終点」となる2か所のインデックスを指定することで、**「始点」から「終点」の1つ前のインデックスまでの要素をまとめて選択**する操作のこと。

> ※ その場合、「終点」の要素は含まれないため、注意が必要。

「始点」のみを記述した場合は、「始点」からシーケンスの最後までの要素を、「終点」のみを記述した場合はシーケンスの最初から「終点」の1つ前のインデックスまでの要素を参照する。

*

「スライス」による要素の参照例を**プログラム5.3**に示す。

【「スライス」によって要素を参照する方法】

```
リストの変数名 [ 始点のインデックス ： 終点のインデックス ]
タプルの変数名 [ 始点のインデックス ： 終点のインデックス ]
```

プログラム 5.3 「スライス」による要素の参照例

```
001 list1 = [10, 30, 150, 20, 400, 340]    # リストの初期化
002
003 print(list1[0:2])                       # インデックス [0] から [1] までの値を出力
004 print(list1[3:])                        # インデックス [3] 以降の値を出力
```

【実行結果】

```
[10, 30]
[20, 400, 340]
```

【プログラム解説】

001 行目	「list1」をリストとして 6 つの要素で初期化する。
003 行目	「print」関数で、「list1」のインデックス [0] から [2] の 1 つ前のインデックスまでの要素を出力する。
004 行目	「print」関数で、「list1」のインデックス [3] 以降の要素を出力する。

　さらに、「始点」と「終点」に加えて「増分」を指定することができる。

　「増分」は「終点」の後に記述する。「増分」に負の整数を指定することで、末尾から先頭に向かい「スライス」が行なわれる。

＊

　「増分」を使ったリストの使用例を**プログラム 5.4** に示す。

【「増分」を使った記述方法】

```
リストの変数名 [ 始点のインデックス ： 終点のインデックス ： 増分 ]
タプルの変数名 [ 始点のインデックス ： 終点のインデックス ： 増分 ]
```

プログラム 5.4　「増分」を使ったリストの使用例

```
001 list1 = [10, 30, 150, 20, 400, 340]    # リストの初期化
002
003 print(list1[::2])                       # 増分 2 の要素を出力
004 print(list1[::-1])                       # 増分 -1 の要素を出力
005 print(list1[1::2])                       # インデックス [1] から増分 2 の要素を出力
```

【実行結果】

```
[10, 150, 400]
[340, 400, 20, 150, 30, 10]
[30, 20, 340]
```

【プログラム解説】

001 行目	「list1」をリストとして 6 つの要素で初期化する。
003 行目	「print」関数で、「list1」の先頭から末尾の間で、増分「2」の要素を出力する。
004 行目	「print」関数で、「list1」を末尾から先頭に向かい、増分「1」の要素を出力する。
005 行目	「print」関数で、「list1」のインデックス [1] が以降で、増分「2」の要素を出力する。

■5.1.4　リストへの要素の追加

　ここでは、リストへ要素を追加する方法として、「append」メソッド、「extend」メソッド、「insert」メソッドについて解説する。

● 「append」メソッド

「append」メソッドは、**リストの最後に要素を追加**することができるメソッド。

「append」メソッドで複数の要素を追加することはできない。

ただし、複数の要素をシーケンスで指定することで、それ自体を 1 つの要素としてリストの最後に追加することが可能。

> ※「2 次元シーケンス」に関しては、**5.4** で扱う。

「append」メソッドの使用例を**プログラム 5.5** に示す。

【「append」メソッドの記述方法】

```
リストの変数名 .append( 追加する要素 )
```

プログラム 5.5 「append」メソッドの使用例

```
001 list1 = [10, 30, 150, 20, 400, 340]    # リストの初期化
002
003 list1.append(70)                        # リストへ値を追加
004 list2 = [1, 2, 3]                        # リストの初期化
005 list2.append([4, 5])                     # リストへリストを追加
006
007 print(list1)                             # リストの出力
008 print(list2)                             # リストの出力
```

【実行結果】

```
[10, 30, 150, 20, 400, 340, 70]
[1, 2, 3, [4, 5]]
```

【プログラム解説】

001 行目	「list1」をリストとして 6 つの要素で初期化する。
003 行目	「append」メソッドを使って、「list1」の最後に「70」を追加する。
004 行目	「list2」をリストとして 3 つの要素で初期化する。
005 行目	「append」メソッドを使って、「list2」の最後にリストである「[4, 5]」を 1 つの要素として追加する。
007 行目	「print」関数で、「list1」を出力する。
008 行目	「print」関数で、「list2」を出力する。

● 「extend」メソッド

「extend」メソッドは、「append」メソッドと同様に**リストの最後に要素を追加**できるメソッドで、「append」メソッドと異なり、「( )」内に複数の要素を記述して、それらを元のリストに追加できる。

「extend」メソッドの使用例を**プログラム 5.6** に示す。

【「extend」メソッドの記述方法】

```
リストの変数名 .extend([ 要素 1，要素 2，…，要素 n])
```

プログラム 5.6　「extend」メソッドの使用例

```
001 list1 = [10, 30, 150, 20, 400, 340]        # リストの初期化
002
003 list1.extend([70, 80])                      # リストへ値を追加
004 print(list1)                                # リストの出力
```

【実行結果】

```
[10, 30, 150, 20, 400, 340, 70, 80]
```

【プログラム解説】

001 行目	「list1」をリストとして 6 つの要素で初期化する。
003 行目	「extend」メソッドを使って、「list1」の最後にリストである「[70, 80]」を 2 つの要素に分けて追加する。
004 行目	「print」関数で、「list1」を出力する。

　「extend」メソッドは、複数の要素を追加することができるが、「文字列」（**6 章参照**）を追加する場合、1 文字を 1 つの要素として扱うため文字列をばらばらにして追加することになる。
　したがって、文字列を追加する場合「append」メソッドを使う。

● 「insert」メソッド

　「insert」メソッドは、**リストの指定した位置に要素を追加**することができるメソッドで、要素のインデックスを指定して任意に新たな要素を追加することで元のリストを変更する。

　「insert」メソッドの使用例を**プログラム 5.7** に示す。

【「insert」メソッドの記述方法】

```
リストの変数名 .insert( インデックス，追加する要素 )
```

プログラム 5.7　「insert」メソッドの使用例

```
001 list1 = [10, 30, 150, 20, 400, 340]        # リストの初期化
002
003 list1.insert(0, 5)                          # インデックスの位置へ値を追加
004 print(list1)                                # リストの出力
```

【実行結果】

```
[5, 10, 30, 150, 20, 400, 340]
```

【プログラム解説】

001 行目	「list1」をリストとして 6 つの要素で初期化する。
003 行目	「insert」メソッドを使って、「list1」のインデックス [0] に新たな要素「5」を追加する。
004 行目	「print」関数で、「list1」を出力する。

■ 5.1.5 リストの要素の削除

ここでは、リストから要素を削除する方法として、「remove」メソッド、「pop」メソッド、「clear」メソッドと「del 文」について解説する。

● 「remove」メソッド

「remove」メソッドは、**指定した要素をリストから削除**することができるメソッドで、指定した値がリストの中に複数ある場合、はじめの要素が削除される。

「()」の中に削除したい要素を入力する。

「remove」メソッドの引数に指定した要素と一致する要素がない場合、エラーが発生する。

「remove」メソッドの使用例を**プログラム 5.8** に示す。

【「remove」メソッドの記述方法】

リストの変数名 .remove(削除する要素)

プログラム 5.8 「remove」メソッドの使用例

```
001 list1 = [10, 30, 150, 20, 400, 340]    #リストの初期化
002
003 list1.remove(400)                        #remove メソッドを使ってリストから値を削除
004 print(list1)                             #リストの出力
```

【実行結果】

[10, 30, 150, 20, 340]

【プログラム解説】

001 行目	「list1」をリストとして 6 つの要素で初期化する。
003 行目	「remove」メソッドを使って、要素「400」を削除する。
004 行目	「print」関数で、「list1」を出力する。

● 「pop」メソッド

「pop」メソッドは、**既存のリストの中から指定した位置（インデックス）の要素を削除**できるメソッドで、「()」の引数を空白にすると末尾の要素が削除される。

リストに存在しない位置を指定すると、エラーが発生する。

「pop」メソッドの使用例を**プログラム 5.9** に示す。

【「pop」メソッドの記述方法】

リストの変数名 .pop(削除する要素のインデックス)

プログラム 5.9 「pop」メソッドの使用例

```
001 list1 = [120, 40, 60, 80, 345, 10]      # リストの初期化
002
003 list1.pop(1)                            #pop メソッドによりインデックス [1] の値
                                            を削除
004 print(list1)                            # リストの出力
```

【実行結果】

[120, 60, 80, 345, 10]

【プログラム解説】

001 行目	「list1」をリストとして 6 つの要素で初期化する。
003 行目	「pop」メソッドを使って、インデックス [1] の要素を削除する。
004 行目	「print」関数で、「list1」を出力する。

● 「clear」メソッド

「clear」メソッドは、既存のリストから指定したリストの要素をすべて削除することができるメソッド。

既存のリストを一旦削除して、新規のリストを作る場合に使う。

【「clear」メソッドの記述方法】

リストの変数名 .clear( )

● del 文

「del 文」は、**指定した範囲の要素をリストから削除**することができる文。

複数の要素を削除することができる。

範囲を指定していない場合には、リストの要素がすべて削除される。

また、終了インデックスの要素は削除されないことに注意が必要。

「del 文」の使用例を**プログラム 5.10** に示す。

【「del 文」の記述方法】

del リストの変数名 [始点のインデックス ： 終点のインデックス]

プログラム 5.10 「del 文」の使用例

```
001 list1 = [60, 90, 70, 120, 250, 520]              # リストの初期化
002
```

```
003 del list1[0:2]                          # インデックス [0] から [1] までの値を削除
004 print(list1)                            # リストの出力
```

【実行結果】

```
[70, 120, 250, 520]
```

【プログラム解説】

001 行目	「list1」をリストとして 6 つの要素で初期化する。
003 行目	「del 文」を使って、インデックス [0] からインデックス [2] の 1 つ前までの要素を削除する。
004 行目	「print」関数で、「list1」を出力する。

■ 5.1.6   リストの要素のカウント

　ここでは、リストの要素をカウントする方法として、「len」関数と「count」メソッドについて解説する。

● 「len」関数

　「len」関数は、**指定したリストの中にある要素の個数を取得**することができる関数である。
　「len」関数の使用例を**プログラム 5.11** に示す。

【「len」関数の記述方法】

```
len( リストの変数名 )
```

プログラム 5.11　「len」関数の使用例

```
001 list1 = [10, 30, 150, 20, 400, 340]     # リストの初期化
002
003 print(len(list1))                       #len 関数ですべての要素を数えて出力
```

【実行結果】

```
6
```

【プログラム解説】

001 行目	「list1」をリストとして 6 つの要素で初期化する。
003 行目	「print」関数と「len」関数で、「list1」の要素数をカウントして出力する。

● 「count」メソッド

　「count」メソッドは、**指定した値の個数を、リストの中から取得**することができるメソッドである。
　「count」メソッドの使用例を**プログラム 5.12** に示す。

【「count」メソッドの記述方法】

```
リストの変数名 .count( 対象の値 )
```

プログラム5.12 「count」メソッドの使用例

```
001 list1 = [345, 40, 60, 80, 345, 10]    # リストの初期化
002
003 print(list1.count(345))               #count メソッドを使って特定の値を数えて出力
```

【実行結果】

```
2
```

【プログラム解説】

001 行目	「list1」をリストとして6つの要素で初期化する。
003 行目	「print」関数と「count」メソッドを使って、「list1」に含まれる要素「345」の個数をカウントして出力する。

■ 5.1.7　リストの要素の検索

ここでは、リストの要素を検索する方法について解説する。

「in」演算子を使うことで、指定した要素をリストの中から検索することができる。
指定した要素がリストの中にあった場合は「True」、なかった場合は「False」と出力される。

【要素を検索する記述方法】

```
要素 in リストの変数名
```

「index」メソッドとは、指定した要素のインデックスを検索することができるメソッドで、リストに指定した要素と同じ要素が複数存在する場合、はじめに出てきた要素のインデックスを返す。
また、指定された要素がリスト中になかった場合、エラーが発生する（6章参照）。

【要素のインデックスを検索する記述方法】

```
リストの変数名 .index( 要素 )
```

「in」演算子と「index」メソッドの使用例を**プログラム5.13**に示す。

プログラム5.13 「in」演算子と「index」メソッドの使用例

```
001 list1 = ["apple", "banana", "orange", "grape", "pineapple", "lemon"]
                                         # リストの初期化
002
003 print("grape" in list1)              #in 演算子を使って要素を検索
004 print(list1.index("grape"))          #index メソッドを使って要素の位置を検索
```

【実行結果】

```
True
3
```

【プログラム解説】

001 行目	「list1」をリストとして 6 つの要素で初期化する。
003 行目	「print」関数と「in」演算子を使って、要素「"grape"」が「list1」に含まれるかどうかを判定し、「True」を出力する。
004 行目	「print」関数と「index」メソッドを使って、「list1」に含まれる要素「"grape"」のインデックスを検索し、出力する。

■ 5.1.8 リストの要素の代入

リストの中の要素を新しい要素に入れ替える場合は、入れ替える要素のインデックスを指定して、要素に新しい値を代入する。

要素を代入する例を**プログラム 5.14** に示す。

【要素を代入する記述方法】

リストの変数名 [インデックス] = 値

プログラム 5.14　要素を代入する例

```
001 list1 = [60, 90, 70, 120, 250, 520]          # リストの初期化
002
003 list1[3] = 880                                # 要素に値を代入
004 print(list1)                                  # リストの出力
```

【実行結果】

[60, 90, 70, 880, 250, 520]

【プログラム解説】

001 行目	「list1」をリストとして 6 つの要素で初期化する。
003 行目	「list1」のインデックス [3] の要素「120」を入れ替えて新たな要素「880」を代入する。
004 行目	「print」関数で、「list1」を出力する。

5.2　リストの要素の並べ替え

ここでは、リストの並べ替えメソッドである「sort」メソッドと「reverse」メソッドについて解説する。

●「sort」メソッド

「sort」メソッドとは、指定したリストの中の要素を昇順に並べ替えることができるメソッドである。

要素がひらがなとカタカナの場合、ひらがなは「あいうえお順」、カタカナは「アイウエオ順」に並べ替える。

英語の場合、「アルファベット順」に並べ替える。

　引数がない場合は、「小文字」が先に並ぶが、引数により小文字と大文字の区別せずに並べることもできる。

　漢字の場合は、「文字コード」に基づいて並べ替えられる。

　「英語」「ひらがな」「カタカナ」「漢字」が混在している場合、「英語、ひらがな、カタカナ、漢字」の順に並べ替える。

　また、ソートは元のリストを更新する処理であるため、注意する必要がある（**6章参照**）。

＊

　要素を並べ替える場合、リストの中の各要素の型が異なる場合、「整数」と「浮動小数点」など演算子で比較できる場合は問題ない。

　しかし、「数値」と「文字列」など比較できないデータ型が混在している場合にはエラーが発生する。

【「sort」メソッドの記述方法】

```
リストの変数名 .sort( )
```

　「sort」メソッドの引数に「reverse = True」を指定すると、降順に並べ替えることができる。記述方法を以下に示す。

【「sort」メソッドで降順に並べ替える記述方法】

```
リストの変数名 .sort(reverse = True)
```

　「sort」メソッドの引数に「key = len」を指定すると、文字列が短いものから昇順に並べ替えることができる。

　この方法で数値のリストを並べ替えることはできない。

　「sort」メソッドの使用例を**プログラム 5.15**に示す。

【「sort」メソッドで記述方法】

```
リストの変数名 .sort(key = len)
```

プログラム 5.15 「sort」メソッドの使用例

```
001 list1 = ["apple", "pineapple", "kiwi", "banana"]      #リストの初期化
002
003 list1.sort( )                                #昇順に並べ替え
004 print(list1)                                 #リストの出力
005 list1.sort(reverse = True)                   #降順に並べ替え
006 print(list1)                                 #リストの出力
007 list1.sort(key = len)                        #文字数が短いものから昇順に並べ替え
008 print(list1)                                 #リストの出力
```

【実行結果】

```
["apple", "banana", "kiwi", "pineapple"]
["pineapple", "kiwi", "banana", "apple"]
["kiwi", "apple", "banana", "pineapple"]
```

【プログラム解説】

001 行目	「list1」をリストとして 4 つの要素で初期化する。
003 行目	「sort」メソッドを使って「list1」をアルファベット順に並べ替える。
004 行目	「print」関数で、「list1」を出力する。
005 行目	「sort」メソッドの引数に「reverse = True」を指定して、「list1」を逆順に並べ替える。
006 行目	「print」関数で、「list1」を出力する。
007 行目	「sort」メソッドの引数に「key = len」を指定して、「list1」を要素の文字数が昇順になるよう並べ替える。
008 行目	「print」関数で、「list1」を出力する。

● 「reverse」メソッド

　「reverse」メソッドは、指定したリストの中の要素を逆順に並べ替えることができるメソッドで、リストの中の各要素はすべて同じ型でなければならない。
　「数値型」と「文字列型」が混在している場合、エラーが発生する（**6章参照**）。

　「reverse」メソッドの使用例を**プログラム 5.16** に示す。

【「reverse」メソッドの記述方法】

```
リストの変数名 .reverse( )
```

プログラム 5.16 「reverse」メソッドの使用例

```
001 list1 = ["apple", "pineapple", "kiwi", "banana"]    # リストの初期化
002
003 list1.reverse( )                                    # 逆順に並べ替え
004 print(list1)                                        # リストの出力
```

【実行結果】

```
["banana", "kiwi", "pineapple", "apple"]
```

【プログラム解説】

001 行目	「list1」をリストとして 4 つの要素で初期化する。
003 行目	「reverse」メソッドを使って、「list1」を逆順に並べ替える。
004 行目	「print」関数で、「list1」を出力する。

5.3 辞書型

■ 5.3.1 「辞書型」とは

「リスト」や「タプル」は、インデックスごとの要素に値を格納していたが、「辞書」では、インデックスではなく各要素に「キー」と呼ばれる名前をつけることができる。

「辞書」は、「キー」と「要素」のペアで値を格納する（**6章参照**）。

「辞書」を使うメリットとしては、要素である「キー」を指定することで、指定した要素の中身を容易に検索、追加や削除できる。

■ 5.3.2 「辞書」の使い方

ここでは、「辞書」の使い方について解説する。

● 「辞書」の作成方法
【「辞書」の記述方法】

```
辞書名 = {"キー1" : 値 , "キー2" : 値 , "キー3" : 値 , …}
```

「辞書」を作る場合は、「{}」（波括弧）を使う。

「キー：値」のようにペアを作り、各要素の間は「,」（カンマ）を使う。

● 複数の「辞書」の結合方法
【複数の「辞書」を結合する記述方法】

```
結合した後の辞書名 = {** 結合する辞書名1 , ** 結合する辞書名2 , …}
```

「辞書名」の前に「*」（アスタリスク）を2つ挿入することで、複数の辞書を結合できる。

注意事項として、結合する辞書間で「キー」が重複する場合、最後に指定した辞書の値に上書きされる。

● 複数の要素の参照方法
【「キー」を指定して値を参照する記述方法】

```
辞書名 [" キー "]
```

格納された要素を参照する場合は、「キー」を指定して値を取得する。

辞書に存在しない「キー」を指定するとエラーが発生する。

【「get」メソッドの記述方法】

```
辞書名 .get(" キー ", " キーが存在しなかった場合の戻り値 ")
辞書名 .get(" キー ")
```

「get」メソッドは指定したキーの要素を取得することができる。

キーが存在しなかった場合、第2引数に指定した戻り値が返される。

第2引数は、省略することもできる。

省略すると、キーが存在しない場合にエラーが発生する。

● 「辞書」の要素の削除方法
【「clear」メソッドの記述方法】

```
辞書名 .clear( )
```

「clear」メソッドは、すべての要素を削除することができる。

【「pop」メソッドの記述方法】

```
辞書名 .pop( キー )
```

「pop」メソッドで引数に「key」を指定すると、指定した「key」の要素が辞書から削除される。

● 「辞書型」の使用例
　2つの「辞書」を作り、それらを結合した後、代入した要素を出力する**プログラム 5.17**を示す。

プログラム 5.17　「辞書型」の使用例

```
001 dict1 = {"name" : "Satou", "height" : 175, "weight" : 80}      # 辞書の初期化
002 dict2 = {"name" : "Suzuki", "age" : 30, "number" : 185744}     # 辞書の初期化
003 print(dict1)                                                   #dict1 の出力
004 print(dict2)                                                   #dict2 の出力
005
006 person = {**dict1, **dict2}                                    # 辞書を結合
007 print(person)                                                  # 結合した辞書を出力
008
009 print(person["name"])                                          #name の値を出力
010 print(person["height"])                                        #height の値を出力
011 print(person["weight"])                                        #weight の値を出力
012 print(person.get("age"))                                       #age の値を出力
013 print(person.get("number"))                                    #number の値を出力
014 print(person.get("city", " 存在しないキー "))                   #city の値を出力
```

【実行結果】

```
{'name' : 'Satou', 'height' : 175, 'weight' : 80}
{'name' : 'Suzuki', 'age' : 30, 'number' : 185744}
{'name' : 'Suzuki', 'height' : 175, 'weight' : 80, 'age' : 30, 'number' : 185744}
Suzuki
175
80
30
185744
存在しないキー
```

【プログラム解説】

001 行目	「dict1」を辞書として 3 つのキーと値で初期化する。
002 行目	「dict2」を辞書として 3 つのキーと値で初期化する。
003 行目	「print」関数で、「dict1」を出力する。
004 行目	「print」関数で、「dict2」を出力する。
006 行目	「person」に「dict1」と「dict2」を結合した辞書を代入する。この場合、「dict1」と「dict2」のキー「"name"」が重複しているため、新たな要素として「"Suzuki"」が代入される。

007 行目	「print」関数で、「person」を出力する。
009 行目	「print」関数で、「person」のキー「"name"」に対応する値を出力する。
010 行目	「print」関数で、「person」のキー「"height"」に対応する値が出力する。
011 行目	「print」関数で、「person」のキー「"weight"」に対応する値が出力する。
012 行目	「print」関数で、「person」のキー「"age"」に対応する値が出力する。
013 行目	「print」関数で、「person」のキー「"number"」に対応する値が出力する。
014 行目	「print」関数で、「person」のキー「"city"」に対応する値が存在しないため、第2引数の値を出力する。

5.4　2次元シーケンス

■ 5.4.1　「2次元シーケンス」とは

「2次元シーケンス」とは、「1次元シーケンス」を1つの要素として保持したシーケンスである。

要素数「3」のリスト型のシーケンスを1次元の要素とし、2次元の要素数が「2」の2次元シーケンス「list」を**図5.2**に示す。

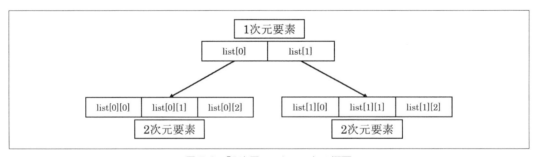

図5.2　「2次元シーケンス」の概要

この場合、要素数が3つのリスト（2次元要素）を1つの要素とする要素数が2つのリスト（1次元要素）があることになる。

■ 5.4.2　「2次元シーケンス」の使い方

【「2次元シーケンス」の記述方法】

```
2次元シーケンスの変数名 = [[ 要素 [0][0]，要素 [0][1]，…，要素 [0][m]]，
                     [ 要素 [1][0]，要素 [1][1]，…，要素 [1][m]]，
                            ⋮
                     [ 要素 [n][0]，要素 [n][1]，…，要素 [n][m]]]
```

【「2次元シーケンス」の値を指定して参照する方法】

```
2次元シーケンスの変数名 [1次元要素番号][2次元要素番号]
```

「2次元シーケンス」の変数名、および「1次元要素」と「2次元要素」のインデックスを指定することで、要素の値を参照できる。

「2次元リスト」を作成する**プログラム 5.18** を示す。

プログラム 5.18 「2次元リスト」の作成例

```
001 list_2d = [[1, 2, 3, 4], [5, 6, 7, 8]]     #リストの初期化
002
003 print(list_2d)                             #list_2dの出力
004 print(list_2d[1][2])                        #list_2d要素を指定して出力
```

【実行結果】

```
[[1, 2, 3, 4], [5, 6, 7, 8]]
7
```

【プログラム解説】

001 行目	「list_2d」を 2 次元リストとして 1 次元目の要素数が「2」、2 次元目の要素数が「4」の要素で初期化する。
003 行目	「print」関数で、「list_2d」を出力する。
004 行目	「print」関数で、「list_2d」の 1 次元要素のインデックス [1]、2 次元要素のインデックス [2] の要素を出力する。

5.5 配列

■ 5.5.1 「配列」と「リスト」の違い

「配列」とは、「リスト」と同様に複数の要素を格納できるデータ構造だが、「配列」は 1 つの要素に 2 種類以上の異なるデータ型の要素を格納することができないことや、一度配列を宣言してしまうと配列の伸縮ができない制限がある。

したがって、リストのように「整数型」と「文字列型」を同時に格納することや「append」メソッドを使って要素数を増やすことができない。

宣言した配列に要素を追加する場合、新たに配列を宣言する必要がある。

■ 5.5.2 標準ライブラリの配列

標準ライブラリである「array」モジュールでは、配列を使うことができる。
しかし、「1次元配列」しか扱うことができない。

■ 5.5.3 NumPy 配列

5.5.1 で述べた制限を設けることで、処理速度を上げることができる。

リスト構造を使って「機械学習」や「ディープラーニング」を行なう場合、効率的に計算できない。

そこで、データ処理に対して非常に強力な計算ライブラリ**「NumPy」**を使うことで高速に計算ができる。

「NumPy」に実装されている「NumPy配列」では、多次元配列を扱うことができる。

そのため、機械学習やディープラーニングの分野で配列を使う場合、「NumPy配列」の使用が事実上の標準となる。

> ※「NumPy」の使用方法に関しては、**第12章**で解説する。

5.6 練習問題

■ 5.6.1 練習問題①

list = [1, 15, 39, 54, 85] と tuple = (16, 47, 68, 89, 110) がある。
指定した要素を出力するプログラムを作りなさい。

【実行結果】

```
list の前から何番目の要素を参照しますか。
4
54
tuple の前から何番目の要素を参照しますか。
2
47
```

■ 5.6.2 練習問題②

[13, 3, 7, 22, 19, 10, 1] のリストに代入された7個の整数を「sort」メソッドを使って昇順に並べ替えて出力するプログラムを作りなさい。

【実行結果】

```
[13, 3, 7, 22, 19, 10, 1]
[1, 3, 7, 10, 13, 19, 22]
```

第6章 文字列

「文字列」は、複数文字で構成されたシーケンスの一種。

「数字」も「文字」として扱うことができる。

「Python」での文字列は処理を 1 つのまとまりとした「クラス」(8 章参照) からできており、「str」クラスから生成した「インスタンス」(実体) として扱われる。

「str」クラスとは、文字列の操作を手助けするメソッドの集まり。

そのため、「大文字をすべて小文字に変換するメソッド」や、「文字列を他の文字に置換するメソッド」「文字数を取得する関数」など、文字列に関する「str」クラスのメソッドや関数が多くある。

本章では、文字列に関する主なメソッドや関数を解説する。

6.1 　　　　　　　　　　　　　　　型変換

■ 6.1.1 　型の不一致によるエラー

多くのプログラミング言語において、型が異なる値同士をそのまま結合することはできない。そのため、型が一致しない値を結合する場合は、**「型変換」(キャスト)** する必要がある。

たとえば、整数型 (int 型) の「23」と文字列型 (str 型) の「" 歳 "」では、互いの型が異なるため結合することができない。

*

型の不一致による失敗例を**プログラム 6.1** に示す。

プログラム 6.1　型の不一致による失敗例

```
001 print(23 + " 歳 ")                    # 整数型と文字列型の結合したものを出力
```

【実行結果】

```
Traceback (most recent call last):
  File "C:¥Users¥UserName¥Python_TextBook¥Chapter6¥sample6_1.py", line 1, in <module>
    print(23 + " 歳 ")
TypeError: unsupported operand type(s) for +: 'int' and 'str'
```

【プログラム解説】

001 行目	「print」関数で、文字列の出力を試みる。しかし、整数型の「23」と文字列「" 歳 "」のデータ型が異なるため、「TypeError」が発生する。

■ 6.1.2　数値型を文字列型へ変換

　プログラム 6.1 に示すように型が一致してない場合は、「+」演算子で連結するとエラーが発生する。

　そこで、「str」関数で整数型の「23」を文字列型へ変換することで、エラーを解消することができる。

　「str」関数の使用例を**プログラム 6.2** に示す。

【「str」関数の記述方法】

```
str( 数値 )
str( 数値型の変数 )
```

プログラム 6.2　「str」関数の使用例

```
001 print(str(23) + " 歳 ")          # 文字列型に変換し結合したものを出力
```

【実行結果】

```
23 歳
```

【プログラム解説】

001 行目	「print」関数と「str」関数で、文字列に変換した「"23"」と「" 歳 "」を結合した値を出力する。

■ 6.1.3　文字列型を数値型へ変換

　「Python」では文字列を数値として変換（**表 6.1**）することができる。

　この場合、文字列を整数に変換する「int」関数または、文字列を浮動小数点数に変換する「float」関数を使う。

表 6.1　文字列を数値へ変換する関数

関数	戻り値	関数の意味
int(数値または数値の文字列)	整数	引数の値を整数に変更
float(数値または数値の文字列)	浮動小数点数	引数の値を浮動小数点数に変更

【「int」関数の記述方法】

```
int( 数値 )
int( 数値型または文字列型の変数 )
```

【「float」関数の記述方法】

```
float( 数値 )
float( 数値型または文字列型の変数 )
```

　ここでは、「float」関数で入力された文字列を身長と体重に変換し、身長と体重から BMI を計算する。

　「int」関数で BMI の結果を出力する**プログラム 6.3** を示す。

プログラム 6.3 「int」関数と「float」関数の使用例

```
001 print(" 身長を m 単位で入力してください。")        # 文字列の出力
002 height = float(input( ))                         # 浮動小数点型で値の入力
003 print(" 体重を kg 単位で入力してください。")        # 文字列の出力
004 weight = float(input( ))                         # 浮動小数点型で値の入力
005
006 bmi = weight / (height ** 2)                     #BMI の計算
007 bmi = int(bmi)                                   # 整数型に変換
008
009 print("BMI を出力する。")                          # 文字列の出力
010 print(bmi)                                       # 値の出力
```

【実行結果】

```
身長を m 単位で入力してください。
1.71
体重を kg 単位で入力してください。
67.5
BMI を出力する。
23
```

【プログラム解説】

001 行目	「print」関数で、文字列を出力する。
002 行目	「input」関数で、「height」へ値を入力する。
003 行目	「print」関数で、文字列を出力する。
004 行目	「input」関数で、「weight」へ値を入力する。
006 行目	「bmi」に「weight」を「height」の二乗で除算した値を代入する。
007 行目	「int」関数で、「bmi」を整数型に変換する。
009 行目	「print」関数で、文字列を出力する。
010 行目	「print」関数で、「bmi」を出力する。

6.2 文字列の基本操作

■ 6.2.1 文字列への変数名や式の埋め込み

「Python3.6」からは、「フォーマット文字列」を使うことができる。

「フォーマット文字列」は、「print 文」の引数に「f」あるいは「F」を指定し、その後ろに文字列を記述する。

文字列内に「変数名」や「式」を「{}」で括って記述することで該当する箇所が置き換わる。

1 つのフォーマット文字列の中に複数の変数名や式を記述することもできる。

【「フォーマット文字列」の記述方法】

```
f " 文字列 { 値 } 文字列  "
```

ここでは、ユーザーが「整数で入力した時給」と「浮動小数点型で入力した労働時間」から、「賃金の合計」を整数として計算し、「フォーマット文字列」を使って労働時間と賃金を出力するプログラム 6.4 を示す。

プログラム 6.4 「フォーマット文字列」の使用例

```
001 print(" 時給を入力してください。")              # 文字列の出力
002 value1 = int(input( ))                          # 整数型で値の入力
003 print(" 労働時間を入力してください。")          # 文字列の出力
004 value2 = float(input( ))                        # 浮動小数点型で値の入力
005
006 value3 = value1 * value2                        # 賃金の計算
007 value3 = int(value3)                            # 整数型に変換
008
009 print(f" 労働時間は {value2} 時間, 賃金は {value3} 円。")  # 値を挿入し出力
```

【実行結果】

```
時給を入力してください。
1000
労働時間を入力してください。
7.5
労働時間は 7.5 時間, 賃金は 7500 円。
```

【プログラム解説】

001 行目	「print」関数で、文字列を出力する。
002 行目	「input」関数で、「value1」へ値を入力する。
003 行目	「print」関数で、文字列を出力する。
004 行目	「input」関数で、「value2」へ値を入力する。
006 行目	「value3」に「value1」と「value2」を乗算した値を代入する。
007 行目	「int」関数で、「value3」を整数型に変換する。
009 行目	「print」関数と「フォーマット文字列」を使って、「value2」と「value3」を出力する。

■ 6.2.2　文字列から文字を参照

「リスト」や「タプル」の場合と同様に、文字列から特定の文字を参照することができる。「インデックス」を利用することで文字の要素を参照することができる。

【「インデックス」を使った記述方法】

文字列の変数名 [インデックス]

指定した範囲の文字列を抜き出すには、「スライス」を使う。

【「スライス」を使った記述方法】

文字列の変数名 [始点のインデックス：終点のインデックス]

　ここでは、「インデックス」や「スライス」を使って、文字列を参照して抜き出す**プログラム6.5**を示す。

プログラム 6.5　「インデックス」・「スライス」の使用例

```
001 value = " 楽しいプログラミング "              # 値の初期化
002
003 print("2 文字目を表示。")                      # 文字列の出力
004 print(value[1])                                #2 文字目を出力
005 print(" 最後から 3 文字目を表示。")            # 文字列の出力
006 print(value[-3])                               # 最後から 3 文字目を出力
007 print("3 文字目から 7 文字目までを表示。")     # 文字列の出力
008 print(value[2:7])                              #3 文字目から 7 文字目まで出力
009 print("2 文字目から最後から 4 文字目までを表示。") # 文字列の出力
010 print(value[1:-3])                             #2 文字目から 7 文字目まで出力
011 print(" はじめの文字から 4 文字目までを表示。") # 文字列の出力
012 print(value[:4])                               # 先頭から 4 文字目まで出力
013 print("6 文字目から最後の文字まで表示。")      # 文字列の出力
014 print(value[5:])                               #6 文字目から 10 文字目まで出力
```

【実行結果】

```
2 文字目を表示。
し
最後から 3 文字目を表示。
ミ
3 文字目から 7 文字目までを表示。
いプログラ
2 文字目から最後から 4 文字目までを表示。
しいプログラ
はじめの文字から 4 文字目までを表示。
楽しいプ
6 文字目から最後の文字まで表示。
グラミング
```

【プログラム解説】

001 行目	「value」を文字列で初期化する。
003 行目	「print」関数で、文字列を出力する。
004 行目	「print」関数で、「value」のインデックス [1] の要素を出力する。
005 行目	「print」関数で、文字列を出力する。
006 行目	「print」関数で、「value」のインデックス [-3] の要素を出力する。この場合、「value」の末尾から先頭に 3 番目の要素を出力する。
007 行目	「print」関数で、文字列を出力する。
008 行目	「print」関数で、「value」のインデックス [2] から [7] の 1 つ前のインデックスまでの要素を出力する。
009 行目	「print」関数で、文字列を出力する。
010 行目	「print」関数で、「value」のインデックス [1] から [6]（末尾から 4 番目）までの要素を出力する。
011 行目	「print」関数で、文字列を出力する。
012 行目	「print」関数で、「value」の先頭からインデックス [4] の 1 つ前のインデックスまでの要素を出力する。
013 行目	「print」関数で、文字列を出力する。
014 行目	「print」関数で、「value」のインデックス [5] から末尾までの要素を出力する。

■ 6.2.3　文字列が含まれているかの判別

　指定した「文字列1」が「文字列2」に含まれているかを判別する場合、「in」演算子を使う。
　含まれる場合は「True」、含まれない場合は「False」を返すため、条件分岐の条件式として使うことができる。

【「in」演算子の記述方法】

```
"文字列1" in "文字列2"
```

　ここでは、「in」演算子を使って入力した都道府県が、関西の二府四県かそうでないかを判定する**プログラム 6.6** を示す。

プログラム 6.6　「in」演算子の使用例

```
001 value = "大阪　京都　兵庫　滋賀　奈良　和歌山"        # 値の初期化
002
003 print("都道府県を入力してください。")                # 文字列の出力
004 name = input( )                                      # 値の入力
005
006 if name in value:                                    # 値が含まれているか判定
007     print(f"{name}は関西にある。")                   # 値の出力
008 else:                                                # 値が含まれていない場合
009     print(f"{name}は関西にない。")                   # 値の出力
```

【実行結果】

```
都道府県を入力してください。
滋賀
滋賀は関西にある。
```

【プログラム解説】

001 行目	「value」を文字列で初期化する。
003 行目	「print」関数で、文字列を出力する。
004 行目	「input」関数で、「name」へ値を入力する。
006 行目	「if 文」と「in」演算子を使って、「name」が「value」に含まれるかどうかを判定する。
007 行目	「print」関数と「フォーマット文字列」を使って、「name」が「value」に含まれることを出力する。
008 行目～ 009 行目	「print」関数と「フォーマット文字列」を使って、「name」が「value」に含まれないことを出力する。

6.3　文字列操作のメソッドや関数

■ 6.3.1　メソッドの使い方

　文字列にはさまざまなメソッドが準備されている。
　インスタンスを格納した変数とメソッドを「.」(ピリオド) でつなげて記述し、「( )」内に引数を記述する。

引数が複数ある場合は、「,」（カンマ）で区切る。

【メソッドの記述方法】

```
変数名 . メソッド名 ( 引数 1, 引数 2, … )
```

■ 6.3.2　引数のないメソッド

「str」クラスの引数のないメソッド（**表6.2**）として、文字列のアルファベットをすべて大文字に返す「**upper**」**メソッド**と、アルファベットをすべて小文字に返す「**lower**」**メソッド**を解説する。

2つのメソッドは後ろに「( )」を記述し、引数は不要である。

表 6.2　引数のないメソッド

メソッド名	メソッドの意味
upper( )	文字列を大文字に変換する
lower( )	文字列を小文字に変換する

【「upper」メソッド, 「lower」メソッドの記述方法】

```
変数名 .upper( )
変数名 .lower( )
```

■ 6.3.3　文字列の文字数の取得

「Python」で用意されている組み込み関数の1つである「**len**」**関数**を使い、引数に指定した文字列の文字数を取得する。

【「len」関数の記述方法】

```
len(" 文字列 ")
len( 文字列の変数)
```

ここでは、入力された英文字の文字数を「len」関数で取得した後、小文字は「upper」メソッドで大文字へ変換し、大文字は「lower」メソッドで小文字へ変換する**プログラム6.7**を示す。

プログラム 6.7　「upper」メソッド・「lower」メソッド・「len」関数の使用例

```
001 print(" 英単語を入力してください。")        # 文字列の出力
002 value = input( )                         # 値の入力
003
004 for i in range(len(value)):              # 文字数を取得し、文字数分繰り返す
005     if "a" <= value[i] <= "z":           # 小文字の場合
006         print(value[i].upper( ), end=" ") # 大文字へ変換して出力
007     elif "A" <= value[i] <= "z":         # 大文字の場合
008         print(value[i].lower( ), end=" ") # 小文字へ変換して出力
009     else:                                # その他の場合
010         print(value[i], end=" ")         # 変換せず出力
```

【実行結果】

```
英単語を入力してください。
Apple
aPPLE
```

【プログラム解説】

001 行目	「print」関数で、文字列を出力する。
002 行目	「input」関数で、「value」へ値を入力する。
004 行目	「for 文」と「len」関数で、「value」の文字数に対して繰り返し処理を行なう。
005 行目	「if 文」を使って、「value」のインデックス [i] の要素が小文字であるか判定する。
006 行目	「print」関数と「upper」メソッドを使って、「value」のインデックス [i] の要素を大文字に変換して出力する。
007 行目	「elif 文」を使って、「value」のインデックス [i] の要素が小文字でない場合、「value」のインデックス [i] の要素が大文字であるかどうかを判定する。
008 行目	「print」関数と「lower」メソッドを使って、「value」のインデックス [i] の要素を小文字に変換して出力する。
009 行目〜010 行目	「value」のインデックス [i] の要素がアルファベットでないため「print」関数で、大文字と小文字を変換後の「value」のインデックス [i] を出力する。

■ 6.3.4　文字列のインデックスの取得

　「find」メソッドは、指定の文字列が文字列中のどのインデックスにあるかを探すメソッドである。

・引数に指定した文字列のインデックスを返し、ない場合は「-1」を返す。
・複数ある場合は、1つ目のインデックスを返す。
・「rfind」メソッドでは、探したい文字が最後に現われるインデックスを取得する。
・「rfind」メソッドの基本的な構文は、「find」メソッドと同じ。

【「find」メソッドの記述方法】

```
変数名 .find(" 文字列 ")
```

【「rfind」メソッドの記述方法】

```
変数名 .rfind(" 文字列 ")
```

　ここでは、「find」メソッドと「rfind」メソッドを使って文字列から、最初と最後の「学生」の文字の位置をそれぞれ探し出す**プログラム 6.8** を示す。

プログラム 6.8　「find」・「rfind」メソッドの使用例

```
001 value = " 私は関西大学の学生だが彼女は他大学の学生。 "        # 値の初期化
002
003 value1 = value.find(" 学生 ")                              # 先頭から検索
004 value2 = value.rfind(" 学生 ")                             # 末尾から検索
005
006 print(f" 最初の「学生」のインデックス :{value1}")            # 値を挿入し出力
007 print(f" 最後の「学生」のインデックス :{value2}")            # 値を挿入し出力
```

【実行結果】

```
最初の「学生」のインデックス :7
最後の「学生」のインデックス :18
```

【プログラム解説】

001 行目	「value」を文字列で初期化する。
003 行目	「find」メソッドを使って、「value」に含まれる最初の「" 学生 "」のインデックスを「value1」に代入する。
004 行目	「rfind」メソッドを使って、「value」に含まれる最後の「" 学生 "」のインデックスを「value2」に代入する。
006 行目	「print」関数と「フォーマット文字列」を使って、「value1」を出力する。
007 行目	「print」関数と「フォーマット文字列」を使って、「value2」を出力する。

■ 6.3.5 文字・文字列の出現数の算出

「count」メソッドは文字列中に引数で指定した文字または、文字列の出現数を取得し、その数を返す。

【「count」メソッドの記述方法】

```
変数名 .count(" 文字 ")
変数名 .count(" 文字列 ")
```

ここでは、入力された文字列の中から文字「a」をカウントし、出力する**プログラム 6.9** を示す。

プログラム 6.9 「count」メソッドの使用例

```
001 print(" 対象とする文字列を入力してください。")        # 文字列の出力
002 value1 = input( )                                   # 値の入力
003 value2 = value1.count("a")                          #a の個数を取得
004
005 print(f" 文字（a）の数は {value2} 個。")             # 値を挿入し出力
```

【実行結果】

```
対象とする文字列を入力してください。
banana
文字（a）の数は 3 個。
```

【プログラム解説】

001 行目	「print」関数で、文字列を出力する。
002 行目	「input」関数で、「value」に値を入力する。
003 行目	「count」メソッドを使って、「value1」に含まれる「"a"」をカウントした値を「value2」に代入する。
005 行目	「print」関数と「フォーマット文字列」を使って、「value2」を出力する。

■ 6.3.6　文字列の一部を消去

特定の文字列や空白文字を消去するには**「strip」メソッド**を使う。

引数に消去する文字列を指定すると、先頭と末尾にある指定した文字列を消去する。

引数に何も指定しない場合は、「空白文字」や「改行」を消去する。

【「strip」メソッドの記述方法】

```
変数名 .strip(" 消去する文字 ")
```

次に、「lstrip」メソッドと「rstrip」メソッドの使い方について解説する。

「lstrip」メソッドでは文字列の左端から、「rstrip」メソッドでは文字列の右端から文字列を消去し、引数に何も指定しない場合は、空白文字や改行を消去することができる。「strip」メソッドと基本的な構文は同じ。

【「lstrip」メソッドの記述方法】

```
変数名 .lstrip(" 消去する文字 ")
```

【「rstrip」メソッドの記述方法】

```
変数名 .rstrip(" 消去する文字 ")
```

ここでは、「strip」メソッド、「lstrip」メソッドと「rstrip」メソッドを使った例を**プログラム6.10**に示す。

まず、「strip」メソッドを使って指定した文字を文字列の両端から消去する。

そして、「lstrip」メソッドでは指定した文字列を左端から「rstrip」メソッドでは指定した文字列を右端から消去する。

プログラム 6.10　「strip」・「lstrip」・「rstrip」メソッドの使用例

```
001 value1 = "  ~1.! 私は関西大学の学生。1.!~  "        # 値の初期化
002
003 print(value1)                                # 値の出力
004 print(" 両端の空白文字を消去する。")            # 文字列の出力
005 value2 = value1.strip( )                      # 両端の空白を消去
006 print(value2)                                # 値の出力
007 print(" 両端の「~」を消去する。")              # 文字列の出力
008 value3 = value2.strip("~")                    # 両端の「～」を消去
009 print(value3)                                # 値の出力
010 print(" 左端の「1.」を消去する。")             # 文字列の出力
011 value4 = value3.lstrip("1.")                  # 左端の「1.」を消去
012 print(value4)                                # 値の出力
013 print(" 右端の「!」を消去する。")              # 文字列の出力
014 value5 = value4.rstrip("!")                   # 右端の「!」を消去
015 print(value5)                                # 値の出力
```

【実行結果】

```
  ~1.! 私は関西大学の学生。1.!~
両端の空白文字を消去する。
```

~1.! 私は関西大学の学生。1.!~
両端の「~」を消去する。
1.! 私は関西大学の学生。1.!
左端の「1.」を消去する。
! 私は関西大学の学生。1.!
右端の「!」を消去する。
! 私は関西大学の学生。1.

【プログラム解説】

001 行目	「value1」を文字列で初期化する。
003 行目	「print」関数で、「value1」を出力する。
004 行目	「print」関数で、文字列を出力する。
005 行目	「strip」メソッドを使って、「value1」に含まれる「(空白)」を消去した文字列を「value2」に代入する。
006 行目	「print」関数で、「value2」を出力する。
007 行目	「print」関数で、文字列を出力する。
008 行目	「strip」メソッドを使って、「value2」に含まれる「" ~ "」を消去した文字列を「value3」に代入する。
009 行目	「print」関数で、「value3」を出力する。
010 行目	「print」関数で、文字列を出力する。
011 行目	「lstrip」メソッドを使って、「value3」に含まれる最初の「"1."」を消去した文字列を「value4」に代入する。
012 行目	「print」関数で、「value4」を出力する。
013 行目	「print」関数で、文字列を出力する。
014 行目	「rstrip」メソッドを使って、「value4」に含まれる最後の「"!"」を消去した文字列を「value5」に代入する。
015 行目	「print」関数で、「value5」を出力する。

■ 6.3.7 文字列の文字の置換

任意の文字列を置換するには**「replace」メソッド**を使う。

「replace」メソッドは第1引数に指定した文字列内の「文字列1」を第2引数の「文字列2」に置換して返す。

「文字列2」を空にした場合は、「文字列1」を消去することができる。

【「replace」メソッドの記述方法】

```
変数名 . replace(" 文字列 1", " 文字列 2")
```

ここでは、「replace」メソッドを使って「o」を含む文字列を「u」に変更する**プログラム 6.11**を示す。

プログラム 6.11　「replace」メソッドの使用例

```
001 print(" 対象とする文字列を入力してください。")    # 文字列の出力
002 value1 = input( )                                # 値の入力
003 value2 = value1.replace("o", "u")                # 文字の置換
004
005 print(value2)                                    # 値の出力
```

【実行結果】

```
対象とする文字列を入力してください。
HelloWorld
HelluWurld
```

【プログラム解説】

001 行目	「print」関数で、文字列を出力する。
002 行目	「input」関数で、「value1」へ値を入力する。
003 行目	「replace」メソッドを使って、「value1」に含まれている「"o"」を「"u"」に置換した文字列を「value2」に代入する。
005 行目	「print」関数で、「value2」を出力する。

■ 6.3.8　文字列の分割

　文字列を分割するには、「split」メソッドを使う。

　引数に区切りたい文字を指定した場合は、その文字を「,」（カンマ）で分割しリストとして返す。

　引数を省略した場合は、空白で分割される。

【「split」メソッドの記述方法】

```
変数名 .split(" 区切り文字 ")
```

　ここでは、並べられた英文「word1」を空白文字で区切り、単語を 1 つずつ「word2」に代入する。

　その英単語から「ly」の出現位置を取り出し、インデックスが 0 より大きい場合は、英単語のうち「ly」が出現する直前までを出力する**プログラム 6.12** を示す。

プログラム 6.12　「split」メソッドの使用例

```
001 word1 = "friendly dog egg lovely timely apple"    # 値を初期化
002
003 for word2 in word1.split( ):                       # 空白で分割
004     value = word2.find("ly")                        # 「ly」を含む文字のイン
                                                         デックスを取得
005     if value != -1:                                 #value に「ly」が含まれ
                                                         ているかを判定
006         print(value)                                # 値の出力
007         print(word2[:value])                        # 値の出力
```

【実行結果】

```
6
friend
4
love
4
time
```

【プログラム解説】

001 行目	「word1」を文字列で初期化する。
003 行目	「for 文」と「split」メソッドを使って、「word1」に含まれる「(空白)」で区切った要素に対して繰り返し処理を行なう。この場合、「word2」には「word1」に含まれる各英単語が代入される。
004 行目	「value」を「word2」に含まれる「"ly"」のインデックスで初期化する。「word2」に「"ly"」が含まれない場合、「-1」で初期化される。
005 行目	「if 文」を使って、「value」が「-1」であるかどうかを判定する。
006 行目	「print」関数で、「value」を出力する。
007 行目	「print」関数で、「word2」の先頭から「value」の1つ前のインデックスまでの要素を出力する。

6.4　練習問題

■ 6.4.1　練習問題①

「○」と「×」で構成された文字列で半数以上が「○」の場合は合格、「×」の場合は不合格を出力するプログラムを作りなさい。

【実行結果】

```
「○」「×」の列(3個以上)を入力してください。
○○○×○××
合格
```

■ 6.4.2　練習問題②

「replace」メソッドを使って、入力された曜日が「土曜日」か「日曜日」の場合は「休日」、それ以外の曜日の場合は「出勤」を出力するプログラムを作りなさい。

【実行結果】

```
曜日を入力してください。
土曜日
休日
```

第7章 関数

「関数」とは、複数の処理をまとめた命令群。
「関数」には、「組み込み関数」と「ユーザー定義関数」がある。

7.1 「関数」の概要

■ 7.1.1 「関数」とは

● 組み込み関数

「組み込み関数」とは、あらかじめ定義されている「関数」である。

「組み込み関数」の例を**表7.1**に示す。

また、表の引数の列の「( )」は必須ではない引数の指定方法を表わしており、「=」の右辺はその引数が省略された場合のデフォルトを表わす。

これらの「組み込み関数」以外にも、「Python」ではさまざまな「組み込み関数」がある。

表7.1 「組み込み関数」の例

関数名	関数の意味	引　数	引数の意味
int( )	整数型（int型）で返す	x	文字列または数値
		(base = 10)	基数（デフォルトは10）
len( )	オブジェクトの長さや要素数を返す	s	文字列やイテラブル・オブジェクトなど
str( )	文字列(str型)で返す	object = " "	数値やリスト, タプルなど
sum( )	オブジェクトをすべて足し合わせる	iterable	イテラブル・オブジェクト
		(start = 0)	オブジェクトの先頭
type( )	データ型を返す	object	オブジェクト
zip( )	複数のイテラブル・オブジェクトの要素を取得	iterable	複数のイテラブル・オブジェクト

● ユーザー定義関数

「ユーザー定義関数」とは、開発者が独自に定義する「関数」である。

「ユーザー定義関数」を定義することで、同じ内容の処理を記述する必要がなくなり、プログラムの可読性が向上する。

■ 7.1.2 「引数」と「戻り値」

「関数」を使うには、「引数」と「戻り値」の関係を理解する必要がある。
「引数」と「戻り値」の関係を**図7.1**に示す。

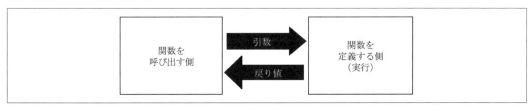

図7.1 「引数」と「戻り値」の関係

「**引数**」とは、「関数を呼び出す側」から「関数を定義」する側にデータを渡す場合に指定する変数。
「**戻り値**」とは、「関数を定義する側」で実行した処理結果を、「関数を呼び出す側」に返すデータ。

関数の使用例として、入力された値を加算する**プログラム 7.1** を示す。

プログラム 7.1　「関数」の使用例

```
001 def plus(x1, x2):                    # 値を加算する関数の定義
002     return x1 + x2                   # 戻り値として加算した値を返す
003
004 print(" 値を入力してください。")       # 文字列の出力
005 value1 = int(input( ))               # 整数型で値の入力
006 value2 = int(input( ))               # 整数型で値の入力
007
008 result = plus(value1, value2)        # 値を加算する関数の呼び出し
009 print(f"{value1} + {value2} = {result}")  # 値を挿入し出力
```

【実行結果】

```
値を入力してください。
2
5
2 + 5 = 7
```

プログラム 7.1 の「引数」と「戻り値」の関係を**図 7.2** に示す。

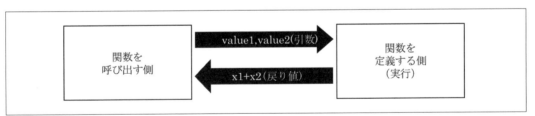

【プログラム解説】　図 7.2　プログラム 7.1 の「引数」と「戻り値」の関係

001 行目〜 002 行目	「def 文」を使って、2 つの値を加算する「plus」関数を定義する。関数の定義方法と「def 文」に関して、**7.2.1** で解説する。
002 行目	「return 文」を使って、「x1」と「x2」を加算した値を戻り値として返す。「return 文」に関して、**7.2.1** で解説する。
004 行目	「print」関数で、文字列を出力する。
005 行目	「input」関数で、「value1」へ値を入力する。
006 行目	「input」関数で、「value2」へ値を入力する。
008 行目	「plus」関数の引数に「x1 = value1」と「x2 = value2」を指定して、「result」を「value1」に「value2」を加算した値で代入する。関数の呼び出しに関して、**7.2.2** で解説する。
009 行目	「print」関数と「フォーマット文字列」を使って、「value1」「value2」「result」を出力する。

　　　　　　　　　　　　「関数」の使い方

■ **7.2.1**　「関数」の定義

● def 文

「Python」では、「def 文」を使って、関数の定義を行なう。

【「関数」の定義の記述方法】

```
def 関数名 ( 仮引数 1,  仮引数 2,  …,  仮引数 n):
    処理内容
    return 戻り値
```

【「関数」の定義の記述例】

```
def plus(x1, x2):              # 値を加算する関数の定義
    return x1 + x2             # 戻り値として加算した値を返す
```

「**仮引数**」（パラメータ）とは、関数を定義する場合に使う引数のことを言う。

プログラム 7.1 では、「plus」関数の定義に指定された「x1」と「x2」が「仮引数」。

「仮引数」は、関数を呼び出す側から受け取るデータの数だけ指定する。

● return 文

関数の処理内容で、関数を呼び出す側へ戻り値を設定する場合は、「return 文」を使う。

プログラム 7.1 を基に、「return 文」の概要を**図 7.3** に示す。

```
print("値を入力してください。")
# 整数型で値を入力
value1 = int(input( ))
# 整数型で値を入力
value2 = int(input( ))

# 値を加算する関数の呼び出し
result = plus(value1, value2)

print(f"{value1} + {value2} = {result}")
```

```
#加算する関数の定義
def plus(x1, x2):
    #戻り値として加算した値を返す
    return x1 + x2
```

図 7.3　「return」文の概要

「return 文」によって、関数を呼び出す側に処理結果が返されるとともに、関数を呼び出す側に処理が移る。

【「return 文」の記述方法】

```
return 戻り値
```

「戻り値」は複数指定できる。

「戻り値」を複数指定する場合は、①戻り値を「,」（カンマ）で区切り、「タプル型」で返す方法や、②戻り値を「[ ]」（角括弧）で囲み、「リスト型」で返す方法、③戻り値を「{ }」（波括弧）で囲み、「キー」と「値」を指定した「辞書型」で返す方法がある。

【戻り値のない関数の定義の記述方法】

```
def 関数名 ( 仮引数 1，仮引数 2，…，仮引数 n):
    処理内容
```

「return 文」を使わず、「戻り値」を指定しない関数を定義することもできる。
その場合、戻り値はない。

■ 7.2.2　関数の呼び出し

【定義した関数を呼び出す記述方法】

```
関数名 ( 実引数 1，実引数 2，…，実引数 n)
```

「return 文」を実行した関数では、「戻り値」を変数に代入することができる。

【戻り値を変数に代入する記述方法】

```
変数 = 関数名 ( 実引数 1，実引数 2，…，実引数 n)
```

「戻り値」を変数に代入することで、別の関数の「引数」として渡すなど新たな処理に使えるため、扱いやすくなる。

【定義した関数を呼び出す記述例】

```
result = plus(value1, value2)                    # 値を加算する関数の呼び出し
```

「実引数」とは、関数の呼び出し時に渡す「引数」のことを言う。

プログラム 7.1 では、「plus」関数の呼び出し時に指定された「value1」と「value2」が「実引数」。

関数を呼び出す場合に指定する「実引数」は、関数を定義した場合に指定する「仮引数」のデータ型と数が同じである必要がある。

また、通常、「仮引数」と「実引数」は先頭から順に対応していく。

プログラム 7.1 を基に、関数の呼び出しを**図 7.4** に示す。

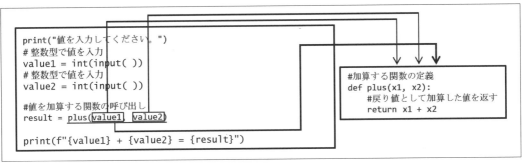

図 7.4　関数の呼び出し

「plus」関数を呼び出すことで、「value1」と「value2」に代入した値が仮引数「x1」と「x2」に渡され、処理が実行される。

「戻り値」が「タプル」や「リスト」で複数の「戻り値」が存在する場合、複数の「戻り値」それぞれを変数に代入することも可能。

また、「戻り値」を受け取る変数は、「シーケンス」の要素数だけ準備する必要がある。

【「戻り値」を変数にそれぞれ代入する記述方法】

```
def 関数名 ( 仮引数 1, 仮引数 2, …, 仮引数 n):
    処理内容
    return タプルもしくはリスト （要素数は m)

変数 1, 変数 2, …, 変数 m = 関数名 ( 実引数 1, 実引数 2, …, 実引数 n)
```

【「戻り値」をリストとする記述方法】

```
return [ 仮引数 1, 仮引数 2, …, 仮引数 n]
```

「戻り値」を「[ ]」(角括弧）で囲むと、型が「リスト」として返される。

【「戻り値」をタプルとする記述方法】

```
return 仮引数 1, 仮引数 2, …, 仮引数 n
```

「戻り値」を「,」(カンマ）で区切ると、型が「タプル」として返される。

■ 7.2.3　いろいろな引数

「引数」には、値の指定方法にいくつか種類があり、目的に沿った方法で指定することで、関数の使い方をさまざまに変えることができる。

● 位置引数

「引数」は、「仮引数」と「実引数」が先頭から順に対応していく。
これを**「位置引数」**といい、データ型と数に注意する必要がある。
プログラム 7.1 の「plus」関数の「value1」と「value2」もこれに該当する。

● キーワード引数

「位置引数」による混乱を避けるため、関数を呼び出す場合、仮引数に実引数を指定する「キーワード引数」がある。

「キーワード引数」の使用例を**プログラム 7.2** に示す。

【「キーワード引数」の記述方法】

```
def 関数名 ( 仮引数 1, 仮引数 2, …, 仮引数 n):
    処理内容

関数名 ( 仮引数 1 = 実引数 1, 仮引数 2 = 実引数 2, …, 仮引数 n = 実引数 n)
```

プログラム 7.2　「キーワード引数」の使用例

```
001 def info_person(name, age, gender):                  # 人物情報の出力関数の定義
002     print(f"{name} さんは {age} 歳の {gender}。")      # 値を挿入し出力
003
004 info_person(name = " 山田 ", age = 23, gender = " 男性 ")   # 人物情報の出力関数の呼び出し
```

【実行結果】

> 山田さんは 23 歳の男性。

【プログラム解説】

001 行目～ 002 行目	「def 文」を使って、人物情報を出力する「info_person」関数を定義する。
002 行目	「print」関数と「フォーマット文字列」を使って、「name」「age」「gender」を出力する。
004 行目	仮引数を 3 つもつ「info_person」関数の実引数 1 に「name = " 山田 "」、実引数 2 に「age = 23」、実引数 3 に「gender = " 男性 "」を指定する。

● **デフォルト引数**

　仮引数に「デフォルト値」を指定することで、実引数が省略された場合に、その値を実引数として使う**「デフォルト引数」**がある。

　実引数を指定した場合には、その指定された値が入力される。

　また、「デフォルト引数」は後ろから順に指定することができ、間に「デフォルト値」を指定しない引数をいれることはできない。

【「デフォルト引数」の記述方法】

```
def 関数名 ( 仮引数 1 = デフォルト値 1, …, 仮引数 n = デフォルト値 n):
    処理内容

関数名 ( )
```

　ここでは、「デフォルト引数」の使用例として、**プログラム 7.1** の「plus」関数に「デフォルト引数」を使った**プログラム 7.3** を示す。

プログラム 7.3　「デフォルト引数」の使用例

```
001 def plus(x1, x2 = 4):          # デフォルト値を指定した値を加算する関数の定義
002     return x1 + x2             # 戻り値として加算した値を返す
003
004 print(" 値を入力してください。 ")   # 文字列の出力
005 value1 = int(input( ))         # 整数型で値の入力
006 result = plus(value1)          # 値を加算する関数の呼び出し
007
008 print(f" 計算結果は {result}。 ")   # 値を挿入し出力
```

【実行結果】

> 値を入力してください。
> 2
> 計算結果は 6。

【プログラム解説】

001 行目〜 002 行目	「def 文」を使って、2 つの値を加算する「plus」関数を定義する。仮引数 1 に「x1」を、仮引数 2 にデフォルト値「4」を指定する。
002 行目	戻り値として、「x1」と「x2」を加算した値を返す。
004 行目	「print」関数で、文字列を出力する。
005 行目	「input」関数で、「value1」へ値を入力する。
006 行目	仮引数を 2 つもつ「plus」関数の実引数 1 に「x1 = value1」を指定し、実引数 2 を省力する。この場合、「result」を「value1」にデフォルト値である「4」を加算した値で代入する。
008 行目	「print」関数と「フォーマット文字列」を使って、「result」を出力する。

● 可変長引数

　引数がいくつあるか分からない場合や、同じ引数に複数の値を代入したい場合には、**「可変長引数」**を使う。

　「可変長引数」には「タプル型」（* 引数名）と「辞書型」（** 引数名）の 2 つがある。

　「可変長引数」のそれぞれの特徴を**表 7.2** に示す。

表 7.2　「可変長引数」の特徴

可変長引数	型	慣　例	位置引数との併用	キーワード引数との併用
* 引数名	タプル	*args	「可変長引数」の前のみ可能 def 関数名 (位置引数 , *args):	「可変長引数」の前後どちらでも可能 def 関数名 (キーワード引数 , *args, キーワード引数)
** 引数名	辞書	**kwargs	「可変長引数」の前のみ可能 def 関数名 (位置引数 , **kwargs):	「可変長引数」の前のみ可能 def 関数名 (キーワード引数 , **kwargs):

【「*args」の記述方法】

```
def 関数名 (*args):
    処理内容

関数名 ( 実引数 1 , 実引数 2 , …, 実引数 n)
```

　「*args」の後に別の引数を追加したい場合は、**「キーワード引数」**を使う。

　タプル型の可変長引数の使用例として、可変長引数で受け取った値の平均値を求める**プログラム 7.4** を示す。

プログラム 7.4　「*args」の使用例

```
001 def calc_ave(*args):                        # 平均値を求める関数の定義
002     return sum(args) / len(args)            # 合計を要素数で割った値を返す
003
004 result = calc_ave(1, 2, 3, 4, 5, 6, 7, 8, 9)  # 平均を求める関数の呼び出し
005
006 print(f" 平均は {result}。")                   # 値を挿入し出力
```

【実行結果】

平均は 5.0。

【プログラム解説】

001 行目〜 002 行目	「def 文」を使って、タプル型の可変長引数「*args」の平均値を算出する「calc_ave」関数を定義する。
002 行目	「sum」関数と「len」関数で、戻り値として「*args」の合計を「*args」の要素数で除算した値を返す。
004 行目	「calc_ave」関数の引数にタプルとして 9 つの数値を指定する。この場合、「result」を 9 つの値の平均値を代入する。この場合、「calc_ave」関数で除算を行なっているため、「result」が「float 型」に変換される。
006 行目	「print」関数で、「result」を出力する。

【「kwargs」の記述方法】**

```
def 関数名 (**kwargs):
    処理内容

関数名 ( キー名 1 = 値 1, キー名 2 = 値 2, …, キー名 n = 値 n)
```

「**kwargs」は、引数の最後である必要がある。

「辞書型」の「可変長引数」の使用例を**プログラム 7.5** に示す。

プログラム 7.5 「**kwargs」の使用例

```
001 def judge_score(**kwargs):                       # 合否を判別する関数の定義
002     pass_list = []                               # 空のリストの初期化
003     fail_list = []                               # 空のリストの初期化
004
005     for key in kwargs.keys( ):                   # 辞書のすべてのキー
006         value = kwargs[key]                      #value に値を代入
007         if 60 <= value:                          #60 点以上の場合
008             pass_list.append(key)                # 合格者のリストに追加
009         else:                                    #60 点未満の場合
010             fail_list.append(key)                # 不合格者のリストに追加
011
012     print(f" 合格者は {pass_list}。")             # 値を挿入し出力
013     print(f" 不合格者は {fail_list}。")           # 値を挿入し出力
014
015 judge_score(川島 = 51, 永井 = 60, 西 = 43, 山田 = 73)   # 合否判別の関数の呼び出し
```

【実行結果】

合格者は [' 永井 ', ' 山田 ']。
不合格者は [' 川島 ', ' 西 ']。

【プログラム解説】

001 行目〜 013 行目	「def 文」を使って、辞書型の可変長引数「kwargs」の合否を判別する「judge_score」関数を定義する。この場合、「**kwards」のキーは名前、値は点数とする。
002 行目	「pass_list」を空のリストとして初期化する。
003 行目	「fail_list」を空のリストとして初期化する。
005 行目	「kwargs」のすべてのキーに対して繰り返し処理を行なう。
006 行目	「kwargs」の各キーを「value」に代入する。
007 行目	「if 文」を使って、「value」が 60 点以上であるかどうかを判定する。
008 行目	「pass_list」に、合格者のキーである「key」を追加する。
009 行目〜 010 行目	「value」が 60 点以上でないため、「fail_list」に、不合格者のキーである「key」を追加。
012 行目	「print」関数で、「pass_list」を出力する。
013 行目	「print」関数で、「fail_list」を出力する。
015 行目	「judge_score」関数の引数に辞書として 4 つのキーと値を指定する。この場合、4 人それぞれの合否判定を行なう。

■ 7.2.4　可読性の向上

　プログラムを記述する場合に、重要視されるものの 1 つが**可読性**である。

　ここでは、関数にまつわる可読性を向上させるための方法を 2 つ解説する。

● 「main」関数

　「Python」では、他の言語のようにプログラム全体の管理を行なう用途として「main」関数を記述する必要はない。

　しかし、「main」関数を使うことで、「関数」や「クラス」(**8 章参照**)が多く含まれるプログラムであっても、インデントが綺麗に揃い、プログラムの可読性を向上させることができる。

【「main」関数の記述方法】

```
def main( ):
    処理内容

if __name__ == "__main__":
    main( )
```

　プログラムを単体実行した場合、「__name__」という特殊な変数には、「__main__」という文字列がデフォルトで代入されている。

　しかし、このプログラムが、「モジュール」(**9 章参照**)としてインポートされた場合は、「__name__」にはデフォルトの「__main__」という文字列ではなく、インポートされた「モジュール名」が文字列として格納される。

　これにより、インポートされた「モジュール」の「if __name__ == "__main__":」に記述された処理は実行されない。

つまり、これはインポートした場合にプログラムが実行されないようにするための記述。

● docstring

「関数」「メソッド」「クラス」（**8章参照**）「モジュール」（**9章参照**）では、多くの情報が混在しており、開発者がプログラムを確認する場合、多くの時間をかけてしまう可能性がある。
そこで、「関数」「メソッド」「クラス」「モジュール」では、説明文をまとめたものを記述する。これを「docstring」と言う。

「docstring」は、「#」を使ったコメントアウトと違って構文上無視されないがドキュメント用の文字列と解釈される。
また、「docstring」は「reStructuredText（reST）」「NumPy」「Google」などのいくつかのスタイルがあり、そのスタイルに沿った書き方をしなければならない。

【「docstring」の基本的な記述方法】

```
def 関数名 ( ):
    """
    docstring
    """
    処理内容
```

関数の定義の先頭に「docstring」の開始と終了を「"""」（ダブル・クォーテーション3つ）または「'''」（シングル・クォーテーション3つ）で囲む必要がある。
「docstring」では、主に関数の概要と引数や戻り値の説明と型が記述される。

【「docstring」の記述方法（reStructuredText）】

```
def 関数名 ( ):
    """
    :param 仮引数1: 仮引数1の説明
    :type 仮引数1: 仮引数1の型
    :param 仮引数2: 仮引数2の説明
    :type 仮引数2: 仮引数2の型
    :return: 戻り値の説明
    :rtype: 戻り値の型
    """
    処理内容
```

ここでは、「main」関数と「docstring」の使用例として、**プログラム7.1**における「plus」関数に「docstring」を追加する**プログラム7.6**を示す。

> ※ なお、スタイルは「reStructuredText」で書く。
> 「reStructureText」は、ソースコードの状態でも高い可読性をもっているのが特徴で、「キーワード 引数：引数の説明」という補足をソースコード上で追加することができる。

プログラム 7.6 「main」関数と「docstring」の使用例

```
001 def plus(x1, x2):                          # 値を加算する関数の定義
002     """ ユーザーから入力された値を加算      #""" で囲まれた部分はコメント
                                                  として無視される
003     :param x1:1 度目に入力される値           #x1 の説明
004     :type x1:int                             #003 行の変数の型名
005     :param x2:2 度目に入力される値           #x2 の説明
006     :type x2:int                             #005 行の変数の型名
007     :return:x1 と x2 を加算した値            # 戻り値の説明
008     :rtype:int                               #007 行の戻り値の型名
009     """
010     return x1 + x2                           # 戻り値として加算した値を返す
011
012 def main( ):                                 #main 関数の定義
013     print(" 値を入力してください。 ")          # 文字列の出力
014     value1 = int(input( ))                   # 整数型で値の入力
015     value2 = int(input( ))                   # 整数型で値の入力
016
017     result = plus(value1, value2)            # 値を加算する関数の呼び出し
018     print(f"{value1} + {value2} = {result}") # 値を挿入し出力
019
020 if __name__ == "__main__":                   #__name__ が __main__ の場合
021     main( )                                  #main 関数の呼び出し
```

【実行結果】

```
値を入力してください。
5
7
5 + 7 = 12
```

【プログラム解説】

001 行目～ 010 行目	「def 文」を使って、2 つの値を加算する「plus」関数を定義する。
002 行目～ 009 行目	「docstring」を記述する。
002 行目	関数の概要を記述する。
003 行目	引数「x1」の説明を記述する。
004 行目	引数「x1」の型を記述する。
005 行目	引数「x2」の説明を記述する。
006 行目	引数「x2」の型を記述する。
007 行目	戻り値の説明を記述する。
008 行目	戻り値の型を記述する。
010 行目	戻り値として、「x1」と「x2」を加算した値を返す。
012 行目～ 018 行目	「def 文」を使って、「main」関数を定義する。
013 行目～ 018 行目	「**プログラム 7.1** 関数の使用例」を参照。
020 行目	「if 文」を使って、「__name__」が「"__main__"」であるかどうかを判定する。
021 行目	「main」関数を呼び出す。

【「docstring」の出力方法】

```
help( 関数名 )
```

```
print( 関数名 .__doc__)
```

以上の2つの方法で、「docstring」に記述された文章を出力することができる。

7.3 　関数の「再帰呼び出し」

「再帰呼び出し」とは、関数が自身の関数を呼び出す仕組みのこと。
また、「再帰呼び出し」を行なう関数のことを**「再帰関数」**と言う。

【「再帰関数の呼び出し」の記述方法】

```
def 関数名 ( 仮引数 ):
    if 条件式 :
        return 戻り値
    else:
        return 再帰関数を呼び出す処理
関数名 ( 実引数 )
```

　関数の「再帰呼び出し」を実装する場合は、再帰的な関数の呼び出しを終了する条件式を記述する必要がある。
　ここでは、関数の「再帰呼び出し」の使用例として、入力した値の階乗を算出する**プログラム 7.7** を示す。

プログラム 7.7　関数の「再帰呼び出し」の使用例

```
001 def factorial(value):              # 値を階乗する関数の定義
002     if value == 0:                 #value の値が 0 の場合
003         return 1                   # 戻り値として 1 を返す
004     else:                          #value の値が 0 でない場合
005         return factorial(value - 1) * value   # 再帰呼び出しによる階乗の算出
006
007 print(" 値を入力してください。")          # 文字列の出力
008 number = int(input( ))             # 整数型で値の入力
009
010 result = factorial(number)          # 値を階乗する関数の呼び出し
011 print(f" 入力された値の階乗は {result}。")   # 値を挿入し出力
```

【実行結果】

```
値を入力してください。
6
入力された値の階乗は 720。
```

　入力を「2」とした場合の**プログラム 7.7** の「引数」と「戻り値」の関係を**図 7.5** に示す。

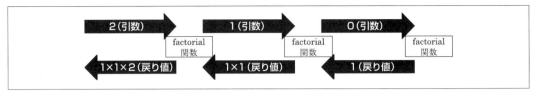

図7.5　プログラム7.7の引数と戻り値の関係

【プログラム解説】

001 行目〜 005 行目	「def 文」を使って、引数の値の階乗を算出する「factorial」関数を定義する。
002 行目	「if 文」を使って、「value」が「0」であるかどうかを判定する。
003 行目	戻り値として、「1」を返す。
004 行目〜 005 行目	「value」が「0」でないため、「value」に指定した値から「1」減算した値を実引数に指定し、「factorial」関数を呼び出す。この時の戻り値として、呼び出した「factorial」関数の戻り値と「value」を乗算した値を返し、「factorial」関数の仮引数が「0」になるまで、再帰的に呼び出す。
007 行目	「print」関数で、文字列を出力する。
008 行目	「input」関数で、「number」へ値を入力する。
010 行目	「factorial」関数の引数に整数を指定する。この場合、「number」の階乗を「result」に代入する。
011 行目	「print」関数で、「result」を出力する。

　なお、**プログラム7.7**では、負の値が入力された場合、**002行目**の「value」が「0」と等しい場合のみ「factorial」関数の処理が終了するため、無限ループになる。

　そのため、「Python」が許容する再帰処理の上限に達してしまい、再帰上限のエラーが返される。

7.4　「関数内」関数

　「関数内」関数とは、関数の内部に関数がある関数。
　「関数内」関数のメリットは、関数を明示的に関数内でのみ使うことを示せる点。

【「関数内」関数の記述方法】

```
def 外部関数名 ( ):
    def 内部関数名 ( ):
        内部関数の処理内容
    外部関数の処理内容
```

　「関数内」関数の使用例として、異なる「n 個」の中から「r 個」取り出す並べ方が何通りあるかを算出する**プログラム7.8**を示す。
　また、異なる「n 個」から「r 個」取り出す並べ方を求める順列の公式を次に示す。

$$nPr = \frac{n!}{(n-r)!} = \frac{n \times (n-1) \times \ldots \times 1}{(n-r) \times (n-r-1) \times \ldots \times 1}$$

プログラム 7.8　「関数内」関数の使用例

```
001 def permutate(n, r):                        # 順列を求める関数の定義
002     def factorial(value):                   # 値を階乗する関数の定義
003         if value == 0:                      #value の値が 0 の場合
004             return 1                         # 戻り値として 1 を返す
005         else:                               #value の値が 1 以上の場合
006             return factorial(value - 1) * value  # 再帰呼び出しの階乗の算出
007     return int(factorial(n) / factorial(n - r))  #n の階乗を n-r の階乗で割っ
                                                      た値を返す
008
009 print(" 全体の個数 ")                        # 文字列の出力
010 number1 = int(input( ))                      # 整数型で値の入力
011 print(" 取り出す個数 ")                       # 文字列の出力
012 number2 = int(input( ))                      # 整数型で値の入力
013
014 result = permutate(number1, number2)         # 順列を求める関数の呼び出し
015 print(f" 異なる {number1} 個の中から {number2} 個取り出す並べ方は {result} 通り。")
                                                  # 値を挿入し出力
```

【実行結果】

```
全体の個数
5
取り出す個数
2
異なる 5 個の中から 2 個取り出す並べ方は 20 通り。
```

【プログラム解説】

001 行目〜 007 行目	「def 文」を使って、異なる「n」個から「r」個取り出す並べ方を算出する「permutate」関数を定義する。
002 行目〜 006 行目	「**プログラム 7.7** 関数の再帰呼び出しの使用例」を参照。
007 行目	戻り値として、「n」の階乗を「n − r」の階乗で除算した値を返す。
009 行目	「print」関数で、文字列を出力する。
010 行目	「input」関数で、「number1」へ値を入力する。
011 行目	「print」関数で、文字列を出力する。
012 行目	「input」関数で、「number2」へ値を入力する。
014 行目	仮引数を 2 つもつ「permutate」関数の実引数 1 に「number1」を指定し、実引数 2 に「number2」を指定する。結果を「result」で受け取る。
015 行目	「print」関数で、「number1」「number2」「result」を出力する。

「変数のスコープ」とは、変数を参照できる範囲のこと。

「変数のスコープ」は、プログラム内における変数の定義位置によって決定する。

変数は定義位置によって「ローカル変数」と「グローバル変数」に分けられる。

■ 7.5.1　ローカル変数

「ローカル変数」とは、その関数内で定義された変数である。

「ローカル変数」の参照できる範囲を**図 7.6** に示す。

```
global_value = 0                           # グローバル変数の初期化

def increment( ):                          # 値をインクリメントする関数の定義
    ┌ローカル変数「local_value」の参照できる範囲┐

        global global_value                #global_value のグローバル宣言

        local_value = 0                    # ローカル変数の初期化
        print(f" 変数 global_value の値は {global_value}。")  # 値を挿入し出力
        print(f" 変数 local_value の値は {local_value}。")    # 値を挿入し出力
        global_value += 1                  #global_value の値を 1 加算する
        local_value += 1                   #local_value の値を 1 加算する

increment( )                               # 値をインクリメントする関数の呼び出し
increment( )
increment( )
```

図 7.6　「ローカル変数」の参照できる範囲

「ローカル変数」は、「ローカル変数」を定義した関数内では参照できるが、関数外からは参照できない。

そのため、「0」の場合は、「increment」関数におけるローカル変数「local_value」は、「increment」関数内でのみ参照できる。

「ローカル変数」には、例外的なスコープがある。それは、関数内関数の外側のスコープ「エンクロージング関数ローカル」。

関数内関数の内側の関数内にある変数を外側の関数は参照できない。

また、関数内関数の外側の関数内にある変数を内側の関数は参照できるが、値の代入や変更を行なう場合は、「nonlocal 宣言」が必要になる。

「nonlocal 宣言」が行なわれた変数には、関数の 1 つ外側の変数が参照される。

【「nonlocal 宣言」の記述方法】

```
def 外部関数名 ( ):
    変数の定義
    def 内部関数名 ( ):
        nonlocal 変数
```

「エンクロージング関数ローカル」の概要を**図7.7**に示す。

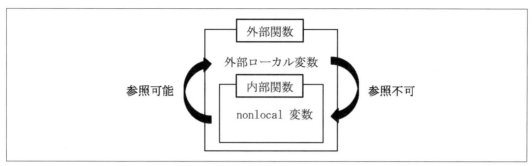

図7.7 「エンクロージング関数ローカル」の概要

■ 7.5.2 グローバル変数

「グローバル変数」とは、関数外で定義された変数である。
「グローバル変数」の参照できる範囲を**図7.8**に示す。

```
グローバル変数「global_value」の参照できる範囲
global_value = 0                              # グローバル変数の初期化

def increment( ):                             # 値をインクリメントする関数の定義
      global global_value                     #global_value のグローバル宣言
      local_value = 0                         # ローカル変数の初期化
      print(f" 変数 global_value の値は {global_value}。")  # 値を挿入し出力
      print(f" 変数 local_value の値は {local_value}。")     # 値を挿入し出力
      global_value += 1                       #global_value の値を 1 加算する
      local_value += 1                        #local_value の値を 1 加算する

increment( )                                  # 値をインクリメントする関数の呼び出し
increment( )
increment( )
```

図7.8 「グローバル変数」の参照できる範囲

「グローバル変数」は、変数が定義されたファイル内のすべての関数から参照できる。
そのため、**図7.8**の場合は、グローバル変数「global_value」は、「increment」関数内だけでなく、「increment」関数外からも参照できる。
「グローバル変数」は複数の関数から参照できるが、変数のデータの変更箇所を把握するのが困難である。
また、関数内で「グローバル変数」に値を代入する場合は、「global宣言」が必要になる。

【「global 宣言」の記述方法】

```
グローバル変数の定義
def 関数名 ( ):
    global グローバル変数
```

　ここでは、「変数のスコープ」の使用例として、「ローカル変数」と「グローバル変数」に代入した値を加算する**プログラム 7.9** を示す。

プログラム 7.9　「変数のスコープ」の使用例

```
001 global_value = 0                        # グローバル変数の初期化
002
003 def increment( ):                       # 値をインクリメントする関数の定義
004     global global_value                 #global_value のグローバル宣言
005     local_value = 0                     # ローカル変数の初期化
006     print(f" 変数 global_value の値は {global_value}。")      # 値を挿入し出力
007     print(f" 変数 local_value の値は {local_value}。")        # 値を挿入し出力
008     global_value += 1                   #global_value の値を 1 加算する
009     local_value += 1                    #local_value の値を 1 加算する
010
011 increment( )                            # 値をインクリメントする関数の呼び出し
012 increment( )
013 increment( )
```

【実行結果】

```
変数 global_value の値は 0 。
変数 local_value の値は 0 。
変数 global_value の値は 1 。
変数 local_value の値は 0 。
変数 global_value の値は 2 。
変数 local_value の値は 0 。
```

【プログラム解説】

001 行目	「global_value」を「0」で初期化する。「global_value」は、「グローバル変数」であるため、同一のファイル内のすべての関数から参照できる。
003 行目～ 009 行目	「def 文」を使って、値に 1 増やすインクリメントを行なう「increment」関数を定義する。
004 行目	「global_value」の「global 宣言」を行なう。これにより、グローバル変数「global_value」を関数の内外から参照できる。
005 行目	「local_value」を「0」で初期化する。「local_value」は、「ローカル変数」であるため、「increment」関数内では参照できるが、外からは参照できない。
006 行目	「print」関数と「フォーマット文字列」を使って、「global_value」を出力する。
007 行目	「print」関数と「フォーマット文字列」を使って、「local_value」を出力する。
008 行目	「+=」を使って、「global_value」を「global_value」と「1」で加算した値を代入する。
009 行目	「+=」を使って、「local _value」を「local _value」と「1」で加算した値を代入する。
011 行目～ 013 行目	「increment」関数を呼び出し、「global_value」と「local_value」を出力する。この場合、「global_value」は「グローバル変数」であるため、値がインクリメントされている。一方、「local_value」は「ローカル変数」であるため、値に変化が表われない。

7.6 無名関数

■ 7.6.1　lambda 式

「無名関数」とは、「def 文」で定義される関数とは違って、関数名をもたない関数である。

「Python」で使われる「無名関数」には、**「lambda（ラムダ）式」**がある。

「lambda 式」は、単一行で記述する必要があり、名前をもたないため基本的には再利用できない。

また、簡単で限定的な処理を行なう場合、簡潔にプログラムを書くことを目的として使われる。

【「lambda 式」の記述方法】

```
( lambda 仮引数 : 処理 ) ( 実引数 )
```

```
変数 = lambda 仮引数 : 処理
変数 ( 実引数 )
```

「lambda 式」では、「( )」を 2 つ使って記述する方法と、変数に「lambda 式」を渡す方法がある。

「無名関数」の使用例として、**プログラム 7.1** における「plus」関数を「無名関数」で記述する**プログラム 7.10** を示す。

プログラム 7.10　「無名関数」の使用例

```
001 print(" 値を入力してください。")                          # 文字列の出力
002 value1 = int(input( ))                                  # 整数型で値の入力
003 value2 = int(input( ))                                  # 整数型で値の入力
004
005 print(f"{value1} + {value2}
    = {(lambda x1, x2 : x1 + x2) (value1, value2)}")        # 値を挿入し出力
```

【実行結果】

```
値を入力してください。
2
5
2 + 5 = 7
```

【プログラム解説】

001 行目	「print」関数で、文字列を出力する。
002 行目	「input」関数で、「value1」へ値を入力する。
003 行目	「input」関数で、「value2」へ値を入力する。
005 行目	「print」関数と「lambda 式」を使って「value1」と「value2」を加算した値を出力する。この場合、「**プログラム 7.1 関数の使用例**」と同様の処理を 1 行で記述することができる。

「lambda 式」とともに頻繁に使われる**「map」関数**について解説する。

「map」関数は「イテラブル・オブジェクト」のすべての要素に対し、関数の処理を行ないたい場合に使用される組み込み関数の一種。

【「map」関数の記述方法】

```
map( 関数 ,  イテラブル・オブジェクト )
```

「map」関数は、第 1 引数に「関数」、第 2 引数に「イテラブル・オブジェクト」を指定する。

第 2 引数である「イテラブル・オブジェクト」のすべての要素に対して、第 1 引数の関数の処理が行なわれる。

また、「Python3」では、「map」関数の戻り値は「map 型」のオブジェクトであるため、そのまま出力することはできず、その「イテラブル・オブジェクト」に変換する必要がある。

ここでは、「map」関数の使用例として、リスト内の文字列型の数字をすべて整数型に変換する**プログラム 7.11** を示す。

プログラム 7.11 「map」関数の使用例

```
001 str_list=["1", "2", "3"]            # リストの初期化
002 int_list = list(map(int, str_list))  #map 関数を呼び出し整数型に変換
003
004 print(int_list)                     # 値の出力
```

【実行結果】

```
[1, 2, 3]
```

【プログラム解説】

001 行目	「str_list」をリストとして 3 つの要素で初期化する。
002 行目	「map」関数の第 1 引数に「int」、第 2 引数に文字列型のリスト「str_list」を指定する。また、「map」関数の戻り値は map 型のオブジェクトであるため、リスト型に変換する「list」関数を使用する。この場合、「str_list」の要素を整数型に変換した値を「list」関数を使ってリスト化し、「int_list」に代入する。
004 行目	「print」関数で、「int_list」を出力する。

7.7 練習問題

■ 7.7.1 練習問題①

「選択ソート」のアルゴリズムを使い、入力された任意の数の値を並び替えるプログラムを作りなさい。ただし、「sorted」関数や「sort」メソッドは使わないこと。

問題の詳細を次に示す。

ユーザーからソートしたい値を1つずつ入力し、「q」を入力すると値の入力を終了する。

次に「a」を入力すると昇順、「d」が入力されると降順が選ばれ、それに従ったソートを行ない、ソート前後の結果を出力する。

【定義する関数】

```
selection_sort( 並び替えるリスト , 昇順か降順かを保持する変数 )
選択ソートを行う関数
main( )
ユーザーからの値の入力や「selection_sort」関数の呼び出しを行う関数
```

ここでは「選択ソート」（昇順）に関する簡単な解説をする。

まず、リストの中から最小値を探索し、その最小値と先頭の値を入れ替える。入れ替えた値は整列済みデータとする。

次に、整列済みデータ以外から最小値を探索し、その最小値と整列済みデータ以外の先頭の値を入れ替える。これを「要素数−1」回繰り返す。

「選択ソート」（降順）の場合は、以上で説明した手順に対して、最小値を最大値に置き換えて考える。

要素数5、[2, 5, 1, 4, 3]の要素をもったリストを「選択ソート」で「昇順」に並び替える手順を**図7.9**に示す。

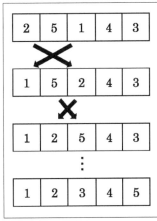

図7.9 [2, 5, 1, 4, 3]のリストを昇順に並び替える手順

【実行結果】

```
値を入力してください。終了:q
2
5
1
4
3
q
昇順 / 降順を選択してください。昇順：a / 降順：d
a
ソート前:[2, 5, 1, 4, 3]
ソート後:[1, 2, 3, 4, 5]
```

■ **7.7.2** 練習問題②

入力された2つの整数の最大公約数を求める「gcd」関数を定義したプログラムを作りなさい。
なお、最大公約数を求める方法として、「ユークリッドの互除法」を解説する。

「ユークリッドの互除法」を解説するために、「27」と「15」の最大公約数を求める例を**図7.10**に示す。

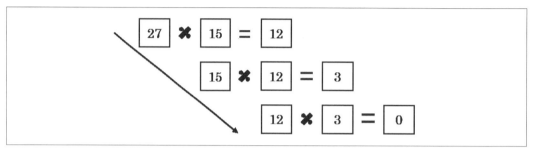

図7.10　ユークリッドの互除法

まず、2つの整数のうち大きい値「27」を小さい値「15」で除算した余り「12」を算出する。
次に、小さい値「15」を余り「12」で除算した余りを算出する。

これを余りが「0」になるまで繰り返し行ない、「0」になった場合の小さい値「3」が「27」と「15」の最大公約数となる。

【実行結果】

```
2つの自然数を入力してください。
1つ目
10
2つ目
4
10 と 4 の最大公約数は 2。
```

■ **7.7.3** 練習問題③

リストに格納されたすべての値を二乗するプログラムを作りなさい。
ただし、「lambda 式」と「map」関数を必ず使うこと。

以下の実行結果では、リスト [3, 5, 1, 4, 2] のすべての値を二乗した結果を示す。

【実行結果】

```
二乗する前：[3, 5, 1, 4, 2]
二乗した後：[9, 25, 1, 16, 4]
```

第8章 クラス

> オブジェクト指向言語の「Python」において、「クラス」はとても重要な要素。
> プログラムを組む上で、さまざまな機能をまとめて扱いたい場合、クラスとしてまとめておくことで管理や開発、メンテナンスが行ないやすくなる。
> 「クラス」とは、「属性」や「振る舞い」を定義したオブジェクトの設計図のようなもの。

8.1 「クラス」の概要

たとえば、「車オブジェクト」（図8.1）を作る場合、まず「車クラス」を定義する。

次に、「車の名前」や「色」といった情報である**「属性」**と、車が走るなどの動作を指す**「振る舞い」**をクラス内に定義して、他の「車オブジェクト」との関係性を表わす。

そして、定義した「車クラス」を基に新たな「車オブジェクト」を作る。

「車オブジェクト」のように「クラス」から作成したオブジェクトを**「インスタンス」**と呼ぶ。

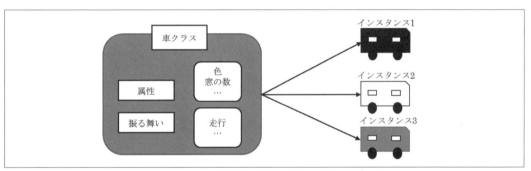

図8.1 「クラス」と「インスタンス」の関係

8.2 「クラス」の定義と宣言

■ 8.2.1 「クラス」の定義

「クラス」は、属性を表わす変数と振る舞いを表わすメソッドから構成される。

「クラス名」は、一般的に最初の1文字目を大文字にする。

「クラス」の記述方法を次に示す。

【「クラス」の記述方法】

```
class クラス名：
    クラスの属性やメソッドを記述
```

【「クラス」の記述例】

```
class Car:                          #Car クラスを定義
    speed = 90                      #値の初期化
```

8.2.2 インスタンス化

「インスタンス化」とは、「クラス」を基にオブジェクトを生成すること。

「Car」クラスを「インスタンス化」する記述例を次に示す。

【「インスタンス化」の記述方法】

```
オブジェクトの変数名 = クラス名( )
```

【「インスタンス化」する記述例】

```
class Car:            #Car クラスを定義
    speed = 90        # 値の初期化

car = Car( )          # クラスのインスタンス化
```

8.2.3 「インスタンス変数」と「クラス変数」

「Python」のクラス内の変数には、「インスタンス変数」と「クラス変数」がある。

● インスタンス変数

「インスタンス変数」とは、インスタンスごとに個別の値をもつ変数である。

同じクラスからインスタンス化されたオブジェクトであっても、「インスタンス変数」は、オブジェクトごとに別の値が格納される。

一般的に、「インスタンス変数」を宣言する場合、コンストラクタ「__init__( )」内で初期化する（8.3.1 参照）。

*

「インスタンス変数」の宣言方法を次に示す。

【「インスタンス変数」を宣言する記述方法】

```
self. インスタンス変数 = 値
```

【「インスタンス変数」を参照する記述方法】

```
self. インスタンス変数
```

「インスタンス変数」の使用例として、2つのインスタンスを生成し、クラスの「インスタンス変数」の値を呼び出す**プログラム 8.1** を示す。

プログラム 8.1 「インスタンス変数」の使用例

```
001 class Student:                      #Student クラスの定義
002     def __init__(self, name):       #name を代入するメソッドの定義
003         self.name = name            # インスタンス変数の初期化
004
005     def show_name(self):            #name の値を表示するメソッドの定義
006         print(self.name)            # 値の出力
```

```
007
008 def main( ):                              #main 関数の定義
009     student1 = Student("Tanaka")          # クラスのインスタンス化
010     student2 = Student("Yamamoto")        # クラスのインスタンス化
011
012     student1.show_name( )                 # クラス内メソッドの呼び出し
013     student2.show_name( )                 # クラス内メソッドの呼び出し
014
015 if __name__ == "__main__":               #__name__ が __main__ の場合
016     main( )                               #main 関数の呼び出し
```

【実行結果】

```
Tanaka
Yamamoto
```

【プログラム解説】

001 行目～ 006 行目	「Student」クラスを定義する。
002 行目	「Student」クラスを初期化する「コンストラクタ」を定義する。
003 行目	「Student」クラスの「name」を「インスタンス変数」として初期化する。
005 行目	「Student」クラスのインスタンス変数「name」を出力する「show_name」メソッドを定義する。
006 行目	「print」関数で、「Student」クラスのインスタンス変数「name」を出力する。
008 行目	「main」関数を定義する。
009 行目	「Student」クラスの「コンストラクタ」の引数に「"Tanaka"」を指定し、「student1」を「Student」クラスで初期化する。
010 行目	「Student」クラスの「コンストラクタ」の引数に「"Yamamoto"」を指定し、「student2」を「Student」クラスで初期化する。
012 行目	「Student」クラスの「show_name」メソッドを使って、「student1」のインスタンス変数「name」を出力する。
013 行目	「Student」クラスの「show_name」メソッドを使って、「student2」のインスタンス変数「name」を出力する。
015 行目	「if文」を使って、「__name__」が「"__main__"」であるかどうかを判定する。
016 行目	「main」関数を呼び出す。

● クラス変数

　「インスタンス変数」とは異なり、「クラス変数」はすべてのインスタンス間で共通した値をもつ変数。

　インスタンス化することなく参照することができる。

　「クラス変数」を宣言する場合、「self」を付けずにクラス内に宣言する。

【「クラス変数」を宣言する記述方法】

```
class School:
    クラス変数 = 値
```

【「クラス変数」を参照する記述方法】

```
クラス . クラス変数
```

「クラス変数」の使用例を**プログラム 8.2** に示す。

プログラム 8.2 「クラス変数」の使用例

```
001 class School:                        #School クラスの定義
002     people = 40                      # クラス変数の初期化
003
004 if __name__ == "__main__":           #__name__ が __main__ の場合
005     print(School.people)             # クラス変数 people の出力
```

【実行結果】

```
40
```

【プログラム解説】

001 行目〜 002 行目	「School」クラスを定義する。
002 行目	「School」クラスの「people」を「クラス変数」として初期化する。
004 行目	「if 文」を使って、「__name__」が「"__main__"」であるかどうかを判定する。
005 行目	「print」関数で、「School」クラスのクラス変数「people」を出力する。この場合、「people」が「クラス変数」であるため、「School」クラスのインスタンスを生成することなく、参照できる。

■ 8.2.4 メソッド

「メソッド」とは、オブジェクトの振る舞いを表わしたクラス内の関数である。

「メソッド」の定義も、関数の定義と同様に「def 文」を使う。

*

「メソッド」の定義方法を次に示す。

【「メソッド」を定義する記述方法】

```
def メソッド名 (self, 引数 1, 引数 2, …, 引数 n):
    メソッドの処理を記述
```

クラスの「メソッド」の第 1 引数に、必ず自分自身を指す**「self」**を使う。

これは、自分自身がもつ属性を参照することが可能である。

引数が必要である場合、「self」の後ろに記述する。

【「メソッド」を呼び出す記述方法】

```
インスタンス名 . メソッド名 ( 引数 1, 引数 2, …, 引数 n)
```

「メソッド」を呼び出す場合、「self」を飛ばした順番で引数を指定する。

クラスをインスタンス化し、「メソッド」を呼び出す**プログラム 8.3**を示す。

プログラム 8.3 「メソッド」の定義と呼び出し

```
001 class Sample:                        #Sample クラスの定義
002     def process(self, a, b):         #a と b を乗算するメソッドの定義
003         print(a * b)                 #a と b の乗算した結果を出力
004
005 object = Sample( )                   # クラスのインスタンス化
006 object.process(2, 3)                 #process メソッドの呼び出し
```

【実行結果】

```
6
```

【プログラム解説】

001 行目〜 003 行目	「Sample」クラスを定義する。
002 行目	2 つの値を乗算した値を出力する「process」メソッドを定義する。
003 行目	「print」関数で、「a」と「b」を乗算した値を出力する。
005 行目	「object」を「Sample」クラスで初期化する。
006 行目	「Sample」クラスの「process」メソッドの第 1 引数に「2」、第 2 引数に「3」を指定し、「2」と「3」を乗算した値を出力する。

■ 8.2.5 外部からクラスを使用

本項は、クラスを外部ファイルに定義して他のファイルからそのクラスを使う方法を解説する。

クラスを外部ファイルに定義して他のファイルからそのクラスを使う方法を**プログラム 8.4**と**プログラム 8.5**に示す。

プログラム 8.3のクラスの定義とクラスを利用する部分をそれぞれ異なるファイルに分ける。

クラスの定義を「sample.py」（**プログラム 8.4**）、クラスを扱う部分を「main.py」（**プログラム 8.5**）というファイル名にして、「main.py」を書き換える。

「Pyhon」のスタイルガイドでは、ファイル名をすべて小文字で設定することが推奨されている。また、ファイル名の先頭に数字を使用できないことに注意。

プログラム 8.4 sample.py

```
001 class Sample:                        #Sample クラスの定義
002     def process(self, a, b):         #a と b を乗算するメソッドの定義
003         print(a * b)                 #a と b の乗算した結果を出力
```

クラスを定義した「sample.py」を「モジュール」（**9 章参照**）といい、クラスを利用する側の「main.py」には、モジュールを読み込むため「import 文」が必要になる。

「import 文」の記述方法を次に示す。

【外部ファイルに定義したクラスを読み込む記述方法】

```
from モジュール import クラス名
```

ファイル名を記述する場合、ファイルの拡張子は不要である。

クラスを外部ファイルに定義した場合のインスタンス化の記述方法を次に示す。

【クラスを外部ファイルに定義した場合のインスタンス化の記述方法】

```
オブジェクト名 = クラス名 ( )
```

プログラム 8.5 main.py

```
001 from sample import Sample          #Sample クラスの読み込み
002
003 object = Sample( )                  # クラスのインスタンス化
004 object.process(2, 3)                #process メソッドの呼び出し
```

【実行結果】

```
6
```

【プログラム解説】

001 行目	「import 文」を使って、「**プログラム 8.4** sample.py」の「Sample」クラスをインポートする。
003 行目	「object」を「Sample」クラスで初期化する。
004 行目	「Sample」クラスの「process」メソッドの第 1 引数に「2」、第 2 引数に「3」を指定し、「2」と「3」を乗算した値を出力する。

8.3 「コンストラクタ」と「デストラクタ」

■ 8.3.1 コンストラクタ

「コンストラクタ」とは、オブジェクトが生成される場合に実行される特別なメソッドのこと。これは、インスタンス作成時、最初に処理が実行されるためクラスの初期化を行なう。

「コンストラクタ」の第 1 引数に必ず自分自身を指す「self」を使い、その他引数は、クラスの「インスタンス変数」として初期化されるのが一般的である。

*

「コンストラクタ」の記述方法を次に示す。

【「コンストラクタ」の記述方法】

```
def  __init__(self, 引数1, 引数2, …, 引数n):
    処理の記述
```

「コンストラクタ」を定義して「Student」クラスからインスタンスを生成する**プログラム 8.6**を示す。

プログラム 8.6 「コンストラクタ」の使用例

```
001 class Student:                              #Student クラスの定義
002     def __init__(self, name, year, uni):    # 学生情報を入力するメソッドの定義
003         self.name = name                    # 値の代入
004         self.year = year                    # 値の代入
005         self.uni = uni                      # 値の代入
006
007     def show_info(self):                    # 学生情報を出力するメソッドの定義
008         print(f"{self.name} さんは {self.year} 年に {self.uni} 大学に入学した。")
                                                # 値を挿入し出力
009
010 yamada = Student(" 山田 ", 2019, "A")       # クラスのインスタンス化
011 sato = Student(" 佐藤 ", 2019, "B")         # クラスのインスタンス化
012 yamada.show_info( )                         #show_info の呼び出し
013 sato.show_info( )                           #show_info の呼び出し
```

【実行結果】

山田さんは 2019 年に A 大学に入学した。 佐藤さんは 2019 年に B 大学に入学した。

【プログラム解説】

001 行目～ 008 行目	「Student」クラスを定義する。
002 行目	「Student」クラスを初期化する「コンストラクタ」を定義する。
003 行目	「Student」クラスの「name」を「インスタンス変数」として初期化する。
004 行目	「Student」クラスの「year」を「インスタンス変数」として初期化する。
005 行目	「Student」クラスの「uni」を「インスタンス変数」として初期化する。
007 行目	「Student」クラスのインスタンス変数「name」「year」「uni」を出力する「show_info」メソッドを定義する。
008 行目	「print」関数と「フォーマット文字列」を使って、「Student」クラスのインスタンス変数「name」「year」「uni」を出力する。
010 行目	「Student」クラスの「コンストラクタ」の第 1 引数に「" 山田 "」、第 2 引数に「2019」、第 3 引数に「"A"」を指定し、「yamada」を「Student」クラスで初期化する。
011 行目	「Student」クラスの「コンストラクタ」の第 1 引数に「" 佐藤 "」、第 2 引数に「2019」、第 3 引数に「"B"」を指定し、「sato」を「Student」クラスで初期化する。
012 行目	「Student」クラスの「show_info」メソッドを使って、「yamada」のインスタンス変数「name」「year」「uni」を出力する。
013 行目	「Student」クラスの「show_info」メソッドを使って、「sato」のインスタンス変数「name」「year」「uni」を出力する。

■ 8.3.2 デストラクタ

「デストラクタ」は、「コンストラクタ」の対をなす処理で、オブジェクトが廃棄される場合に呼び出されるメソッド。

これは、インスタンス廃棄時、自動的に呼び出される。

「デストラクタ」が呼び出されたオブジェクトは、インスタンスが消失するため、その後に該当するオブジェクトの変数やメソッドを参照した場合、例外が発生することから注意が必要。

【「デストラクタ」の記述方法】

```
class クラス名：
    def __del__(self, 引数1, 引数2,…, 引数n)：
        デストラクタの処理を記述

del インスタンス名
```

「コンストラクタ」と「デストラクタ」を定義した「Student」クラスからインスタンスを生成し、オブジェクトを廃棄する**プログラム8.7**に示す。

プログラム8.7　「デストラクタ」の使用例

```
001 class Student:                              #Student クラスの定義
002     def __init__(self, name, year, uni):    # 学生情報を入力するメソッドの定義
003         self.name = name                    # 値の代入
004         self.year = year                    # 値の代入
005         self.uni = uni                      # 値の代入
006
007     def __del__(self):                      # デストラクタを定義
008         print(f"{self.name} インスタンスが廃棄された。")     # 値を挿入し出力
009
010     def show_info(self):                    # 学生情報を出力するメソッドの定義
011         print(f"{self.name} さんは {self.year} 年に {self.uni} 大学に入学した。")
                                                # 値を挿入し出力
012
013 yamada = Student(" 山田 ", 2019, "A")        # クラスのインスタンス化
014 yamada.show_info( )                          #show_info の呼び出し
015 del yamada                                   # インスタンスを廃棄
```

【実行結果】

```
山田さんは 2019 年に A 大学に入学した。
山田インスタンスが廃棄された。
```

【プログラム解説】

001 行目〜 005 行目	「**プログラム 8.6** コンストラクタの使用例」を参照。
007 行目〜 011 行目	「Student」クラスを廃棄する「デストラクタ」を定義する。
008 行目	「print」関数と「フォーマット文字列」を使って、インスタンスが廃棄されたことを出力する。
010 行目〜 011 行目	「**プログラム 8.6** コンストラクタの使用例」を参照。
013 行目〜 014 行目	「**プログラム 8.6** コンストラクタの使用例」を参照。
015 行目	「del 文」を使って、「Student」クラスの「デストラクタ」を呼び出す。この場合、「yamada」が廃棄されたことを出力する。

8.4 「クラス」の継承

■ 8.4.1 「継承」の概要

「継承」は、特定のクラスの変数やメソッドを引き継ぐ基本概念である。

継承関係に該当するクラスは**「基底クラス」（スーパークラス）**や**「派生クラス」（サブクラス）**と呼ばれる。

「基底クラス」は、継承元のクラスを指し、「派生クラス」は「基底クラス」を受け継いだクラス。

「派生クラス」は、「基底クラス」の変数やメソッドをクラス内で定義することなく使うことができる。

＊

車を使った「継承」の例を**図 8.2** に示す。

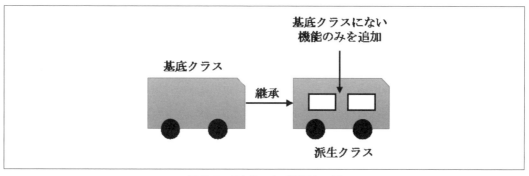

図 8.2　車を使った「継承」の例

図 8.2 は、「基底クラスの車」と「派生クラスの車」を表わしている。

この場合、「基底クラスの車」に準備されている変数やメソッドに加えて新たな機能を有した「派生クラス」を生成する。

この場合、「派生クラス」は窓を保有する。

「基底クラス」の変数やメソッドと同じ名前で変数、メソッドを定義することを「オーバーライド」と呼び、変数の更新や追加の機能を準備できる。

■ 8.4.2 クラスの継承方法

ここでは、クラスの継承方法について解説する。

クラスを継承する記述方法を次に示す。

【クラスを継承する記述方法】

```
class 派生クラス名 ( 基底クラス名 ):
    追加する処理を記述
```

「Car」クラスと「Car」クラスを継承した「SuperCar」クラスの運転時間を出力する**プログラム 8.8** を次に示す。

プログラム 8.8 クラスの継承の使用例

```
001 class Car:                               # 基底クラスの定義
002     speed = 80                           # クラス変数の初期化
003
004     def __init__(self, name):            # 車の名前を入力するメソッドの定義
005         self.name = name                 # インスタンス変数の初期化
006
007     def calc_drivetime(self, distance):  # 運転時間を算出するメソッドの定義
008         self.drivetime = distance / self.speed   # インスタンス変数の初期化
009         print(f" 普通車 {self.name} は、{distance} キロメートル先まで {self.
            drivetime} 時間で到着できる。")          # 運転時間を出力
010
011 class SuperCar(Car):                     # 基底クラスを継承した派生クラス
                                             # の定義
012     speed = 120                          # 基底クラスのインスタンス変数の
                                             # 再定義
013
014     def calc_drivetime(self, distance):  # 基底クラスのメソッドをオーバー
                                             # ライド
015         self.drivetime = distance / self.speed   # インスタンス変数の初期化
016         print(f" スーパーカー {self.name} は、{distance} キロメートル先まで {self.
            drivetime} 時間で到着できる。")          # 運転時間を出力
017
018 car = Car("A")                           # クラスのインスタンス化
019 super_car = SuperCar("B")                # クラスのインスタンス化
020 distance = 480                           # 値の初期化
021 car.calc_drivetime(distance)             # メソッドの呼び出し
022 super_car.calc_drivetime(distance)       # メソッドの呼び出し
```

【実行結果】

普通車 A は、480 キロメートル先まで 6.0 時間で到着できる。
スーパーカー B は、480 キロメートル先まで 4.0 時間で到着できる。

【プログラム解説】

001 行目〜 009 行目	「Car」クラスを定義する。
002 行目	「Car」クラスの「speed」を「クラス変数」として初期化する。
004 行目	「Car」クラスを初期化する「コンストラクタ」を定義する。
005 行目	「Car」クラスの「name」を「インスタンス変数」として初期化する。
007 行目	「Car」クラスのインスタンス変数「name」、「drivetime」と引数に指定した「distance」を出力する「calc_drivetime」メソッドを定義する。
008 行目〜 009 行目	「Car」クラスの「drivetime」を「インスタンス変数」として、「distance」を「Car」クラスの「speed」で除算した値で初期化する。 次に、「print」関数と「フォーマット文字列」を使って、「Car」クラスの「name」、「drivetime」と引数に指定した「distance」を出力する。
011 行目〜 016 行目	「Car」クラスを継承し「SuperCar」クラスを定義する。
012 行目	「SuperCar」クラスの「speed」を「インスタンス変数」として「120」で初期化する。
014 行目	「Car」クラスの「calc_drivetime」メソッドをオーバーライドし、「calc_drivetime」メソッドを定義する。

015 行目～ 016 行目	「SuperCar」クラスの「drivetime」をインスタンス変数として、「distance」を「SuperCar」クラスの「speed」で除算した値で初期化する。 次に、「print」関数と「フォーマット文字列」を使って、「SuperCar」クラスの「name」、「drivetime」と引数に指定した「distance」を出力する。
018 行目	「Car」クラスの「コンストラクタ」の引数に「"A"」を指定し、「car」を「Car」クラスで初期化する。
019 行目	「SuperCar」クラスの「コンストラクタ」の引数に「"B"」を指定し、「super_car」を「SuperCar」クラスで初期化する。この場合、「SuperCar」クラスの親クラスである「Car」クラスの「コンストラクタ」を呼び出す。
020 行目	「distance」を「480」で初期化する。
021 行目	「car」の「メソッド」の引数に「distance」を指定し、運転時間を出力する。
022 行目	「super_car」の「メソッド」の引数に「distance」を指定し、運転時間を出力する。

8.5 「クラス・メソッド」と「スタティック・メソッド」

■ 8.5.1 クラス・メソッド

ここでは、「クラス・メソッド」について解説する。

「クラス・メソッド」とは、「インスタンス・メソッド」と異なり、インスタンス化することなく呼び出すことができるメソッド。

インスタンス化したオブジェクトから呼び出すこともできる。

*

「クラス・メソッド」を定義する場合、「@classmethod」をデコレータとして該当するメソッドに組み込む。

このとき、第1引数に「cls」を指定することが一般的である。

「クラス・メソッド」の使用例を**プログラム 8.9** に示す。

プログラム 8.9 「クラス・メソッド」の使用例

```
001 class Car:                              # 基底クラスの定義
002     speed = 80                          # クラス変数の初期化
003
004     def __init__(self, name):          # 車の名前を入力するメソッドの定義
005         self.name = name               # インスタンス変数の初期化
006
007     def calc_drivetime(self, distance):  # 運転時間を算出するメソッドの定義
008         self.drivetime = distance / self.speed  # インスタンス変数の初期化
009         print(f" 普通車 {self.name} は、{distance} キロメートル先まで {self.
        drivetime} 時間で到着できる。")      # 運転時間を出力
010
011     @classmethod                       # デコレータを使ったクラス・メソッ
                                            #   ドの定義
012     def show_speed(cls):               # 速さを出力するメソッドの定義
013         print(f" 普通車のスピードは {cls.speed}。")  # 値を挿入し出力
014
015 Car.show_speed( )                      # メソッドの呼び出し
```

【実行結果】

> 普通車のスピードは 80。

【プログラム解説】

001 行目〜 009 行目	「**プログラム 8.8** クラスの継承の使用例」を参照。
011 行目〜 013 行目	デコレータを使って、「クラス・メソッド」として「show_speed」メソッドを定義する。
013 行目	「print」関数と「フォーマット文字列」を使って、「Car」クラスの「クラス変数」である「speed」を出力する。この場合、「show_speed」メソッドが「クラス・メソッド」であるため、「Car」クラスのインスタンス変数を参照できない。
015 行目	「Car」クラスの「show_speed」メソッドを使って、「Car」クラスの「speed」を出力する。

■ 8.5.2　スタティック・メソッド

　ここでは、「スタティック・メソッド」について解説する。

*

　「スタティック・メソッド」とは、「クラス・メソッド」と同様に、インスタンス化することなく呼び出すことができるメソッド。

　インスタンス化したオブジェクトから呼び出すこともできるが、インスタンス変数、「クラス変数」を参照できない。

　そのため、「スタティック・メソッド」では同じ処理を行なう場合に使う。

*

　「スタティック・メソッド」を定義する場合、「@staticmethod」をデコレータとして該当するメソッドに組み込む。

　このとき、クラスのメンバを参照することができないため、「self」や「cls」は不要。

*

　「スタティック・メソッド」の使用例を**プログラム 8.10** に示す。

プログラム 8.10 「スタティック・メソッド」の使用例

```
001 class Car:                                    # 基底クラスの定義
002     speed = 80                                # クラス変数の初期化
003
004     def __init__(self, name):                 # 車の名前を入力するメソッドの定義
005         self.name = name                      # インスタンス変数の初期化
006
007     def calc_drivetime(self, distance):       # 運転時間を算出するメソッドの定義
008         self.drivetime = distance / self.speed # インスタンス変数の初期化
009         print(f" 普通車 {self.name} は、{distance} キロメートル先まで {self.
            drivetime} 時間で到着できる。")        # 運転時間を出力
010
011     @staticmethod                             # デコレータを使ったスタティック
                                                  #   メソッドの定義
012     def show_type( ):
013         print(" 普通車 ")                      # 値を出力するメソッドの定義
014
015 Car.show_type( )                              # メソッドの呼び出し
```

【実行結果】

普通車

【プログラム解説】

001 行目〜 009 行目	「**プログラム 8.8** クラスの継承の使用例」を参照。
011 行目〜 013 行目	デコレータを使って、「スタティック・メソッド」として「show_type」メソッドを定義する。
013 行目	「print」関数で、普通車であることを出力する。この場合、「show_type」メソッドが「スタティック・メソッド」であるため、「Car」クラスの「クラス変数」やインスタンス変数を参照することができない。
015 行目	「Car」クラスの「show_type」メソッドを使って、文字列を出力する。

8.6 カプセル化

■ 8.6.1 「カプセル化」の概要

　「カプセル化」とは、オブジェクトの内部の属性や振る舞いを隠蔽することで、オブジェクト内部の属性や振る舞いには、公開された「インターフェイス」を介してのみアクセスできる。

> ※「インターフェイス」とはオブジェクトの内部と外部の境界面にあるオブジェクト内部へのアクセス手段。
> 　オブジェクトの利用者は、オブジェクトの内部構造を意識することなく利用できる。
> 　また、オブジェクトは外部からのアクセスを制限させるため、データの保全性が向上する。

＊

「カプセル化」の概要として「カプセル化」の例を**図 8.3** に示す。

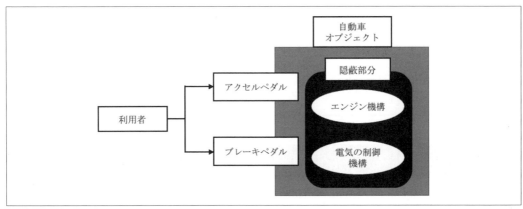

図 8.3 「カプセル化」の例

　図 8.3 に示すように、「自動車」をオブジェクトとした場合、「エンジン機構」や「電気の制御機構」などが隠蔽されている状況で、利用者は「アクセルペダル」や「ブレーキペダル」を使って、内部の構造の仕組みを理解することなく自動車を利用できる。
　ここでは、「アクセルペダル」と「ブレーキペダル」が「インターフェイス」にあたる。

「Python」ではデータを隠蔽するための仕組みはない。

基本的にすべてのデータやメソッドは外部に公開され、プライベートなデータやメソッドはない。

しかし、慣習的な「命名規則」で、属性やメソッドを隠蔽できる。

ここでは、「Python」において属性やメソッドを隠蔽する2つの手法を**表8.1**に示す。

表 8.1　隠蔽方法

名　前	記述方法	可視性
protected 変数	_ 変数名、_ メソッド名	自クラスとその派生クラスにおいて参照可能
private 変数	__ 変数名、__ メソッド名	自クラスでのみ参照可能

● protected メンバ

一般的に、「protected メンバ」は自クラスと派生クラス以外の外部から参照や操作ができないデータ。

そのため、継承関係以外のオブジェクトからの参照や操作を好まない変数やメソッドに制限を設けることで隠蔽できる。

ただし、「Python」では「オブジェクト名._ メンバ名」と記述することで外部から参照することが可能。

【「protected メンバ」の記述方法】

_ 要素名	# 要素名の前にアンダーバーを1つ付ける

● private メンバ

一般的に、「private メンバ」は外部から参照や操作ができないデータである。

そのため、外部からの参照や操作を好まない変数やメソッドに制限を設けることで自クラス内のメンバを隠蔽できる。

ただし、「protected メンバ」同様に「オブジェクト名.__ メンバ名」と記述することで外部から参照が可能。

【「private メンバ」の記述方法】

__ 要素名	# 要素名の前にアンダーバーを2つ付ける

8.7　練習問題

■ 8.7.1　練習問題①

「Admission」クラスを定義し、遊園地の子供と大人の入場料の合計を算出するプログラムを作りなさい。
ただし、出力結果は整数型で出力すること。

1) 平日の大人料金は、7800 円。
2) 休日の大人料金は、平日の大人料金の 20% 増。
3) 子供は半額。

【実行結果】

```
1か0の数字を入力してください。(平日は0、休日は1)：1
大人の人数を入力してください。：5
子供の人数を入力してください。：3
お会計 60840 円。
```

■ 8.7.2 練習問題②

人間とコンピュータが「じゃんけんゲーム」をするクラスを作りなさい。
クラスは次に示す機能を有する。

機能1：プレーヤの手の出し方を入力する。(グー：「0」、チョキ：「1」、パー：「2」)
機能2：コンピュータの手の出し方は、ランダムに生成する。
機能3：じゃんけんの勝敗を出力し、ゲームを続けるかどうか入力する。(続ける：「y」、ゲーム終了：「n」)

【実行結果】

```
0から2を選択してください。(グー：0、チョキ：1、パー：2)
1
プレーヤはチョキを出しました。コンピュータはパーを出しました。
プレーヤ WIN

続けて遊びますか？ (続ける：y，ゲーム終了：n)
y
```

■ 8.7.3 練習問題③

「Person」クラスを作成し、「体重 (weight)」「身長 (height)」「BMI」「健康状態」を出力するクラスを作りなさい。
また、それらを基に「BMI」を求め、健康状態を判定しなさい。
BMI の算出は、「BMI = weight / height^2」。

また、健康状態は、次の基準で判断する。

1)	「30 < BMI」	高度肥満
2)	「25 < BMI ≦ 30」	肥満
3)	「18.5 ≦ BMI ≦ 25」	標準
4)	「BMI < 18.5」	痩身

【実行結果】

```
{'weight': 150, 'height': 1.9, 'bmi': 41.5, 'comment': ' 高度肥満 '}
{'weight':  80, 'height': 1.7, 'bmi': 27.7, 'comment': ' 肥満 '}
{'weight':  65, 'height': 1.8, 'bmi': 20.0, 'comment': ' 標準 '}
{'weight':  45, 'height': 1.6, 'bmi': 17.5, 'comment': ' 痩身 '}
```

119

第9章 モジュール

「Python」の「モジュール」とは、「Python」を使って記述されたファイル（ファイル名.py）のことを指し、その中にクラスや関数が定義されている。
　定義されたクラスや関数は、他のファイルから呼び出すことができる。

9.1　「モジュール」の概要

■ 9.1.1　「モジュール」の概要

　他のモジュールから、定義されたクラスや関数を呼び出すには、「import文」を使う。

　「import文」とは、「モジュール」に定義されているプログラムを呼び出すためのもので、「パッケージ」の内容を呼び出す場合にも使う。
　「パッケージ」とは、複数のモジュールを特定の処理ごとにまとめた「モジュール群」である。
　「パッケージ内」には、「_init_.py」が存在するのが特徴で、これがあることによりそのディレクトリが「パッケージ」として認識される。

＊

　「モジュール」と「パッケージ」をインポートする方法を**表9.1**に示す。

表9.1　インポートの方法

記述方法	機　能
import モジュール名	「モジュール」を読み込む
from モジュール名 import 関数名 , クラス名	「モジュール」から関数やクラスを読み込む
from モジュール名 import *	指定された「モジュール名」の関数をすべて読み込む
from パッケージ名 import モジュール名	パッケージから「モジュール」を読み込む
from パッケージ名 . モジュール名 import 関数名 , クラス名	パッケージの中の「モジュール」の関数やクラスを読み込む

■ 9.1.2　標準モジュール

　「標準モジュール」とは、「Python」のシステムに最初から組み込まれており、外部から読み込むことなく、インポートすることで使うことができるモジュール。

　「標準モジュール」の例を**表9.2**に示す。

表9.2　「標準モジュール」の例

モジュール名	機　能
aifc	AIFF および AIFC ファイルの読み書き
audioop	音声データを操作
calendar	一般的なカレンダーを出力することができる
datetime	日付や時刻を操作するための関数を含む

glob	指定されたパターンに一致するすべてのパス名を見付け出す
html	HTML（HyperText Markup Language）のサポート
imghdr	画像の形式を決定
math	数値処理機能を含む
os	OS 依存の機能を利用するポータブルな方法を提供
os.path	パス名を操作する関数を含む
random	擬似乱数の生成に関する関数を含む
re	正規表現操作に関する関数を含む
secrets	機密を扱うために安全な乱数を生成
string	一般的な文字列操作を含む
sys	システムパラメータに関する関数を含む
stringprep	インターネットのための文字列調整
time	時刻に関するさまざまな関数
turtle	タートルグラフィックスに関する関数やクラスを含む

■ 9.1.3 拡張モジュール

「**拡張モジュール**」とは、処理の高速化や「C」や「C++」によって記述されたソースコードを呼び出す目的で使われるモジュールのこと。

「拡張モジュール」を使うことで、「Python」では直接処理することができない実装や他の言語の「ライブラリ関数」を呼び出すことができるようになる。

9.2　重要なモジュール

■ 9.2.1 「calendar」モジュール

「calendar」モジュールでは、**カレンダーを出力する**ことができる。

標準では、月曜日始まりのカレンダーに設定される。

「calendar」モジュールの使用例を**プログラム 9.1** に示す。

プログラム 9.1　「calendar」モジュールの使用例

```
001 import calendar                    #calendar モジュールの読み込み
002
003 print(calendar.month(2030, 1))     #2030 年 1 月のカレンダーを出力
```

【実行結果】

```
      January 2030
Mo  Tu  We  Th  Fr  Sa  Su
     1   2   3   4   5   6
 7   8   9  10  11  12  13
14  15  16  17  18  19  20
21  22  23  24  25  26  27
28  29  30  31
```

【プログラム解説】

001 行目	「import 文」を使って、「calendar」モジュールをインポートする。
003 行目	「print」関数と「calendar」の「month」関数を使って、「2030 年 1 月」のカレンダーを出力する。

■ 9.2.2　「math」モジュール

　「math」モジュールは、**「指数対数」**や**「三角関数」**などの**数値処理機能**が含まれており、幅広く活用できる。

　「math」モジュールの使用例を**プログラム 9.2** に示す。

プログラム 9.2　「math」モジュールの使用例

```
001 import math                          #math モジュールの読み込み
002
003 print(math.log(10))                  #log_e10 を出力
004 print(math.log(10, 2))               #log_2 10 を出力
005 print(math.pi)                       # 円周率を出力
006 print(math.gcd(30, 110))             #30 と 110 の最大公約数を出力
```

【実行結果】

```
2.302585092994046
3.3219280948873626
3.141592653589793
10
```

【プログラム解説】

001 行目	「import 文」を使って、「math」モジュールをインポートする。
003 行目	「print」関数と「math」モジュールの「log」関数を使って、「10」の自然対数を出力する。
004 行目	「print」関数と「math」モジュールの「log」関数を使って、「2」を底とする「10」の常用対数を出力する。
005 行目	「print」関数と「math」モジュールの定数「pi」を使って、円周率を出力する。
006 行目	「print」関数と「math」モジュールの「gcd」関数を使って、「30」と「110」の最大公約数を出力する。

■ 9.2.3　「random」モジュール

　「random」モジュールには、**乱数を生成**することができるさまざまな関数が用意されている。乱数を生成する関数は、実行するごとに異なる値を返す。

　「random」モジュールの使用例を**プログラム 9.3** に示す。

プログラム 9.3　「random」モジュールの使用例

```
001 import random                        #random モジュールの読み込み
002
003 print(random.randint(0, 100))        #0~100 の範囲の整数を出力
004 print(random.random( ))              #0 以上 1 未満の浮動小数点数を出力
```

```
005 print(random.uniform(0, 100))        #0~100 の範囲の浮動小数点数を出力
006 print(random.randrange(0, 100, 2))   #0 以上 100 未満の 2 の倍数を出力
007 print(random.randrange(10))          #0 以上 10 未満の整数を出力
```

1 回目の出力例を示す。

【実行結果】

```
30
0.8843519087317382
27.75955368206461
90
1
```

2 回目の出力例を示す。

1 回目とは異なる乱数が生成される。

【実行結果】

```
71
0.033778693101638835
31.84030569176389
16
6
```

【プログラム解説】

001 行目	「import 文」を使って、「random」モジュールをインポートする。
003 行目	「print」関数と「random」モジュールの「randint」関数を使って、「0」以上「100」以下のランダムな値を整数型で出力する。
004 行目	「print」関数と「random」モジュールの「random」関数を使って、「0.0」以上「1.0」未満のランダムな値を浮動小数点型で出力する。
005 行目	「print」関数と「random」モジュールの「uniform」関数を使って、「0」以上「100」以下のランダムな値を浮動小数点型で出力する。
006 行目	「print」関数と「random」モジュールの「randrange」関数を使って、「0」以上「100」未満のランダムな「2」の倍数を整数型で出力する。
007 行目	「print」関数と「random」モジュールの「randrange」関数を使って、「0」以上「10」未満のランダムな値を整数型で出力する。この場合、「randrange」関数の第 3 引数を省略しているため、ランダムな値は「0」以上「10」未満の整数となる。

■ 9.2.4 「time」モジュール

「time」モジュールは、**「時刻データ」の取得や変換**などの関数があり、プログラムの処理時間の計測などで活用される。

「time」モジュールの使用例を**プログラム 9.4** に示す。

プログラム 9.4 「time」モジュールの使用例

```
001 import time                #time モジュールの読み込み
002
003 print(time.time( ))        # システム上の起点時刻からの総経過秒数
004 print(time.gmtime( ))      # 時刻データの詳細
```

【実行結果】

```
1613061975.3087437
Time.struct_time（tm_year=2021, tm_mon=2, tm_mday=11, tm_hour=16, tm_min=46, tm_
sec=15, tm_wday=3, tm_yday=42, tm_isdst=0）
```

【プログラム解説】

001 行目	「import 文」を使って、「time」モジュールをインポートする。
003 行目	「print」関数と「time」モジュールの「time」関数を使って、「Unix 時間」（UTC 1970 年 1 月 1 日 0 時 0 分 0 秒）からの総経過秒数を出力する。
004 行目	「print」関数と「time」モジュールの「gmtime」関数を使って、現在時刻の詳細を項目ごとに出力する。この場合、「2021 年 2 月 11 日 16 時 46 分 15 秒」「木曜日」「当年内の経過日数 42 日」「サマータイムは無効」である時刻データを取得した。「tm_wday」は月曜日からの経過日数を表わし、「tm_isdst」が「0」であれば、サマータイムは「無効」であることを示す。

また「sleep」関数を使うことで、指定した時間にプログラムを停止することができる。「time.sleep」の挙動を**プログラム 9.5** に示す。

プログラム 9.5　「time.sleep」の挙動

```
001 import time                        #time モジュールの読み込み
002
003 for i in range(1, 11):             #1~10 まで繰り返す
004     time.sleep(1)                  #1 秒間停止
005     print(f"{i}秒後")              # 値を挿入し経過時間を出力
```

【実行結果】

```
1 秒後
2 秒後
3 秒後
4 秒後
5 秒後
6 秒後
7 秒後
8 秒後
9 秒後
10 秒後
```

【プログラム解説】

001 行目	「import 文」を使って、「time」モジュールをインポートする。
003 行目	「for 文」と「range」関数で、初期値が「1」で最終値が「10」に対して繰り返し処理を行なう。この場合、「i」には「1」以上「11」未満の整数が代入される。
004 行目	「time」モジュールの「sleep」関数を使って、「1」秒間呼び出したスレッドの実行を停止する。
005 行目	「print」関数と「フォーマット文字列」を使って、経過時間を出力する。

このプログラムの挙動は、実際に実行して確認してください。

■ 9.2.5 「re」モジュール

「re」モジュールは、「正規表現」と呼ばれる条件を指定することで、**文字列の検索や置換**を行なうモジュールである。

その関数を**表9.3**に示す。

「正規表現」において、特別な意味を持たせた文字のことを「メタ文字」と言う。
「メタ文字」を組み合わせることにより、検索したい文字列の条件を指定できる。

「正規表現」で使われる「メタ文字」の意味とその使い方を**表9.4**に示す。

表9.3 「re」モジュールの関数

関数名	関数の意味	引数	引数の意味	戻り値
match( )	文字列の先頭が合致するか判別	pattern	検索するパターン	re.Match
		string	検索対象の文字列	
search( )	先頭に限らず合致するか判別	pattern	検索するパターン	
		string	文字列全体	
fullmatch( )	文字列全体が合致するか判別	pattern	検索するパターン	
		string	文字列全体	
sub( )	文字列内の合致した文字と指定の文字を入れ替える	pattern	検索するパターン	str
		repl	入れ替える文字列	
		string	編集対象の文字列	

表9.4 メタ文字例

メタ文字	意　味
.	改行以外の任意の文字に合致
^	文字列の先頭に合致
$	文字列の末尾・文字列末尾の改行直前に合致
*	直前の正規表現を 0 回以上繰り返したものに合致
?	0または1文字以上繰り返される任意の文字列に合致
[0-9]	0〜9のいずれか1文字に合致
[a-z]	a〜zのいずれか1文字に合致
¥s	空白と合致
¥S	空白以外と合致
¥d	数字と合致
¥D	数字以外と合致

　フルーツのリストの中にある各要素が検索の条件に一致するかを比較し、一致するものはリストに追加し、最後にそのリストを出力する**プログラム9.6**を示す。

プログラム 9.6　「メタ文字」の使用例

```
001 import re                                    #re モジュールの読み込み
002
003 fruit = ["apple", "green apple", "pineapple", "grape", "orange"]
                                                 # リストを初期化
004
005 list1 = []                                   # 空のリストを初期化
006 list2 = []                                   # 空のリストを初期化
007 list3 = []                                   # 空のリストを初期化
008
009 for i in fruit:                              #fruit リストの終点まで繰り返し
010     if re.search("apple", i):                #apple が含まれる文字列の検索
011         list1.append(i)                      # リストに要素の追加
012     if re.search("pp*", i):                  #p が 1 回以上含まれる文字列の検索
013         list2.append(i)                      # リストに要素の追加
014     if re.search("^.....$", i):              #5 文字の文字列の検索
015         list3.append(i)                      # リストに要素の追加
016
017 print(list1)                                 # リストの出力
018 print(list2)                                 # リストの出力
019 print(list3)                                 # リストの出力
```

【実行結果】

['apple', 'green apple', 'pineapple']
['apple', 'green apple', 'pineapple', 'grape']
['apple', 'grape']

【プログラム解説】

001 行目	「import 文」を使って、「re」モジュールをインポートする。
003 行目	「fruit」をリストとして文字列で初期化する。
005 行目〜 007 行目	「list1」「list2」「list3」を空のリストとして初期化する。
009 行目	「for 文」を使って、「fruit」に対して繰り返し処理を行なう。この場合、「i」には「fruit」の要素が代入される。
010 行目	「if 文」と「re」モジュールの「search」関数を使って、「i」に「"apple"」が含まれているかどうかを判定する。
011 行目	「list1」に新たな要素「i」を追加する。
012 行目	「if 文」と「re」モジュールの「search」関数を使って、「i」に「"p"」が含まれているかどうかを判定する。
013 行目	「list2」に新たな要素「i」を追加する。
014 行目	「if 文」と「re」モジュールの「search」関数を使って、「i」が 5 文字の文字列かどうかを判定する。
015 行目	「list3」に新たな要素「i」を追加する。
017 行目〜 019 行目	「print」関数で、「list1」「list2」「list3」を出力する。

■ 9.2.6 「turtle」モジュール

● 一部のメソッドの読み込み

　「turtle」モジュールは、プログラミング初心者が学ぶときに活用できる代表的なモジュールである。

　「xy 平面」上に「亀のオブジェクト」を設置して操作することで、軌跡で絵を描画できる。また、亀の動いた軌跡は入力したプログラムの流れとして理解できる。

＊

　「turtle」モジュールにおける「Turtle」クラスのメソッドを**表9.5**に、使用例を**プログラム9.7**に示す。

表9.5　「Turtle」クラスのメソッド

メソッド	動　き
forward( ), fd( )	( ) の値だけ進む
backward( ), bk( ), back( )	( ) の値だけ後退する
right( ), rt( )	( ) の値だけ右に回る　※デフォルトは度
left( ), lt( )	( ) の値だけ左に回る　※デフォルトは度
goto( ), setpos( ), setposition( )	(x, y) の指定した座標に移動する ペンが下りていれば線が引かれる
setheading( ), seth( )	( ) の値の向きに設定する　0- 東、90- 北、180- 西、270- 南
home( )	座標 (0,0) に移動し向きを開始方向に設定する
circle( )	(半径 , 角度 , 画数) の円を描くことができる 半径だけでも可能 画数を指定することで正多角形を描くことができる
dot( )	(直径 , " 色 ") を指定することで丸い点が描かれる 色は指定しなければ黒
stamp( )	その時点でのタートルのスタンプが残る
speed( )	タートルのスピードを 1 (遅い) ～ 10 (速い)、0 (最速) の整数で指定できる
penup( ), pu( ), up( )	ペンを上げる 動くと線が引かれない
pendown( ), pd( ), down( )	ペンを下す 動くと線が引かれる
pensize( )	ペンの太さ (整数) を指定できる
pencolor( )	ペンの色を指定できる ( ) 内は "red"、"blue" や r,g,b, で指定できる
fillcolor( )	塗りつぶしの色を指定できる ( ) 内は "red"、"blue" や r,g,b, で指定できる
color( )	(ペンの色 , 塗りつぶしの色)　を指定できる ( ) 内は "red"、"blue" や r,g,b, で指定できる
begin_fill( )	塗りつぶしの開始
end_fill( )	塗りつぶしの終了
reset( )	スクリーン上のすべてのタートルを初期状態にする

プログラム 9.7　「turtle」モジュールの使用例

```
001 import turtle                        #turtle モジュールの読み込み
002
003 turtle1 = turtle.Turtle( )           # クラスのインスタンス化
004 turtle1.shape("turtle")              # 矢印の描写を turtle に変更
005 turtle1.fd(100)                      #100 進む
006 turtle1.rt(90)                       # 右に 90 度回る
007 turtle1.fd(100)                      #100 進む
```

【実行結果】

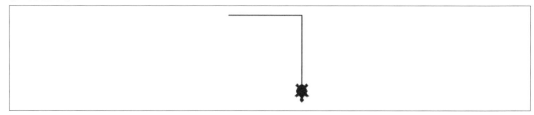

【プログラム解説】

001 行目	「import 文」を使って、「turtle」モジュールをインポートする。
003 行目	「turtle」を「turtle」モジュールのコンストラクタで初期化する。
004 行目	「turtle1」の「shape」メソッドを使って、形を「"turtle"」に設定する。
005 行目〜 007 行目	「turtle1」の「fd」メソッドの引数に「100」を指定し、長さ「100」だけ直線を描画する。次に、「turtle1」の「rt」メソッドの引数に「90」を指定し、右回りに「90 度」回転する。そして、「turtle1」の「fd」メソッドの引数に「100」を指定し、同様に長さ「100」だけ直線を描画する。

● すべてのメソッドの読み込み

「from モジュール名 import」の形式（**表 9.1**）について解説する。

「import turtle」を「from turtle import *」にすることで、すべてのクラスと関数を読み込む。その時、関数名やクラス名の前にモジュール名の「turtle.」を付ける必要がなくなる。

「turtle」モジュールでは、「Turtle」クラスのメソッドを元にした関数が定義されており、それらの関数が呼び出された場合は、自動的にオブジェクトが生成される。複数のタートルを生成する場合は、インスタンス化する必要がある。

*

「turtle」モジュールの多様なメソッドを使った**プログラム 9.8** を示す。

プログラム 9.8 「turtle」モジュールを複数使用した例

```
001 from turtle import *          #turtle モジュールの読み込み
002 import random                 #random モジュールの読み込み
003
004 shape("turtle")              # 矢印の描写を turtle に変更
005 pencolor("blue")             # ペンの色を青色に指定
006 speed(5)                     # スピードを 5 に指定
007 fd(50)                       #50 進む
008 lt(45)                       # 左に 45 度回る
009 bk(50)                       #50 戻る
010 rt(45)                       # 右に 45 度回る
011 fd(50)                       #50 進む
012 seth(90)                     # 北を向く
013 fd(150)                      #150 進む
014 home( )                      # 原点に移動
015
016 color("red", "yellow")       # ペンの色は赤、塗りつぶしの色を黄色にする
017 up( )                        # ペンを上げる
018 goto(200, 0)                 #200,0 地点に移動
019 down( )                      # ペンを下す
020
021 begin_fill( )                # 塗りつぶし開始
```

↰

```
022 value1 = 100                          # 値の初期化
023
024 while 0 < value1:                      #value1 の値が 0 より大きい場合、繰り返す
025     circle(value1)                     # 半径 value1 の大きさの円を描く
026     value1 -= 10                       #10 を減算し代入
027
028 end_fill( )                            # 塗りつぶし終了
029 up( )                                  # ペンを上げる
030 goto(-200,0)                           #-200,0 地点に移動
031 down( )                                # ペンを下す
032 fillcolor("purple")                    # 塗りつぶす色を紫に指定
033 begin_fill( )                          # 塗りつぶし開始
034
035 while value1 < 50:                     #value1 の値が 50 未満の場合、繰り返し
036     fd(random.randint(1, 50))          #1~50 の範囲の整数分進む
037     rt(random.randint(0, 360))         #0~360 の範囲の整数分右に 45 度回る
038     stamp( )                           # スタンプを残す
039     value1 += 1                        #1 を加算し代入
040 end_fill( )                            # 塗りつぶし終了
041 done( )                                # スレッドの実行を終了
```

【実行結果】

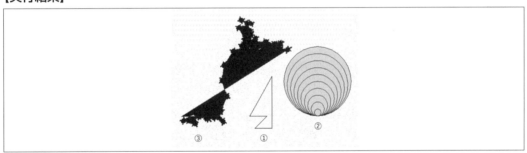

③   ①   ②

【プログラム解説】

001 行目	「import 文」と「from 文」を使って、「turtle」モジュールからすべてのメソッドをインポートする。
002 行目	「import 文」を使って、「random」モジュールをインポートする。
004 行目	「turtle」モジュールの「shape」メソッドを使って、形を「"turtle"」に設定する。
005 行目	「turtle」モジュールの「pencolor」メソッドの引数に「"blue"」を指定して、描画するペンの色を青に指定する。
006 行目	「turtle」モジュールの「speed」メソッドの引数に、「5」を指定して、描画速度を設定する。
007 行目～011 行目	「turtle」モジュールの「fd」メソッドの引数に「50」を指定し、長さ「50」だけ直線を描画する。次に、「turtle」モジュールの「lt」メソッドの引数に「45」を指定し、左回りに「45 度」回転する。そして、「turtle」モジュールの「bk」メソッドの引数に「50」を指定し、長さ「50」だけ逆方向に直線を描画する。さらに、「turtle」モジュールの「rt」メソッドの引数に「45」を指定し、右回りに「45 度」回転する。その後、「fd」メソッドの引数に「50」を指定し、長さ「50」だけ直線を描画する。

012 行目〜 014 行目	「turtle」モジュールの「seth」メソッドの引数に「90」を指定し、描画方向を「北」に設定する。次に、「fd」メソッドの引数に「150」を指定し、長さ「150」だけ直線を描画する。そして、「turtle」モジュールの「home」メソッドを使って、原点に移動する。この時、①の図形の描画が完成する。
016 行目	「turtle」モジュールの「color」メソッドの第 1 引数に「"red"」、第 2 引数に「"yellow"」を指定し、描画するペンの色を赤、塗りつぶす範囲を黄色に設定する。
017 行目〜 019 行目	「turtle」モジュールの「up」メソッド、「goto」メソッドと「down」メソッドを使って、描画することなく (200, 0) に移動し描画を行なうことができる状態にする。
021 行目	「turtle」モジュールの「begin_fill」メソッドを使って、塗りつぶす図形の描画を開始する。
022 行目	「value1」を「100」で初期化する。
024 行目〜 026 行目	「while 文」を使って、「value1」が「0」より大きい場合に対して繰り返し処理を行なう。この場合、「turtle」モジュールの「circle」メソッドの引数に「value1」を指定し、半径が「value1」の円を描画する。そして、「value1」に「value1」と「10」の差を代入する。
028 行目	「turtle」モジュールの「end_fill」メソッドを使って、塗りつぶす図形の描画を終了する。この時、②の図形の描画が完成する。
029 行目〜 031 行目	「turtle」モジュールの「up」メソッド、「goto」メソッドと「down」メソッドを使って、描画することなく (−200, 0) に移動し描画を行なうことができる状態にする。
032 行目	「turtle」モジュールの「fillcolor」メソッドの引数に「"purple"」を指定し、描画する塗りつぶす範囲を紫色に設定する。
033 行目	「begin_fill」メソッドを使って、塗りつぶす図形の描画を開始する。
035 行目〜 039 行目	「while 文」を使って、「value1」が「50」より小さい場合に対して繰り返し処理を行なう。この場合、「fd」メソッドの引数に「random」モジュールの「randint」メソッドを使って、「1」以上「50」以下のランダムな整数を指定し、その長さだけ直線を描画する。次に、「rt」メソッドの引数に「randint」メソッドを使って、「1」以上「360」以下のランダムな整数を指定し、右回りに指定した角度回転する。そして、「value1」に「value1」と「1」を加算した値を代入する。
040 行目	「end_fill」メソッドを使って、塗りつぶす図形③の描画を終了する。
041 行目	「turtle」モジュールの「done」メソッドを使って、スレッドの実行を終了する。

<table><tr><td>**9.3**</td><td>**「モジュール」の作り方**</td></tr></table>

「モジュール」は、プログラムを再利用できるように部品化したもの。

そのため、よく使う処理や、プログラム全体で共通の処理などの「モジュール」を作成することで、より効率的にプログラミングすることができる。

「モジュール」を作る場合、「Python」のプログラムと同様に、「.py」の拡張子を付けて保存する。

「モジュール」の作成例として、**プログラム 9.9（sample_module.py）**に簡単な四則演算の「モジュール」を作成し、**プログラム 9.10（module.py）**にインポートして使う。

今回は作成した2つのファイルは同じフォルダ内に保存する。

同じフォルダ内でない場合インポートするときにパスを指定する必要がある。

プログラム 9.9 「モジュール」の作成例（sample_module.py）

```
001 def add(x, y):            # 足し算の関数を定義
002     return x + y          # 戻り値として加算した値を返す
003 def minus(x, y):          # 引き算の関数を定義
004     return x - y          # 戻り値として減算した値を返す
005 def times(x, y):          # 掛け算の関数を定義
006     return x * y          # 戻り値として乗算した値を返す
007 def divided(x, y):        # 割り算の関数を定義
008     return x / y          # 戻り値として除算した値を返す
```

「sample_module.py」に足し算（add）、引き算（minus）、掛け算（times）、割り算（divided）の関数を作る。

プログラム 9.10 「モジュール」の使用例（module.py）

```
001 import sample_module                                #sample_module モジュール
                                                          の読み込み
002
003 value1 = int(input("1つ目の整数を入力してください。:"))   # 整数型で値の入力
004 value2 = int(input("2つ目の整数を入力してください。:"))   # 整数型で値の入力
005
006 print(sample_module.add(value1, value2))           # 加算を行なう
007 print(sample_module.minus(value1, value2))         # 減算を行なう
008 print(sample_module.times(value1, value2))         # 乗算を行なう
009 print(sample_module.divided(value1, value2))       # 除算を行なう
```

【実行結果】

```
1つ目の整数を入力してください。:10
2つ目の整数を入力してください。:5
15
5
50
2.0
```

【プログラム解説】

001 行目	「import 文」を使って、「sample_module」モジュールをインポートする。
003 行目	「input」関数で、「value1」に値を入力する。
004 行目	「input」関数で、「value2」に値を入力する。
006 行目	「print」関数と「sample_module」の「add」メソッドを使って、「value1」と「value2」を加算した値を出力する。
007 行目	「print」関数と「sample_module」の「minus」メソッドを使って、「value1」と「value2」を減算した値を出力する。
008 行目	「print」関数と「sample_module」の「times」メソッドを使って、「value1」と「value2」を乗算した値を出力する。
009 行目	「print」関数と「sample_module」の「devided」メソッドを使って、「value1」と「value2」を除算した値を出力する。

9.4 練習問題

■ 9.4.1 練習問題①

「math」モジュールを使って、**図9.1**に示す扇形の面積を求めなさい。

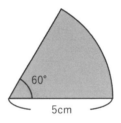

60°

5cm

図9.1　扇形

■ 9.4.2 練習問題②

「turtle」モジュールを使って、**図9.2**に示すような桜の木を描くプログラムを作りなさい。

図9.2　プログラム実行例

　図は一例。本節までの内容でプログラムを作成できるが、パターンはいくつかあるので挑戦してほしい。

第10章 ファイル入出力

「ファイル」は、コンピュータ内において情報処理に関する記録を収めたデータ。

ユーザーは、ファイル単位でそれらを読み込み、書き込み、追記などの操作を行なう。

ファイルには、ファイル名とファイルの種類を表わす拡張子があり、文字や数値、画像や音声、プログラムなどによって異なる。

10.1 「ファイル入出力」の概要

10.1.1 ファイルとは

ファイルの種類を「ファイル形式」と言う。

データの中身によって「テキスト・ファイル」と「バイナリ・ファイル」の2種類に分類される。

また、コンピュータにおいて、文字は、「文字コード」(文字符号)で管理される。

代表的な「文字コード」には、「ASCII」「Shift_JIS」「Unicode」などがあり、「Python」では通常「Unicode」の一種である「UTF-8」が使われる。

代表的な「文字コード」の種類を**表10.1**に示す。

表 10.1　代表的な「文字コード」の種類

種　類	特　徴
ASCII	英語、数字や記号など1文字を7ビットで表現 英数字しか表現できないため主に英語圏で使用
Shift_JIS	日本語の「文字コード」 全角、半角1文字を16ビットで表現
Unicode	世界共通の「文字コード」 世界中の言語を収録しており「UTF-8」では、可変長の32ビットであらゆる文字を表現

● テキスト・ファイル

「テキスト・ファイル」は、データが「文字コード」で構成されたファイル。

「文字コード」には、「改行」や「タブ」などの基本的な制御コードも含まれる。

「テキスト・ファイル」の例を**図10.1**に示す。

テキストファイル .txt　　テキストファイル .html　　テキストファイル .csv

図 10.1　「テキスト・ファイル」の例

● バイナリ・ファイル

「バイナリ・ファイル」とは、特定の「文字コード」の範囲に収まらない任意のビット列を含む「2進数データ」を保存したファイルのことを指す。

「テキスト・ファイル」以外のファイルはすべて「バイナリ・ファイル」。

「バイナリ・ファイル」の例を図10.2に示す。

映像 .mkv 　　　　音声 .mp3 　　　　画像 .jpg

図 10.2 「バイナリ・ファイル」の例

＊

「テキスト・ファイル」と「バイナリ・ファイル」の違いを表10.2に示す。

表 10.2 「テキスト・ファイル」と「バイナリ・ファイル」の違い

ファイル形式	メリット	デメリット
テキスト・ファイル	メモ帳で編集できる	表現が単純な文字のみ
バイナリ・ファイル	多様な形式が表現できる	専用アプリが必要

■ 10.1.2 「ファイル入出力」について

「Python」において「ファイル入出力」とは、**「io」モジュールを使ってファイル操作**を行なう処理。

「io」モジュールは、ストリームデータを扱うモジュールで、「i」は input（入力）、「o」は output（出力）を意味する。

また、「io」モジュールは、「テキストストリーム」と「バイナリストリーム」を扱うことができる。

「Python」のプログラムを実行し、ファイルを操作する場合、「ファイルオブジェクト」が生成される。

この「ファイルオブジェクト」を介して、ファイル内データの読み込みや、書き込みを行なう。

この時、「メモリ領域」と「ハードディスク」を仲介する「ストリーム」が使われる。

＊

「ファイルの入出力」の概要を図10.3に示す。

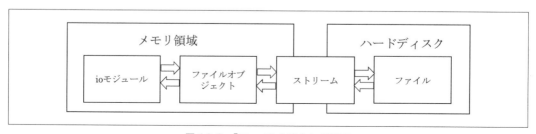

メモリ領域　　　　　　　　　　　　ハードディスク

ioモジュール　ファイルオブジェクト　ストリーム　ファイル

図 10.3 「ファイル入出力」の概要

10.2 「ファイル入出力」の方法

「ファイル入出力」は、3つの手順を経由して行なう。

① 任意のファイルを開く。
② ファイルに記録されたデータを読み込み（入力）、または該当するデータを書き込む（出力）。
③ ファイルを閉じる。

「ファイル入出力」の手順を**図 10.4** に示す。

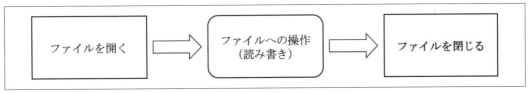

図 10.4 「ファイル入出力」の手順

■ 10.2.1 ファイル入出力操作

「Python」でファイルを開く場合、「open」関数を使う。
「open」関数には、「文字コード」を指定する「encoding 引数」が準備されており、これを記述することにより、文字化けを防ぐことができる。

【「open」関数の記述方法】

ファイルオブジェクト = open(" 操作するファイルパス名 ", " 操作モード ", " 文字コード ")

【「open」関数の記述例】

```
file = open("new_file.txt", "w", encoding = "utf-8")    # ファイルを書き込みモードで
                                                          開き、UTF-8 を指定
```

「open」関数は、任意の操作モードで指定したファイルを開く。
代表的な操作モードを**表 10.3** に示す。

表 10.3　指定できる操作モードの種類

種　類	意　味	書き方
r	読み込み操作	open(" ファイル名 ", "r")
w	書き込み操作（新規作成）	open(" ファイル名 ", "w")
a	追記操作（新規作成）	open(" ファイル名 ", "a")
r+	読み書き操作	open(" ファイル名 ", "r+")
w+	読み書き操作（新規作成）	open(" ファイル名 ", "w+")
a+	追記と読み込み操作	open(" ファイル名 ", "a+")
b	バイナリモード	open(" ファイル名 ", "b")

「open」関数を使うことで、プログラム上で任意のファイルを操作することができる。
この時、「ファイルオブジェクト」が生成される。
ただし、読み込み操作や読み書き操作でファイルを開く場合、そのファイルがコンピュータ内に存在する必要がある。

　一方で、書き込み操作で既存のファイルを開く場合、すべてのデータが更新され、指定したファイルが存在しない場合は、新規ファイルが作成され、そのファイルにデータが書き込まれる。

　また、追記操作では、指定したファイルの末尾からデータを追記することができる。

　さらに、「+」の付いた操作モードを指定することで、複数の操作を行なうことができる。

　操作モードは、デフォルトで「テキスト・モード」に設定されているが、「b」を加えて「r+b」のように指定することで、操作モードを「バイナリ・モード」でファイルを開くことができる。

　また、「b」のみを操作モードとして開くことができないことに注意が必要。

＊

　操作モードの使い分けを**図 10.5** に示す。

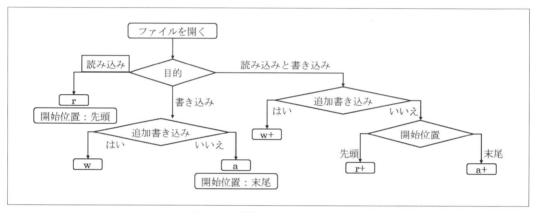

図 10.5　操作モードの使い分け

　「ファイルオブジェクト」は、「open」関数で使った操作モードによって異なる。

　「ファイルオブジェクト」の操作モードを**表 10.4** に示す。

表 10.4　「ファイルオブジェクト」の操作モード

テキスト・モード	「io.TextIOWrapper」オブジェクト
バイナリ・モード（読み込み）	「io.BufferedReader」オブジェクト
バイナリ・モード（書き込み）	「io.BufferedWriter」オブジェクト
読み込みと書き込みの両方	「io.BufferedRandom」オブジェクト

　ここでは、代表的な「ファイルオブジェクト」のメソッドである、**「read」メソッド**、**「write」メソッド**と**「close」メソッド**について解説する。

＊

　ファイル操作の基本メソッドを**表 10.5** に示す。

表 10.5　ファイル操作の基本メソッド

メソッド名	メソッドの意味	引数	引数の意味	戻り値
read( )	ファイルの内容をすべて読み込む	size	ファイルを読み込むバイト数を指定 省略した場合、ファイル内のすべてのデータを文字列として取得	str
write( )	ファイルに文字列を書き込む	str	文字列	なし
close( )	ファイルを閉じる	なし	なし	

● 「read」メソッド

「read」メソッドはファイルの内容をすべて、または指定するサイズのデータを読み込み、文字列として取得する。

【「read」メソッドの記述方法】

```
ファイルオブジェクト.read( )
```

【「read」メソッドの記述例】

```
file = open("new_file.txt", "r")        # ファイルを読み込みモードで開く
read_value = file.read( )               # ファイルを読みこむ
file.close( )                           # ファイルを閉じる
```

● 「write」メソッド

「write」メソッドは、引数に文字列を指定することで「ファイルオブジェクト」にその文字列を書き込む。

このとき、引数のデータ型が文字列であることに注意が必要。

【「write」メソッドの記述方法】

```
ファイルオブジェクト.write(" 文字列 ")
```

【「write」メソッドの記述例】

```
file = open("new_file.txt", "w")        # ファイルを書き込みモードで開く
file.write(" 文字列 ")                   # 文字列をファイルに書き込む
file.close( )                           # ファイルを閉じる
```

● 「close」メソッド

「close」メソッドは、ファイルを閉じるときに使う。

開かれたファイルが、「close」メソッドにより閉じられていない場合、ファイル操作が正常に実行されないことがあるため注意が必要。

【「close」メソッドの記述方法】

```
ファイルオブジェクト.close( )
```

【「close」メソッドの記述例】

```
file = open("new_file.txt", "r")        # ファイルを読み込みモードで開く
read_value = file.read( )               # ファイルを読み込み
file.close( )                           # ファイルを閉じる
```

既述の通り、「close」メソッドを使わない場合や、ファイル操作の実行時に例外が発生したとき、メモリ上に無駄なリソースが残ることになる。

そこで、「with 文」を使ってファイルを開いた場合、終了時に「close」メソッドを呼び出さなくても自動的にファイルを閉じる。

【「with 文」の記述方法】

```
with open(" 操作するファイル名 ", " 操作モード ")  as ファイルオブジェクト :
```

【「with 文」の記述例】

```
with open("new_file.txt", "r") as file:      #with 文でファイルを読み込みモードで開く
```

■ 10.2.2　「ファイル入出力」の使用例

ここでは「ファイル入出力」に関する基本的な操作について解説する。

指定のファイルに任意の値を書き込み、その値を読み込む操作を**プログラム 10.1** に示す。

プログラム 10.1　「ファイル入出力」の使用例

```
001 write_value = 10                           # 値の初期化
002 file_path = "new_file.txt"                 # ファイルパスの初期化
003
004 file = open(file_path, "w")                # ファイルを書き込みモードで開く
005 file.write(str(write_value))               # データの書き込み
006 file.close( )                              # ファイルを閉じる
007 print(f"{file_path} に書き込みました。")       # 値を挿入し出力
008
009 with open(file_path, "r") as file:         # ファイルを読み込みモードで開く
010     read_value = file.read( )              # ファイルを読み込む
011
012 print(f"{file_path} から読み込んだ値は {read_value}。")    # 値を挿入し出力
```

【実行結果】

```
new_file.txt に書き込みました。
new_file.txt から読み込んだ値は 10。
```

【「new_file.txt」の内容】

```
10
```

【プログラム解説】

001 行目	「write_value」を「10」で初期化する。
002 行目	「file_path」をファイルパスで初期化する。
004 行目	「open」関数の第 1 引数に「file_path」、第 2 引数に「"w"」を指定し、「file」を書き込みモードで開いた「ファイルオブジェクト」で初期化する。この時、第 1 引数のファイルパスが存在しない場合、新たなファイルが作成される。
005 行目	「file」の「write」メソッドと「str」関数で、「write_value」を文字列に変換し、「file」に書き込む。この時、「write_value」が文字列でない場合、例外が発生する。
006 行目	「file」の「close」メソッドを使って、ファイルを閉じる。
007 行目	「print」関数と「フォーマット文字列」を使って、「file_path」に書き込みが完了したことを出力する。

009 行目	「with 文」と「open」関数の第 1 引数に「file_path」、第 2 引数に「"r"」を指定し、「file」を読み込みモードで開いた「ファイルオブジェクト」で初期化する。この場合、「with 文」を使っているため、「file」を明示的に閉じる処理が不要になる。
010 行目	「file」の「read」メソッドを使って、「read_value」を初期化する。
012 行目	「print」関数と「フォーマット文字列」を使って、「file_path」と「read_value」を出力する。

10.3 「ファイルオブジェクト」のメソッド

■ 10.3.1 入出力メソッド

前節まで基本的な「ファイルオブジェクト」のメソッドを説明してきたが、ここではそれ以外のファイルの入出力に関するメソッドを**表 10.6** に示す。

表 10.6 「ファイル入出力」メソッド

メソッド名	メソッドの意味	引数	引数の意味	戻り値
readline( )	ファイルから読み込んだ 1 行の内容を一つの文字列として返す	size	ファイルを読み込むバイト数を指定 省略した場合、1 行のみを読み込む	str
readlines( )	ファイルの内容をすべて読み込んだ後、各行の内容を要素とするリストを返す	なし	なし	list
writelines( )	文字列を要素とするリストを引数に取り、その要素を順次「テキスト・ファイル」に書き込む	str	文字列を要素とするリスト	なし
tell( )	ファイルの中での現在位置を示す整数を返す バイナリモードの場合にファイルの先頭からのバイト数を返す	なし	なし	int
seek( )	ファイル位置を指定したところに移動する	offset	移動するバイト数を指定	なし
		whence	開始する場所を選択 デフォルト値は 0 whence = 0 ファイルの先頭から操作 whence = 1 ファイルの現在位置から操作 whence = 2 ファイルの末尾から操作	

■ 10.3.2 「ファイル入出力」メソッドの活用例

「ファイル入出力」メソッドの活用例について解説する。

　たとえば、3つの文字列をファイルに書き込み、次に、そのデータを読み込み、3番目の文字列を新たな文字列に更新する処理（図10.6）を想定する。

　そのプログラムを**プログラム10.2**に示す。

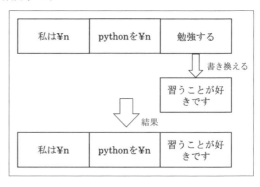

図 10.6　プログラムの流れ

プログラム 10.2　「ファイル入出力」メソッドの活用

```
001 list = [" 私は¥n", "python を ¥n", " 勉強する "]        # リストの初期化
002 file_path = "new_file.txt"                              # ファイルパスの初期化
003
004 with open(file_path, "w", encoding = "utf-8") as file: # ファイルを書き込みモードで開き、UTF-8 を指定
005     file.writelines(list)                              # リストの書き込み
006 print(f"{file_path} に書き込みました。")                # 値を挿入し出力
007
008 with open(file_path, "r", encoding = "utf-8") as file: # ファイルを読み込みモードで開き、UTF-8 を指定
009     result1 = file.read( )                             # ファイルを読み込み
010     print(f"read メソッドで読み込んだ内容は :¥n{result1}")    # 値を挿入し出力
011
012     file_position1 = file.tell( )                      # 現在位置を取得
013     print(f" ファイルの現在位置は :{file_position1}")     # 値を挿入し出力
014
015     file.seek(0)                                       # 現在位置を先頭に移動
016
017     file_position2 = file.tell( )                      # 現在位置を取得
018     print(f" ファイルの現在位置は :{file_position2}")     # 値を挿入し出力
019     print(" ファイルの現在位置は先頭に戻りました。 ")
020
021     result2 = file.readline( )                         # ファイルを 1 行単位で読み込み
022     print(f"readline メソッドで読み込んだ内容は :¥n{result2}")    # 値を挿入し出力
023
024     file_position3 = file.tell( )                      # 現在位置を取得
025     print(f" ファイルの現在位置は :{file_position3}")     # 値を挿入し出力
026
027     result3 = file.readlines( )                        # ファイルを 1 行単位で読み込み
028     print(f"readlines メソッドで読み込んだ内容は :¥n{result3}")    # 値を挿入し出力
029
030 with open(file_path, "r+", encoding = "utf-8") as file:    # ファイルを読み書きモードで開き、UTF-8 を指定
031     file.seek(18)                                      # 位置を 18 番目に移動
032
```

```
033     file_position4 = file.tell( )                    # 現在位置を取得
034     print(f" ファイルの現在位置は :{file_position4}")      # 値を挿入し出力
035
036     file.write(" 習うことが好きです ")                    # 文字列をファイルに書き
                                                            込む
037
038     file.seek(0)                                      # 現在位置を先頭に移動
039
040     result4 = file.read( )                           # ファイルを読み込み
041     print(f"18 の位置から書き換えた新しい内容は：¥n{result4}")
```

【実行結果】

```
new_file.txt に書き込みました。
read メソッドで読み込んだ内容は：
私は
python を
勉強する
ファイルの現在位置は :31
ファイルの現在位置は :0
ファイルの現在位置は先頭に戻りました。
readline メソッドで読み込んだ内容は：
私は

ファイルの現在位置は :8
readlines メソッドで読み込んだ内容は：
['python を ¥n', ' 勉強する ']
ファイルの現在位置は :18
18 の位置から書き換えた新しい内容は：
私は
python を
習うことが好きです
```

【new_file.txt の内容】

```
私は
python を
習うことが好きです
```

【プログラム解説】

001 行目	「list」をリストとして文字列で初期化する。
002 行目	「file_path」をファイルパスで初期化する。
004 行目	「with 文」と「open」関数の第 1 引数に「file_path」、第 2 引数に「"w"」、第 3 引数に「"utf-8"」を指定し、「file」を「"utf-8"」の書き込みモードで開いた「ファイルオブジェクト」で初期化する。この場合、「with 文」を使っているため、「file」を明示的に閉じる処理が不要になる。
005 行目～ 006 行目	「file」の「writelines」メソッドを使って、「list」を「file」に書き込む。次に、「print」関数と「フォーマット文字列」を使って、「file_path」に書き込みが完了したことを出力する。

008 行目	「with 文」と「open」関数の第 1 引数に「file_path」、第 2 引数に「"r"」、第 3 引数に「"utf-8"」を指定し、「file」を「"utf-8"」の読み込みモードで開いた「ファイルオブジェクト」で初期化する。
009 行目〜 010 行目	「file」の「read」メソッドを使って、「result1」を初期化する。次に、「print」関数と「フォーマット文字列」を使って、「result1」を出力する。
012 行目〜 013 行目	「file」の「tell」メソッドを使って、「file_position1」を初期化する。次に、「print」関数と「フォーマット文字列」を使って、「file_position1」を出力する。この場合、「009 行目」で「read」メソッドを使ったため、「file_position1」はファイルの末尾になる。
015 行目	「file」の「seek」メソッドの第 1 引数に「0」を指定して、現在位置を先頭に移動する。
017 行目〜 019 行目	「file」の「tell」メソッドを使って、「file_position2」を初期化する。次に、「print」関数と「フォーマット文字列」を使って、「file_position2」と「file」の現在位置が先頭に移動したことを出力する。
021 行目〜 022 行目	「file」の「readline」メソッドを使って、「result2」を初期化する。次に、「print」関数と「フォーマット文字列」を使って、「result2」を出力する。
024 行目〜 025 行目	「file」の「tell」メソッドを使って、「file_position3」を初期化する。次に、「print」関数と「フォーマット文字列」を使って、「file_position3」を出力する。
027 行目〜 028 行目	「file」の「readlines」メソッドを使って、「result3」を初期化する。次に、「print」関数と「フォーマット文字列」を使って、「result3」を出力する。
030 行目	「with 文」と「open」関数の第 1 引数に「file_path」、第 2 引数に「"r+"」、第 3 引数に「"utf-8"」を指定し、「file」を「"utf-8"」の読み書きモードで開いた「ファイルオブジェクト」で初期化する。
031 行目	「file」の「seek」メソッドの第 1 引数に「18」を指定して、現在位置を「18」に移動。
033 行目〜 034 行目	「file」の「tell」メソッドを使って、「file_position4」を初期化する。次に、「print」関数と「フォーマット文字列」を使って、「file_position4」を出力する。
036 行目	「file」の「write」メソッドを使って、文字列を「file」に書き込む。この場合、「write」メソッドの引数に指定した文字列が、「file」の現在位置から書き込まれる。
038 行目	「file」の「seek」メソッドの第 1 引数に「0」を指定して、現在位置を先頭に移動する。
040 行目〜 041 行目	「file」の「read」メソッドを使って、「result4」を初期化する。次に、「print」関数で、「result4」を出力する。

10.4 「CSV ファイル」の入出力

■ 10.4.1 「CSV ファイル」の操作

ここでは、テキストデータを区切り文字「,」（カンマ）を使ってデータを記録する「CSV（Comma Separated Values）ファイル」の操作に関する**「csv」モジュール**について解説する。

【「csv」モジュールの使用例】

```
import csv
```

「CSV ファイル」操作のオブジェクトを**表 10.7** に示す。

表 10.7 「CSV ファイル」操作のオブジェクト

オブジェクト	意　味	メソッド名	メソッドの意味
reader	ファイルの内容をすべて読み込む	なし	なし
writer	ファイルに文字列を書き込む	writerow	リストの書き込み
		writerows	複数のリストの書き込み

●「reader」オブジェクト

「reader」オブジェクトは CSV ファイル内のデータを格納したオブジェクト。

「csv.reader」を記述することでインスタンス化することができる。

【「reader」オブジェクトの記述方法】

```
変数 = csv.reader( ファイルオブジェクト )
```

「reader」オブジェクトを使って、「for 文」で 1 行ずつのデータを取り出すことができる。

```
for 変数 in reader オブジェクト:
```

「reader」オブジェクトの任意の行を参照する場合、「reader」オブジェクトをリストに変換し、そのインデックスを指定することで要素の取得ができる。

```
変数 = list(reader オブジェクト)
変数 [ インデックス ]
```

●「writer」オブジェクト

「writer」オブジェクトは CSV ファイルにデータを出力するオブジェクト。

「csv.writer」を記述することで、インスタンス化することができる。

【「writer」オブジェクトの記述方法】

```
writer オブジェクト = csv.writer( ファイルオブジェクト )
```

「writer」オブジェクトの「writerow」メソッドを使って、CSV ファイルへ任意のリストを 1 行のデータとして書き込むことができる。

ただし、書き込むデータはリストのみであることに注意が必要。

また、引数「lineterminator」で改行方法を指定する。ここでは、一般的な改行を示すコードの¥n を指定。

```
writer オブジェクト = csv.writer( ファイルオブジェクト, lineterminator = "¥n" )
```

「writer」オブジェクトの「writerows」メソッドを使って、「CSV ファイル」にデータを複数行書き込む。

```
writer オブジェクト.writerows([[ リスト 1], [ リスト 2], …, [ リスト n]])
```

■ 10.4.2　CSV ファイル入出力の使用例

ここでは、「10.4.1」で示した「csv」モジュールを使った例について解説する。

任意のリストを CSV ファイルに書き込み、そのデータを出力する操作を**プログラム 10.3** に示す。

プログラム 10.3　csv ファイル入出力の使用例

```
001 import csv                                          #csv モジュールの読み込み
002
003 file_path = "new_file.csv"                          # ファイルパスの初期化
004
005 with open(file_path, "w") as file:                  # ファイルを書き込みモー
                                                         ドで開く
006     writer = csv.writer(file, lineterminator = "¥n")#writer オブジェクト生成
                                                         し、終端文字を¥n に指定
007     writer.writerow(["学籍番号", " 名前 ", " 点数 "]) # 列の名称の書き込み
008     writer.writerows([["125", "yamada", "85"],
009                       ["432", "kakei", "80"],
010                       ["226", "matsui", "90"]])       # 学生情報の書き込み
011 print(f"{file_path} に書き込みました。" )              # 値を挿入し出力
012
013 with open(file_path, "r") as file:                   # ファイルを読み込みモー
                                                          ドで開く
014     reader = csv.reader(file)                         #reader オブジェクト生成
015     for row in reader:                                #for で読み込み
016         print(row)                                    # 値の出力
```

【実行結果】

```
new_file.csv に書き込みました。
[' 学籍番号 ', ' 名前 ', ' 点数 ']
['125', 'yamada', '85']
['432', 'kakei', '80']
['226', 'matsui', '90']
```

【「new_file.csv」の内容】

	A	B	C
1	学籍番号	名前	点数
2	125	yamada	85
3	432	kakei	80
4	226	matsui	90

【プログラム解説】

001 行目	「import 文」を使って、「csv」モジュールをインポートする。
003 行目	「file_path」をファイルパスで初期化する。
005 行目	「with 文」と「open」関数の第1引数に「file_path」、第2引数に「"w"」、第3引数に「"utf-8"」を指定し、「file」を「"utf-8"」の書き込みモードで開いた「ファイルオブジェクト」で初期化する。
006 行目	「csv」モジュールの「writer」オブジェクトのコンストラクタの第1引数に「file」、第2引数に「lineterminator = "¥n"」を指定して、「writer」を「writer」オブジェクトで初期化する。この場合、第2引数に「lineterminator = "¥n"」を指定することで、改行コードを「"¥n"」に指定する。
007 行目	「writer」の「writerow」メソッドを使って、3つの文字列を1行として「file」に書き込む。
008 行目〜010 行目	「writer」の「writerows」メソッドを使って、2次元配列を複数行として「file」に書き込む。
011 行目	「print」関数と「フォーマット文字列」を使って、「file_path」に書き込みが完了したことを出力する。
013 行目	「with 文」と「open」関数の第1引数に「file_path」、第2引数に「"r"」、第3引数に「"utf-8"」を指定し、「file」を「"utf-8"」の読み込みモードで開いた「ファイルオブジェクト」で初期化する。
014 行目	「csv」モジュールの「reader」オブジェクトのコンストラクタの引数に「file」を指定して、「reader」を「reader」オブジェクトで初期化する。
015 行目〜16 行目	「for 文」を使って、「reader」に対して繰り返し処理を行なう。この場合、「row」には「reader」から1行ずつ取得した値が代入される。

10.5 練習問題

■ 10.5.1　練習問題①

「new_file1.txt」のデータを「new_file2.txt」に書き込むプログラムを作りなさい。

【「new_file1.txt」と「new_file2.txt」の内容】

Python is a good language

【実行結果】

new_file1.txt の内容を new_file2.txt に書き込みました。

■ 10.5.2　練習問題②

「new_file.txt」に任意のデータを書き込み、そのデータの末尾から新たなデータを追記するプログラムを作りなさい。
そのとき、各操作が完了した時点の現在位置を出力しなさい。

【一回目入力内容】

```
Python
is
a
```

【追記の内容】

```
good
language
```

【「new_file.txt」内容】

```
Python
is
a
good
language
```

【実行結果】

```
ファイルの現在位置は 12
ファイル内容を追加する。
ファイルの現在位置は 25
```

■ 10.5.3　練習問題③

　「score.txt」から学生の名前とテストの成績を読み込み、5科目の合計点順に並べた結果を「totalScore.txt」に書き込むプログラムを作りなさい。

【「score.txt」の内容】

name	english	math	Japanese	science	society
yamada	30	60	90	10	50
ishida	100	10	50	20	70
matsui	90	80	70	20	10
kakei	40	50	0	50	0
shimizu	60	70	80	30	20

【「totalScore.txt」の内容】

name	english	math	Japanese	science	society	total
matsui	90	80	70	20	10	270.0
shimizu	60	70	80	30	20	260.0
ishida	100	10	50	20	70	250.0
yamada	30	60	90	10	50	240.0
kakei	40	50	0	50	0	140.0

第11章 例外処理

「例外処理」とは、プログラムの実行時に発生するエラーを予測し、プログラムの品質を向上させる手法。

「例外処理」のメリットは、発生する可能性があるエラーをプログラミング段階で先に想定しておくことで、実行時に発生したエラーへの事前対策ができること。

また、未知のエラーが発生した場合でも、状況の把握やエラーの原因特定が容易になり、その結果プログラムを安定的に動作させることができる。

11.1 「例外処理」の概要

■ 11.1.1 エラーの種類

エラーは、「文法エラー」「実行時エラー」「論理的なエラー」の3つに大別できる。

● 文法エラー

コンパイル時に発生するエラー。

プログラムの記述において、定められたフォーマットにしたがって記述されていないプログラムは、コンパイルができずに「文法エラー」となる。

「文法エラー」は、「構文エラー」や「SyntaxError」と呼ばれることもある。

● 実行時エラー

プログラムの実行時に発生するエラー。

原因は、プログラムの内容に誤りがある場合や、必要なファイルがない場合など、さまざま。

実行時にプログラム内部で解決できないエラーが発生すると、その時点でプログラムの動作が終了する。

そのため、開発者側で「例外処理」によりエラーに対応する必要がある。

「実行時エラー」は、「ランタイムエラー」とも呼ばれる。

● 論理的なエラー

プログラムは動作するが、出力結果に誤りがある場合のエラー。

その他にも、インデントの誤りなどにより無限ループに陥る場合もある。

プログラムそのものは問題なく動作するため、誤りを発見し難くなる。

このエラーは、開発者のプログラムやアルゴリズムのミスが原因であり、開発者側で間違った箇所を訂正する必要がある。

*

3種類のエラーの原因、発見方法と解決方法を**表11.1**に示す。

表11.1 代表的な3種類のエラー

種　類	原　因	発見方法	解決方法
文法エラー	誤ったフォーマット	コンパイル時発生	エラー箇所の修正
実行時エラー	コンパイルの失敗	実行途中で終了	「例外処理」を記述
論理的なエラー	開発者の記述ミス	想定外の結果	想定する結果と比較

■ 11.1.2　各例外に対する解決手段

「文法エラー」と「論理的なエラー」は、開発者がプログラムをデバッグすることで、その発生をある程度未然に防ぐことができる。

しかし、「実行時エラー」は想定外の事態が多く、開発者がプログラムを作成した時点では予防し難いもの。

したがって、納品後に「実行時エラー」が発生したときに備えて、対応策を用意する必要がある。

そのために「例外処理」を使う。

■ 11.1.3　標準機能の「例外処理」

代表的な3種類のエラーのうち、「実行時エラー」に対しては、「Python」にあらかじめ組み込まれている標準機能の「例外処理」(**表 11.2**)を使うことで対応できる。

表 11.2　「Python」の標準機能の「例外処理」

名　称	機　能
try	例外(実行時エラー)が発生する可能性のある処理を記述
except	「try」ブロック中で検出された例外に対してどう対応するかを記述
raise	組み込み例外にない例外を必要に応じて発生
else	「try」ブロック内で例外が発生しなかった場合の処理を記述
finally	例外の発生の有無に関係なく必ず実行する処理を記述

「Python」では、「C言語」などの他のプログラミング言語と違い、インデントがずれるとプログラムが正常に動作しない。

したがって、「try」「except」「else」「finally」が同じインデントレベルになるようにする。

また、それぞれのブロックの中に記述する内容に関してもインデントに注意する必要がある。

【「例外処理」の記述方法】

```
try:
    エラーが起きる可能性がある処理
    if 条件式 :
        raise Exception("出力するエラーメッセージ")
except エラー名:
    例外処理
except エラー名:
    例外処理
except エラー名:
    例外処理
else:
    処理内容
finally:
    処理内容
```

「try」と「except」ブロック

■ 11.2.1 「try」と「except」ブロックの概要

「Python」における基本的な「例外処理」の書き方として、「try」と「except」ブロックがある。「try」ブロック内に、エラーが起こる可能性がある処理を記述する。

そして、エラーを検出したときには、「except」ブロックに移動してエラーとして対処する。

＊

「0」で割り算をしたときに発生する「ZeroDivisionError」を例に「try」と「except」ブロックの使用例を**プログラム 11.1**に示す。

【「try」と「except」ブロックの記述方法】

```
try:
    エラーが起きる可能性がある処理
except エラー名：
    例外処理
```

プログラム 11.1 「try」と「except」ブロックの使用例

```
001 import traceback              #traceback モジュールの読み込み
002
003 try:                          #try ブロックの定義
004     print(" 数値を入力して下さい。")   # 文字列の出力
005     value = int(input( ))     # 整数型で値の入力
006     answer = 100 / value      #100 を value で除算した値の代入
007     print(f" 答えは {answer}。")  # 値を挿入し出力
008 except ZeroDivisionError:     #ZeroDivisionError の記述
009     print(traceback.format_exc( ))   # 例外内容の出力
```

入力値が「5」のときの実行結果を次に示す。

入力値が「0」ではないため、「20.0」と正しい出力になる。

【実行結果】

```
数値を入力して下さい。
5
答えは 20.0 。
```

入力値が「0」の場合の実行結果を次に示す。

「0」で割り算をすることはできないため「ZeroDivisionError」の「例外処理」が適用される。

【実行結果】

```
数値を入力して下さい。
0
Traceback (most recent call last):
  File "C:¥Users¥UserName¥Python_TextBook¥Chapter11¥sample11_1.py", line 6, in <module>
    answer = 100 / value
ZeroDivisionError: division by zero
```

【プログラム解説】

001 行目	「import 文」を使って、「traceback」モジュールをインポートする。
003 行目	「try 文」を使って、例外が発生する可能性のある処理を記述する。
004 行目～ 007 行目	「print」関数で、文字列を出力する。次に、「input」関数で、「value」へ値を入力する。そして、「100」を「value」で除算した値を「answer」で初期化する。さらに、「print」関数と「フォーマット文字列」を使って、「answer」を出力する。
008 行目～ 009 行目	「except 文」を使って、「ZeroDivisionError」が発生した場合の「例外処理」を行なう。この場合、「print」関数と「traceback」モジュールの「format_exc」関数を使って、「0」で除算できないことを出力する。

■ 11.2.2　複数の「例外処理」の併用

「Python」では、複数の「例外処理」をまとめて記述することができる。

「except」ブロックを複数記述することで「例外処理」が可能になる。

基本的には、プログラムの変数やファイル入出力の定められたフォーマットに対応した記述ができているかどうかなどに注意して「例外処理」を記述する。

【複数の「except」ブロックの記述方法】

```
except 組み込み例外の記述 :
    print(" エラーの説明 ")
    print(traceback.format_exc( ))
except 組み込み例外の記述 :
    print(" エラーの説明 ")
    print(traceback.format_exc( ))
except 組み込み例外の記述 :
    print(" エラーの説明 ")
    print(traceback.format_exc( ))
            :
```

複数の「except」ブロックの使用例を**プログラム 11.2** に示す。

この例では、まず数値「0」が入力された場合の「ZeroDivisionError」、入力が数値でなかった場合の「ValueError」の2つに対応した「例外処理」を行なっている。

プログラム 11.2　複数の「except」ブロックの使用例

```
001 import traceback                              #traceback モジュールの読み込み
002
003 try:                                          #try ブロックの定義
004     print("1 以上の整数を入力してください。")      # 文字列の出力
005     value = int(input( ))                     # 整数型で値の入力
006     answer = 100 / value                      #100 を value で除算した値を代入
007     print(f" 答えは {answer}。")                # 値を挿入し出力
008 except ZeroDivisionError:                     #ZeroDivisionError の記述
009     print("0 では割り算できない。")              # 文字列の出力
```

```
010      print(traceback.format_exc( ))              # 例外内容の出力
011 except ValueError:                               #ValueError の記述
012      print(" 整数を入力してください。")            # 文字列の出力
013      print(traceback.format_exc( ))              # 例外内容の出力
```

*

「0」を入力した場合の実行結果を次に示す。

【実行結果】

```
1 以上の整数を入力してください。
0
0 では割り算できない。
Traceback (most recent call last):
  File "C:¥Users¥UserName¥Python_TextBook¥Chapter11¥sample11_2.py", line 6, in <module>
    answer = 100 / value
ZeroDivisionError: division by zero
```

「a」を入力した場合の実行結果を次に示す。

【実行結果】

```
1 以上の整数を入力してください。
a
整数を入力してください。
Traceback (most recent call last):
  File "C:¥Users¥UserName¥Python_TextBook¥Chapter11¥sample11_2.py", line 5, in <module>
    value = int(input( ))
ValueError: invalid literal for int() with base 10: 'a'
```

【プログラム解説】

001 行目	「import 文」を使って、「traceback」モジュールをインポートする。
003 行目	「try 文」を使って、例外が発生する可能性のある処理を記述する。
004 行目～ 007 行目	「print」関数で、文字列を出力する。次に、「input」関数で、「value」へ値を入力する。そして、「100」と「value」を除算した値を「answer」で初期化する。さらに、「print」関数と「フォーマット文字列」を使って、「answer」を出力する。
008 行目～ 010 行目	「except 文」を使って、「ZeroDivisionError」が発生した場合の「例外処理」を行なう。この場合、「print」関数と「traceback」モジュールの「format_exc」関数を使って、「0」で除算できないことを出力する。
011 行目～ 013 行目	「except 文」を使って、「ValueError」が発生した場合の「例外処理」を行なう。この場合、「print」関数と「traceback」モジュールの「format_exc」関数を使って、整数で入力されていないことを出力する。

11.3　raise 文

「try」と「except」ブロックでは、あらかじめ「Python」で想定されている組み込み例外に対する処理を行なってきた。

次に、「Python」で想定されていない「例外処理」の記述方法を解説する。

「raise 文」を記述することで意図的に独自の例外を発生させることが可能となる。

＊

「raise文」を使う場合、「Exception」クラスを使って独自の例外を発生させる方法が一般的。

具体的には、出力するエラーメッセージを設定した「Exception」のオブジェクトを記述し、そのオブジェクトを「raise 文」に指定することで、「raise 文」を記述した箇所で独自の例外が発生する。

また、同様の方法で「Exception」と継承した「ZeroDivisionError」や「ValueError」など、その他の例外も独自に発生させることが可能。

【「raise 文」の記述方法】

```
raise Exception(" 出力するエラーメッセージ ")
```

「raise 文」の使用例を**プログラム 11.3** に示す。

このプログラムでは、「1」以上「100」以下の条件に当てはまらない数値が入力された場合に独自の例外を発生させている。

プログラム 11.3　「raise 文」の使用例

```
001 import traceback                                #traceback モジュールの読み込み
002
003 try:                                            #try ブロックの定義
004     print("1 以上 100 以下の整数を入力してください。")          # 文字列の出力
005     value = int(input( ))                       # 整数型で値の入力
006
007     if value < 1:                               #value が 1 未満の場合
008         raise Exception("1 以上の整数を入力してください。")         #raise 文の処理
009     if 100 < value:                             #value が 100 より大きい場合
010         raise Exception("100 以下の整数を入力してください。")       #raise 文の処理
011 except:
012     print(traceback.format_exc( ))              # 例外内容の出力
```

「0」を入力した場合の実行結果を次に示す。

【実行結果】

```
1 以上 100 以下の整数を入力してください。
0
Traceback (most recent call last):
  File "C:¥Users¥UserName¥Python_TextBook¥Chapter11¥sample11_3.py", line 8, in <module>
    raise Exception("1 以上の整数を入力してください。")
Exception: 1 以上の整数を入力してください。
```

「101」を入力した場合の実行結果を次に示す。

【実行結果】

```
1以上100以下の整数を入力してください。
101
Traceback (most recent call last):
  File "C:¥Users¥UserName¥Python_TextBook¥Chapter11¥sample11_3.py", line 10, in <module>
    raise Exception("100以下の整数を入力してください。")
Exception: 100以下の整数を入力してください。
```

【プログラム解説】

001 行目	「import 文」を使って、「traceback」モジュールをインポートする。
003 行目	「try 文」を使って、例外が発生する可能性のある処理を記述する。
004 行目～ 005 行目	「print」関数で、文字列を出力する。次に、「input」関数で、「value」へ値を入力する。
007 行目～ 008 行目	「if 文」を使って、「value」が「1」未満であるかどうかどうかを判定する。次に、条件式を満たす場合、「raise 文」を使って、「例外処理」を行なう。そして、「except 文」と「print」関数で「1」以上の整数が入力されていないことを出力する。
009 行目～ 010 行目	「if 文」を使って、「value」が「100」より大きいかどうかを判定する。次に、条件式を満たす場合、「raise 文」を使って、「例外処理」を行なう。そして、「except 文」と「print」関数で「100」以下の整数が入力されていないことを出力する。
011 行目～ 012 行目	「except 文」を使って、「raise 文」により発生した「例外処理」を行なう。この場合、「print」関数と「traceback」モジュールの「format_exc」関数を使って、適切な値が入力されていないことを出力する。

11.4 「else」ブロック

「else」ブロックは、条件分岐の「if 文」「else 文」と同様に「try」ブロック内で例外が発生しなかったときに実行され、「except」で「例外処理」を行なった場合は実行されない。

そのため、処理が正常に終了した場合のみ実行したい処理などを記述するのに適しているが、そのような処理が必要ない場合は省略できる。

【「else 文」の記述方法】

```
else:
    処理内容
```

「else」ブロックの使用例を**プログラム 11.4** に示す。

この例では、名前と電話番号の入力が問題なく完了した場合に、処理が完了したことを示すメッセージを出力している。

もし処理中に何らかの問題が発生した場合は、「except」ブロックの処理によりエラーメッセージが表示される。

プログラム 11.4 「else 文」の使用例

```
001 try:                                     #try ブロックの定義
002     print(" 名前を入力してください。")        # 文字列の出力
003     name = str(input( ))                 # 文字列型で値の入力
004     print(" 電話番号を入力してください。")      # 文字列の出力
005     tel_num = int(input( ))              # 整数型で値の入力
006 except Exception as ex:                  #except 文の処理
007     print(ex)                            # エラー文の出力
008 else:                                    # 処理が正常な場合
009     print(" 処理が完了しました。")           # 文字列の出力
```

【実行結果】

```
名前を入力してください。
山田太郎
電話番号を入力してください。
09012345678
処理が完了しました。
```

【プログラム解説】

001 行目	「try 文」を使って、例外が発生する可能性のある処理を記述する。
002 行目～ 003 行目	「print」関数で、文字列を出力する。次に、「input」関数で、「name」へ値を入力する。
004 行目～ 005 行目	「print」関数で、文字列を出力する。次に、「input」関数で、「tel_num」へ値を入力する。
006 行目～ 007 行目	「except 文」を使って、「ex」に例外内容を代入し、「例外処理」を行なう。この場合、型指定された 「input」関数に適切な値が入力されていないことを出力する。
008 行目～ 009 行目	「else 文」と「print」関数で、「try 文」で例外が発生しなかった場合、文字列を出力する。

11.5　「finally」ブロック

　「finally」ブロックには、例外の発生の有無に関係なく「try」「except」「else」ブロックの実行後に処理する内容を記述する。

　たとえば、「try」ブロックでファイルを開くと、その後の処理で例外発生の有無に関わらずファイルを閉じる処理が必要となる。
　この場合、「finally」ブロック内にファイルを閉じる処理を記述しておくことで、エラーが発生した場合でもファイルの閉じ忘れを防ぐことができる。

【「finally 文」の記述方法】

```
finally:
    処理内容
```

　「finally」ブロックの使用例を**プログラム 11.5** に示す。

この例では、「finally」ブロックで「try」「except」ブロックの終了を示すメッセージを出力する。

このように「finally」ブロックに記述することで、エラーの発生の有無に関係なく処理が終了したことを確認できる。

プログラム 11.5　「finally 文」の使用例

```
001 import traceback                          #traceback モジュールの読み込み
002
003 try:                                      #try ブロックの定義
004     print(" 数値を入力してください。")      # 文字列の出力
005     value = int(input( ))                 # 整数型で値の入力
006     answer = 100 / value                  #100 を value で除算した値を代入
007 except ZeroDivisionError:                 #ZeroDivisionError の記述
008     print("0 では割り算できない。")         # 文字列の出力
009     print(traceback.format_exc( ))        # 例外内容の出力
010 else:                                     # 処理が正常な場合
011     print(" 処理が完了しました。")          # 文字列の出力
012 finally:                                  #finally の記述
013     print("End")                          # 文字列の出力
```

【実行結果】

```
数値を入力してください。
10
処理が完了しました。
End
```

【プログラム解説】

001 行目	「import 文」を使って、「traceback」モジュールをインポートする。
003 行目	「try 文」を使って、例外が発生する可能性のある処理を記述する。
004 行目～ 006 行目	「print」関数で、文字列を出力する。次に、「input」関数で、「value」へ値を入力する。そして、「100」を「value」で除算した値で「answer」を初期化する。
007 行目～ 009 行目	「except 文」を使って、「ZeroDivisionError」が発生した場合の「例外処理」を行なう。この場合、「print」関数と「traceback」モジュールの「format_exc」関数を使って、「0」で除算できないことを出力する。
010 行目～ 011 行目	「else 文」と「print」関数で、「try 文」で例外が発生しなかった場合、「処理が完了しました。」と出力する。
012 行目～ 013 行目	「finally 文」と「print」関数で、例外発生の有無に関わらず、文字列「End」を出力する。

11.6 トレースバック

■ 11.6.1 「トレースバック」の概要

「トレースバック」とは、エラーの内容や発生個所など、エラーの状況を含むレポート。

「トレースバック」を利用して、エラーの状況を把握する場合は、「import traceback」を記述する必要がある。

■ 11.6.2 「トレースバック」の見方

「except」ブロックで例外を検出した場合の、具体的な「トレースバック」の内容は、「format_exc」関数を呼び出すことで確認できる。

「トレースバック」を確認するプログラムの使用例を**プログラム 11.6** に示す。

プログラム 11.6　「トレースバック」の使用例

```
001 import traceback                                      #traceback モジュールの読み込み
002
003 try:                                                  #try ブロックの記述
004     value = int(input( ))                             # 整数型で値の入力
005     if value < 1:                                     #1 未満の場合
006         raise Exception("1 以上の整数を入力してください。")      #raise 文の処理
007 except Exception:                                     #Exception の記述
008     print(" 予期せぬエラーが発生しました。")                    # 文字列の出力
009     print(traceback.format_exc( ))                    # 例外内容の出力
010 finally:                                              #finally の記述
011     print("End")                                      # 文字列の出力
```

この例では、文字列である「"character"」を入力したことで「ValueError」が発生している。

実行結果の「Traceback」に含まれる内容を確認すると、**上から 4 行目**に「line 4」と出力されていることから、プログラムの **004 行目**でエラーが発生していることが分かる。

また、実行結果の最後の行のメッセージから、「int」関数に文字のデータ（リテラル）を入力したことが「ValueError」の原因であると確認できる。

＊

このように、「トレースバック」の内容を確認することで、プログラム内のどの箇所でどんなエラーが発生したかを詳細に知ることができ、迅速にエラーの特定と解消が可能になる。

【実行結果】

```
character
予期せぬエラーが発生しました。
Traceback (most recent call last):
  File "C:¥Users¥UserName¥Python_TextBook¥Chapter11¥sample11_6.py", line 4, in. <module>
    value = int(input( ))
ValueError: invalid literal for int() with base 10: 'character'

End
```

【プログラム解説】

001 行目	「import 文」を使って、「traceback」モジュールをインポートする。
003 行目	「try 文」を使って、例外が発生する可能性のある処理を記述する。
004 行目〜 006 行目	「input」関数で、「value」へ値を入力する。次に、「if 文」を使って、「value」が「1」未満かどうかを判定する。そして、 条件式を満たす場合、「raise 文」を使って、「例外処理」を行なう。さらに、「except 文」の処理を行なう。
007 行目〜 009 行目	「except 文」を使って、「Exception」が発生した場合の「例外処理」を行なう。この場合、「print」関数と「traceback」モジュールの「format_exc」関数を使って、トレースバックの内容を出力する。
010 行目〜 011 行目	「finally 文」と「print」関数で、例外発生の有無に関わらず、文字列「"End"」を出力。

11.7 　組み込み例外

■ 11.7.1 　「例外処理」の種類

「Python」には、数々の「組み込み例外」がある。

この「組み込み例外」を使うことのメリットは、自ら「例外処理」を用意する必要がないこと。「raise 文」を使って、独自の「例外処理」を作ることも可能（**11.3 参照**）。

しかし、可能な限り汎用的な「組み込み例外」を使う方が効率的にプログラムを作成できる。
「Python」において発生する「組み込み例外」は、すべて「BaseException」を「基底クラス」としたサブクラス。

*

例外のクラス階層の一例を**図 11.1** に示す。

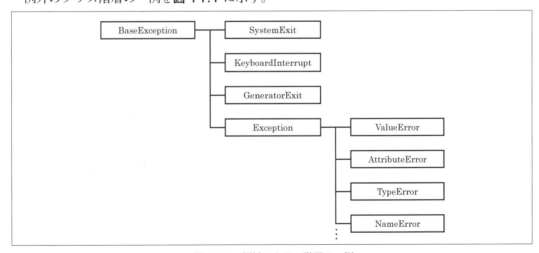

図 11.1　例外のクラス階層の一例

「例外クラス」は、「基底クラス」である「BaseException」が最上位に位置して、そこから「派生クラス」である「SystemExit」「KeyboardInterrupt」「GeneratorExit」「Exception」に派生する。

階層構造では、「ValueError」や「AttributeError」などが「Exception」を継承し、「Exception」が「BaseException」を継承するといった関係になる。

このうち、「Exception」とその「派生クラス」以外のクラスは、「Python」の根幹的な動作に関わる例外であり、「except」ブロックでは検出されない例外となっている。

そのため、「except」ブロックには、「Exception」とそれを継承した「ValueError」や「AttributeError」などの例外を記述する。

■ 11.7.2　「組み込み例外」の種類

「Exception」から派生した代表的な例外には、**「ValueError」「AttributeError」「Type Error」「NameError」**などがある。

● ValueError

「ValueError」は、引数に対して、適切でない「数値」や「文字列」を指定した場合に発生する。

「数値」や「文字列」などには、その引数の性質を表わす型があり、関数を呼び出すときに「仮引数」や「実引数」の型の整合性を取る必要がある。

*

「ValueError」が発生する例を**プログラム11.7**に示す。

プログラム 11.7　「ValueError」が発生する例

```
001 value = int(input( ))                                      # 値の入力
```

【実行結果】

```
abcde
Traceback (most recent call last):
  File "C:¥Users¥UserName¥Python_TextBook¥Chapter11¥sample11_7.py", line 1, in <module>
    value = int(input( ))
ValueError: invalid literal for int() with base 10: 'abcde'
```

【プログラム解説】

001 行目	「input」関数で、「value」へ値を入力する。この場合、入力された値が「"abcde"」であり「input」関数の引数を整数型に変換しようとしているため「ValueError」が発生する。

● AttributeError

「AttributeError」は、プログラムを実行するときに、クラス内で定義された変数や関数が定義されていない場合のエラー。

変数名や関数名が間違っている場合などに発生する。

*

「AttributeError」が発生する例を**プログラム11.8**に示す。

プログラム 11.8　「AttributeError」が発生する例

```
001 value = "scripts"                    # 値の初期化
002
003 value.sort( )                         #sort メソッドの呼び出し
```

【実行結果】

```
Traceback (most recent call last):
  File "C:¥Users¥UserName¥Python_TextBook¥Chapter11¥sample11_8.py", line 3, in <module>
    value.sort( )
AttributeError: 'str' object has no attribute 'sort'
```

【プログラム解説】

001 行目	「value」を「"scripts"」で初期化する。
003 行目	「sort」メソッドを使って、「value」を昇順に並べ替える。この場合、文字列である「value」には「sort」メソッドがないため、「AttributeError」が発生する。

● TypeError

「組み込み演算」または関数が適切でない型のオブジェクトに対して適用されたときに発生する。

たとえば、「int 型」の変数を参照する必要があるときに「list 型」の変数を参照した場合などは「TypeError」となる。

＊

「TypeError」が発生する例を**プログラム 11.9** に示す。

プログラム 11.9　「TypeError」が発生する例

```
001 value1 = "100"                       # 文字列として 100 を初期化
002 value2 = 100                         # 整数として 100 を初期化
003
004 print(value1 + value2)               #value1 と value2 を結合し値を出力
```

【実行結果】

```
Traceback (most recent call last):
  File "C:¥Users¥UserName¥Python_TextBook¥Chapter11¥sample11_9.py", line 4, in <module>
    print(value1 + value2)
TypeError: can only concatenate str (not "int") to str
```

【プログラム解説】

001 行目	「value1」を「"100"」で初期化する。
002 行目	「value2」を「100」で初期化する。
004 行目	「print」関数で、「value1」と「value2」を結合して出力する。この場合、「value1」と「value2」が異なるデータ型であるため、「TypeError」が発生する。

● NameError

定義されていない変数を参照しようとした場合に発生する。

たとえば、関数内で定義された変数は関数内でしか使うことができないため、関数外で参照した場合などは「NameError」となる。

*

「NameError」が発生する例を**プログラム 11.10** に示す。

プログラム 11.10　「NameError」が発生する例

```
001 def set_name( ):              # 名前を設定する関数の定義
002     name = "yamada"           # 値の初期化
003
004 set_name( )                   # 名前を設定する関数の呼び出し
005 print(name)                   # 値の出力
```

【実行結果】

```
Traceback (most recent call last):
  File "C:¥Users¥UserName¥Python_TextBook¥Chapter11¥sample11_10.py", line 5, in <module>
    print(name)
NameError: name 'name' is not defined
```

【プログラム解説】

001 行目～ 002 行目	名前を設定する「set_name」関数を定義する。
002 行目	「name」を「"yamada"」で初期化する。
004 行目	「set_name」関数を呼び出す。
005 行目	「print」関数で、「name」を出力する。この場合、「name」が呼び出したスレッド内で定義されていないため、「NameError」が発生する。

■ 11.7.3　「Exception」の記述順

「Python」において、複数の例外をまとめて検出したいときは、「Exception」を使うことができる。

「Exception」を使うことで、すべての例外を検出して処理することができ、個々の「except」ブロックを複数使う必要がなくなる。

【「基底クラス Exception」の記述方法】

```
except Exception:                        #Exception の定義
    print(" 予期せぬエラーが発生しました。")      # 文字列の出力
    print(traceback.format_exc( ))        # トレースバックの表示
```

ただし、複数の例外を記述するときに「Exception」の「例外処理」も併記する場合は、先に派生クラスである「ValueError」や「NameError」などを記述する必要がある。

これは、階層が上位の「例外処理」を定義すると、その例外よりも下位の階層の例外をすべて検出するため。

● 下位の「例外処理」の優先順位

「例外処理」は、「except」ブロックを書いた順番で例外の種類が照合され、「例外処理」が実行される。

そのため、複数の「例外処理」を記述した時、先に上位の例外を記述すると、以降に下位の例外が定義されていても、先に記述した上位の「例外処理」のみが実行され、以降の下位の「例外処理」はすべて無視される。

このように、想定しない「例外処理」の実行を防ぐためには、階層が下位の例外から順に記述し、最上位の Exception を最後に記述する必要がある。

＊

「100」を入力された「1」以上「100」以下の整数で割った商を出力するプログラムを**プログラム 11.11** に示す。

このプログラムでは、上述のように「派生クラス」である「ZeroDivisionError」や「ValueError」を先に記述して、「基底クラス」である「Exception」を最後に記述していることに注目する。

プログラム 11.11 「Exception」を最後に記述する使用例

```
001 import traceback                                      #traceback モジュールの
                                                            読み込み
002
003 try:                                                  #try ブロックの定義
004     number = 100                                      # 値の初期化
005     print("1 以上 100 以下の整数を入力してください。")      # 文字列の出力
006     value = int(input( ))                             # 整数型で値の入力
007     if value < 1:                                     #1 未満の場合
008         raise Exception("1 以上の整数を入力してください。")      #raise 文の処理
009     if 100 < value:                                   #100 より大きい場合
010         raise Exception("100 以下の整数を入力してください。")      #raise 文の処理
011     answer = number / value                           #number を value で除算
                                                            した値の代入
012     print(f"{number} を {value} で割った商は {int(answer)}。")    # 値を挿入して出力
013 except ZeroDivisionError:                             #ZeroDivisionError の
                                                            記述
014     print("0 では割り算できない。")                        # 文字列の出力
015     print(traceback.format_exc( ))                    # 例外内容の出力
016 except ValueError:                                    #ValueError の記述
017     print(" 整数を入力してください。")                     # 文字列の出力
018     print(traceback.format_exc( ))                    # 例外内容の出力
019 except Exception:                                     #Exception の記述
020     print(" 予期せぬエラーが発生しました。")                # 文字列の出力
021     print(traceback.format_exc( ))                    # 例外内容の出力
022 finally:                                              #finally の記述
023     print("End")                                      # 文字列の出力
```

＊

入力値が「2」の場合の実行結果を次に示す。
「100」を「2」で割った商が「50」のため例外は発生していない。

【実行結果】

```
1 以上 100 以下の整数を入力してください。
2
100 を 2 で割った商は 50。
End
```

＊

次に、入力値が「150」の場合の実行結果を示す。

【実行結果】

```
1 以上 100 以下の整数を入力してください。
150
予期せぬエラーが発生しました。
Traceback (most recent call last):
  File "C:¥Users¥UserName¥Python_TextBook¥Chapter11¥sample11_11.py", line 10, in <module>
    raise Exception("100 以下の整数を入力してください。")
Exception: 100 以下の整数を入力してください。

End
```

入力値が「100」より大きいため、独自に作成した例外が発生し、エラーメッセージが出力される。

＊

続いて、入力値が「"abcde"」の場合の実行結果を示す。

【実行結果】

```
1 以上 100 以下の整数を入力してください。
abcde
整数を入力してください。
Traceback (most recent call last):
  File "C:¥Users¥UserName¥Python_TextBook¥Chapter11¥sample11_11.py", line 6, in <module>
    value = int(input( ))
ValueError: invalid literal for int() with base10: 'abcde'

End
```

入力した値が「"abcde"」が整数型ではなく、割り算ができないため016行目から018行目の「ValueError」の「例外処理」が実行される。

【プログラム解説】

001 行目	「import 文」を使って、「traceback」モジュールをインポートする。
003 行目	「try 文」を使って、例外が発生する可能性のある処理を記述する。
004 行目〜 006 行目	「number」を「100」で初期化する。次に、「print」関数で、文字列を出力する。そして、「input」関数で、「value」へ値を入力する。

007 行目〜008 行目	「if 文」を使って、「value」が「1」未満かどうかを判定する。次に、条件式を満たす場合、「raise 文」を使って、「例外処理」を行なう。そして、「except 文」と「print」関数で「1」以上の整数が入力されていないことを出力する。
009 行目〜010 行目	「if 文」を使って、「value」が「100」より大きいかどうかを判定する。次に、条件式を満たす場合、「raise 文」を使って、「例外処理」を行なう。そして、「except 文」と「print」関数で「100」以下の整数が入力されていないことを出力する。
011 行目	「number」を「value」で除算した値を「answer」に代入する。
012 行目	「print」関数と「フォーマット文字列」を使って、「number」「value」「answer」を出力する。
013 行目〜015 行目	「except 文」を使って、「ZeroDivisionError」が発生した場合の「例外処理」を行なう。この場合、「print」関数と「traceback」モジュールの「format_exc」関数を使って、「0」で除算できないことを出力する。
016 行目〜018 行目	「except 文」を使って、「ValueError」が発生した場合の「例外処理」を行なう。この場合、「print」関数と「traceback」モジュールの「format_exc」関数を使って、整数で入力されていないことを出力する。
019 行目〜021 行目	「except 文」を使って、「Exception」が発生した場合の「例外処理」を行なう。この場合、「print」関数と「traceback」モジュールの「format_exc」関数を使って、予期せぬ例外が発生したことを出力する。
022 行目〜023 行目	「finally 文」を使って、例外発生の有無に関わらず「print」関数で、文字列を出力する。

● 上位の「例外処理」の優先順位

プログラム 11.11 において、019 行目から 021 行目に記述していた「Exception」を先に記述した**プログラム 11.12** を示す。

この例では、最上位の例外である「Exception」が、下位の例外である「ZeroDivisionError」や「ValueError」よりも先に記述されている点に注目してもらいたい。

プログラム 11.12 「Exception」を最初に記述する使用例

```
001 import traceback                                    #traceback モジュールの
                                                           読み込み
002
003 try:                                                #try ブロックの定義
004     number = 100                                    # 値の初期化
005     print("1 以上 100 以下の整数を入力してください。")   # 文字列の出力
006     value = int(input( ))                           # 整数型で値の入力
007     if value < 1:                                   #1 未満の場合
008         raise Exception("1 以上の整数を入力してください。")      #raise 文の処理
009     if 100 < value:                                 #100 より大きい場合
010         raise Exception("100 以内の整数を入力してください。")    #raise 文の処理
011     answer = number / value                         #number を value で除算
                                                           した値の代入
012     print(f"{number}を{value}で割った商は{int(answer)}。") # 値を挿入し出力
013 except Exception:                                   #Exception の記述
014     print(traceback.format_exc( ))                  # 例外内容の出力
```

```
015        print(" 予期せぬエラーが発生しました。")           # 文字列の出力
016 except ZeroDivisionError:                                    #ZeroDivisionError の
                                                                      記述
017        print("0 では割り算できない。")                   # 文字列の出力
018        print(traceback.format_exc( ))                        # 例外内容の出力
019 except ValueError:                                          #ValueError の記述
020        print(" 整数を入力してください。")              # 文字列の出力
021        print(traceback.format_exc( ))                        # 例外内容の出力
022 finally:                                                     #finally の記述
023        print("End")                                          # 文字列の出力
```

先ほどと同様に入力値が「"abcde"」の場合の実行結果を示す。

「ValueError」が発生しているが、本来の「ValueError」の「例外処理」は行なわれておらず、先に記述した「Exception」の「例外処理」のみが行なわれている。

この例では、その他の例外も含めたあらゆる例外がすべて**013 行目**で検出され、それ以降に記述した「例外処理」が機能しない。

このように「例外処理」の記述順序を誤ると、想定外の「例外処理」が実行されることに注意が必要。

【実行結果】

```
1 以上 100 以下の整数を入力してください。
abcde
予期せぬエラーが発生しました。
Traceback (most recent call last):
  File "C:¥Users¥UserName¥Python_TextBook¥Chapter11¥sample11_12.py", line 6, in <module>
    value = int(input( ))
ValueError: invalid literal for int() with base 10: 'abcde'

End
```

【プログラム解説】

001 行目	「import 文」を使って、「traceback」モジュールをインポートする。
003 行目	「try 文」を使って、例外が発生する可能性のある処理を記述する。
004 行目～ 006 行目	「number」を「100」で初期化する。次に、「print」関数で、文字列を出力する。そして、「input」関数で、「value」へ値を入力する。
007 行目～ 008 行目	「if 文」を使って、「value」が「1」未満かどうかを判定する。次に、条件式を満たす場合、「raise 文」を使って、「例外処理」を行なう。そして、「except 文」と「print」関数で「1」以上の整数が入力されていないことを出力する。
009 行目～ 010 行目	「if 文」を使って、「value」が「100」より大きいかどうかを判定する。次に、条件式を満たす場合、「raise 文」を使って、「例外処理」を行なう。そして、「except 文」と「print」関数で「100」以下の整数が入力されていないことを出力する。
011 行目	「number」を「value」で除算した値を「answer」に代入する。

012 行目	「print」関数と「フォーマット文字列」を使って、「number」「value」「answer」を出力する。
013 行目～ 015 行目	「except 文」を使って、「Exception」が発生した場合の「例外処理」を行なう。この場合、「print」関数と「traceback」モジュールの「format_exc」関数を使って、予期せぬ例外が発生したことを出力する。
016 行目～ 018 行目	「except 文」を使って、「ZeroDivisionError」が発生した場合の「例外処理」を行なう。この場合、「print」関数と「traceback」モジュールの「format_exc」関数を使って、「0」で除算できないことを出力する。
019 行目～ 021 行目	「except 文」を使って、「ValueError」が発生した場合の「例外処理」を行なう。この場合、「print」関数と「traceback」モジュールの「format_exc」関数を使って、整数で入力されていないことを出力する。
022 行目～ 023 行目	「finally 文」を使って、例外発生の有無に関わらず「print」関数で、文字列を出力する。

■ 11.7.4　リストに関するエラー

リストの要素を正常に取得できず、プログラムが異常終了してしまうこともある。

リストを使って「A ～ E 大学」と名付けた 5 つの大学の中から、入力した大学の偏差値を表示する**プログラム 11.13** を示す。

プログラム 11.13 「例外処理」の使用例

```
001 import traceback                                    #traceback モジュールの
                                                         読み込み
002
003 class University:                                   #University クラスの定義
004     def __init__(self, name, score):               # 設定メソッドの定義
005         self.name = name                           # 値の代入
006         self.score = score                         # 値の代入
007
008     def get_name(self):                            # 大学名を取得するメソッド
                                                         の定義
009         return self.name                           # 戻り値として大学名を返す
010
011     def get_score(self):                           # スコアを取得するメソッド
                                                         の定義
012         return self.score                          # 戻り値としてスコアを返す
013
014 if __name__ == "__main__":                         #__name__ が __main__
                                                         の場合
015     print(" 大学名を入力してください。")            # 文字列の出力
016     name_list = ["A大学", "B大学", "C大学", "D大学", "E大学"] # 大学リストの初期化
017     score_list = [50, 45, 60, 55, 70]              # 偏差値リストの初期化
018     uni_list = []                                  # 空のリストの初期化
019
020     for uni_name, uni_score in zip(name_list, score_list): # リストの終端ま
                                                                で繰り返し
021         uni_list.append(University(uni_name, uni_score))   # リストに追加
022
```

```
023        value = input( )                              # 値の入力
024        if not value in name_list:                    # 値が等しくない場合
025            raise Exception(" リストにない大学名。")      #raise 文の処理
026
027        for uni in uni_list:                          # リストの終端まで繰り返し
028            if value == uni.get_name( ):              # 値が等しい場合
029                print(f" 偏差値は {uni.get_score( )}。")  # 値を挿入し出力
030
031        print("End")                                  # 終了
```

正常に動作した場合の実行結果を次に示す。

【実行結果】

```
大学名を入力してください。
D 大学
偏差値は 55。
End
```

＊

次にリスト内にない大学名を入力した場合の実行結果を示す。

【実行結果】

```
大学名を入力してください。
F 大学
Traceback (most recent call last):
  File "C:¥Users¥UserName¥Python_TextBook¥Chapter11¥sample11_13.py", line 25, in <module>
    raise Exception(" リストにない大学名。")
Exception: リストにない大学名。
```

リストに含まれていない要素を参照したことから、**025 行目**の例外が発生した。

【プログラム解説】

001 行目	「import 文」を使って、「traceback」モジュールをインポートする。
003 行目〜 012 行目	「University」クラスを定義する。
004 行目〜 006 行目	「University」クラスを初期化するコンストラクタを定義する。この場合、「name」と「score」をインスタンス変数として初期化する。
008 行目〜 009 行目	「University」クラスのインスタンス変数「name」を取得する「get_name」メソッドを定義する。
011 行目〜 012 行目	「University」クラスのインスタンス変数「score」を取得する「get_score」メソッドを定義する。
014 行目	「if 文」を使って、「__name__」が、「"__main__"」であるかどうかを判定する。
015 行目	文字列「大学名を入力してください。」を出力する。
016 行目〜 018 行目	「name_list」と「score_list」をリストとして 5 つの要素で初期化する。次に、「uni_list」を空のリストとして初期化する。

020 行目	「for 文」と「zip」関数で、「name_list」と「score_list」に対して繰り返し処理を行なう。この場合、「uni_name」に「name_list」の要素、「uni_score」に「score_list」の要素が代入される。
021 行目	「University」クラスのコンストラクタの第 1 引数に「uni_name」、第 2 引数に「uni_score」を指定し、初期化した「University」クラスを「uni_list」に追加する。
023 行目	「input」関数で、「value」へ値を入力する。
024 行目～ 025 行目	「if 文」と「in」演算子を使って、「value」が「name_list」に含まれないかどうかを判定する。次に、条件を満たす場合、「raise 文」を使って、例外を発生させる。そして、「value」が「name_list」に含まれないことを出力する。
027 行目	「for 文」を使って、「uni_list」に対して繰り返し処理を行なう。この場合、「uni」に「uni_list」の要素である「University」オブジェクトが代入される。
028 行目～ 029 行目	「if 文」を使って、「value」が「uni」のインスタンス変数である「name」と等しいかどうかを判定する。次に、条件を満たす場合、「print」関数と「フォーマット文字列」と「get_score」メソッドを使って、「uni」のインスタンス変数である「score」を出力する。
031 行目	「print」関数で、文字列を出力する。

11.8 練習問題

11.8.1 練習問題①

　入力値として賽銭の金額を入力した後、ランダムでおみくじの結果を表示するプログラムを作りなさい。
　また、例外が発生する可能性がある箇所に「例外処理」を記述しなさい。

【実行結果】

```
賽銭を投げてください。
5
大
吉
おみくじを続ける時は「はい」、終わる時は「いいえ」を入力してください。
はい

賽銭を投げてください。
500
半
吉
おみくじを続ける時は「はい」、終わる時は「いいえ」を入力してください。
はい

賽銭を投げてください。
9999
大
吉
おみくじを続ける時は「はい」、終わる時は「いいえ」を入力してください。
いいえ
```

【実行結果】

賽銭を投げてください。
saisen
ValueError: 自然数を入力してください。

■ **11.8.2**　練習問題②

名前と電話番号を入力し、個人情報を管理するプログラムを作りなさい。
また、例外が発生する可能性がある箇所に「例外処理」を記述しなさい。

【実行結果】

個人情報の登録を行なう。
名前を入力してください。
山田太郎
電話番号を入力してください。
09012345678
処理が完了しました。
続けて登録を行なう時は、「y」、行なわないときは「n」を入力してください。
y
名前を入力してください。
田中次郎
電話番号を入力してください。
0801111
11 桁で入力してください。
続けて登録を行なう時は、「y」、行なわないときは「n」を入力してください。
y
名前を入力してください。
安田花子
電話番号を入力してください。
07098765432
処理が完了しました。
続けて登録を行なう時は、「y」、行なわないときは「n」を入力してください。
n
[1, ' 山田太郎 ', '09012345678']
[2, ' 安田花子 ', '07098765432']

第12章 ライブラリ

> 「Python」には大きく分けて 2 種類の「ライブラリ」がある。
> 「標準ライブラリ」と「オープンソース・ライブラリ」。
>
> 「標準ライブラリ」は「Python」に標準で備わっているもの。
> 一方で、「オープンソース・ライブラリ」は標準で備わっていない。
> 個人で開発しているものから、企業が開発しているものまである。
> また、ネット上には、機械学習や画像処理に使うことができる「オープンソース・ライブラリ」が存在する。

12.1 「ライブラリ」の概要

■ 12.1.1 「オープンソース・ライブラリ」の追加・更新・削除

「オープンソース・ライブラリ」を使う場合は、「標準ライブラリ」と違い、「import 文」で読み込む前にインストールが必要。

また、「オープンソース・ライブラリ」をインストールする場合は、「Python」の標準ライブラリの「pip」を使って行なう。
ここでは「pip」を使ったライブラリの「追加」「更新」「削除」について解説する。
「PyPI」（https://pypi.org/）でライブラリが配布されている。

*

「pip」の主なコマンドを**表 12.1** に示す。

表 12.1 「pip」の主なコマンド

ライブラリ	コマンド	説 明
pip	install	ライブラリのインストール
	list	インストールされたライブラリの確認
	install --upgrade	ライブラリのアップデート
	install --upgrade pip	pip のアップデート
	uninstall	ライブラリのアンインストール

●「ライブラリ」のインストール
【「ライブラリ」をインストールする記述方法】

```
pip install ライブラリ名
```

ライブラリをインストールする場合は、「pip install」コマンドを入力する。

【インストールされた「ライブラリ」を確認する記述方法】

```
pip list
```

インストールされているライブラリを確認する場合は、「pip list」コマンドを入力する。

【特定のバージョンをインストールする記述方法】

```
pip install ライブラリ名 == バージョン
```

　互換性などの問題から、特定のバージョンをインストールする必要がある場合、**バージョンを指定**する。

●「ライブラリ」のアップデート

　「ライブラリ」は定期的にバージョンが更新される。その場合に、アップデートする方法を示す。

【「ライブラリ」をアップデートする記述方法】

```
pip install --upgrade ライブラリ名
```

●「ライブラリ」のアンインストール

　「ライブラリ」をアンインストールする方法を示す。

【「ライブラリ」をアンインストールする記述方法】

```
pip uninstall ライブラリ名
```

● エラー時の対応

　「ライブラリ」をインストールするときにエラーが表示される場合がある。
　ネットワークの環境や、「pip」のバージョンが古いことが原因として挙げられる。

＊

　「pip」のアップデートは、以下の方法で行なう。

【「pip」をアップデートする記述方法】

```
pip install --upgrade pip
```

　ここで、「pip」を使って「Pandas」をインストールする。
　「Pandas」は、データ分析用の「ライブラリ」で、これによりデータサイエンスや機械学習で重要となる作業を容易に行なえる。

【「Pandas」のインストール方法】

```
C:¥Users¥UserName>pip install pandas
Collecting pandas
  Downloading pandas-1.3.3-cp39-cp39-win_amd64.whl (10.2 MB)
     |████████████████████████████████| 10.2 MB 6.8 MB/s
Requirement already satisfied: python-dateutil>=2.7.3 in
                    :
                    :
Installing collected packages: pytz, pandas
Successfully installed pandas-1.3.3 pytz-2021.1
```

　次に、インストールされたライブラリを確認する。

下記の【「ライブラリ」の確認】では、「Pandas」の「バージョン 1.3.3」がインストールされていることが確認できる。

【「ライブラリ」の確認】

```
C:¥Users¥UserName>pip list
Package        Version
-------------- -------
pandas         1.3.3
pip            21.2.4
```

■ 12.1.2 「ライブラリ」のインポート

「ライブラリ」をインポートする場合の「import」「as」「from」を使った方法を解説する。

● 「import 文」の使用方法

「import 文」は、「Python」で「ライブラリ」「モジュール」「パッケージ」を利用するために使う。

「import 文」の後に利用する「ライブラリ」を記述することで、インポートできる。

また、「,」（カンマ）で区切ることで複数の「ライブラリ」をまとめてインポートできる。

【「import 文」の記述方法】

```
import ライブラリ名
import ライブラリ名 , ライブラリ名
```

● 「as」の使用方法

「ライブラリ」を使う場合は、「import 文」を使うが、そのときに「as」を加えることで、「ライブラリ」に別名をつけることができる。

【「as」を加えた「ライブラリ」の「import 文」の記述方法】

```
import ライブラリ名 as 別名
```

● 「from 文」の使用方法

「from 文」と「import 文」を使うことで、モジュールで準備された関数を指定し、インポートできる。

「import 文」の後に、「,」（カンマ）で区切ることで複数の関数をまとめてインポートできる（**9.1.1 参照**）。

【「from 文」を使った「import 文」の記述方法】

```
from モジュール名 import 関数名
from モジュール名 import 関数名 , 関数名
```

■ 12.1.3 ライセンス

「オープンソース・ライブラリ」は「ライセンス」ごとに取り扱いが異なる。

「ライセンス」とは、著作権にもとづいて利用条件を定義したもの。利用する場合は、確認が必要。

*

代表的な「オープンソース・ライブラリ」の「ライセンス」を**表12.2**に示す。

表12.2 「ライセンス」の種類

ライセンス	説　明
MIT	マサチューセッツ工科大学により作成されたライセンス
BSD	カリフォルニア大学バークレー校により作成されたライセンス
Apache	Apacheソフトウェア財団により規定されたライセンス
GNU General Public	リチャード・ストールマンにより作成されたフリーソフトウェアライセンス

● MIT ライセンス

「MITライセンス」では、著作権表示とライセンス条文を記載することが定められている。

ただし、ライセンス条文を記載する代わりにウェブページのURLを記載することも可能。

また、ソースコードを変更したとしても、ソースコードを開示する必要はない。

これらの特徴をもつライセンスのタイプを**「非コピーレフト型」**と言う。

加えて、個人・商用関係なく利用することが可能。

● BSD ライセンス

「BSDライセンス」は、「MITライセンス」と同様に、ソースコードを改変し、ソフトウェアなどを作成した場合においても自由に配布や販売することが可能。

ただし、著作権の表示を行なう必要がある。

今日では、「BSDライセンス」にいくつかの種類が用意されているためソフトウェア等を開発し、配布や販売する場合は、それぞれの内容に従い公開する必要がある。

● Apache ライセンス

「Apacheソフトウェア財団」とは、「オープンソースソフトウェア」の開発や配布を行なっている団体。

「Apacheライセンス」は、個人、商用関係なく利用することが可能。

● GNU General Public ライセンス

「GNU General Publicライセンス」は、「GNU」や「GPL」と記載されていることがある。

このライセンスはソースコードの公開を原則とし、個人、商用関係なく利用することが可能。

注意事項として、再配布を行なう場合にもソースコードの公開が必要。

12.2 代表的な「オープンソース・ライブラリ」

本書で扱う「オープンソース・ライブラリ」（**表12.3**）をライセンスごとに分類する。

表12.3の「OpenPyXL」を除くライブラリは、すべて「3条項BSDライセンス」で公開されている。

「3条項」には、「ソースコード」「バイナリ・ファイルの再配布の許可」「ソフトウェアの

製作元」に関する条件について詳しく記述されている。

表 12.3　代表的な「オープンソース・ライブラリ」

ライセンス名	ライブラリ名
MIT ライセンス	OpenPyXL
BSD ライセンス（3 条項）	OpenCV
	Beautiful Soup
	NumPy
	Pandas
	scikit-learn

■ 12.2.1　各種ライブラリの特徴

● OpenPyXL

「OpenPyXL」は **Excel が利用する「Office Open XML」ファイルの読み書き**を行なうためのライブラリ。

また、「OpenPyXL」は、ファイルを開かずに Excel のデータに対して処理ができる。

セルの値のフォントや大きさの変更、グラフの作成などを行なう**（13 章参照）**。

「VBA」を使った場合も、「OpenPyXL」と同じように Excel 内での処理を行なうことができる。

「VBA」とは、Microsoft が MS Office の拡張機能として提供しているプログラミング言語。

しかし、「OpenPyXL」と違い「VBA」では Excel を開いて処理を実行する。

● OpenCV (Open Source Computer Vision Library)

「OpenCV」は、画像の読み込みや表示、動画に関する処理機能をまとめた**「機械学習」**と**「コンピュータ・ビジョン」**の「オープンソース・ライブラリ」。

物体の位置情報や動きの解析、物体追跡などを行なうことができるため、AR や VR の開発にも使われている。

また、画像を取り扱う場合に必要な処理の多くがライブラリ化されている。

さらに、「NumPy」などの「ライブラリ」と組み合わせることで、より高精度の画像処理ができる**（15 章参照）**。

● Beautiful Soup

「Beautiful Soup」とは、「HTML」や「XML」ファイルからデータを取得し、解析を行なうための**「WEB スクレイピング」**用の「ライブラリ」。

たとえば、ニュースサイトやブログから自動的にデータの取得を行なう場合に役立つ。

しかし、「Beautiful Soup」だけではスクレイピングできない。

「Requests」により「HTTP」通信を利用して、「HTML」のデータをスクレイピングした後、その「HTML」を整形するために「Beautiful Soup」を利用する。

● NumPy

「NumPy」は、「多次元配列機能」「線形代数」「三角関数」などの数値処理機能を多数備えた**数値処理計算ライブラリ**。

　「Python」は、「C言語」や「Java」に比べてループ処理が遅いため、「NumPy」を使うことで高速かつ効率的に数値計算ができ、大量のデータ処理にかかる時間も短縮できる。

　また、標準ライブラリに「array」モジュールがあり、扱える配列は1次元配列のみだが、「NumPy」は多次元配列を扱うことができる。

＊

　「NumPy」の主なクラスとして「numpy.ndarray」がある。「numpy.ndarray」は多次元配列を扱うためのクラス。

　本章では、「numpy.ndarray」オブジェクトを「NumPy配列」と呼ぶ。

　「NumPy配列」の生成方法は2つある。

・「numpy.ndarray」のコンストラクタである「numpy.ndarray( )」を使う。
・「NumPy」の関数を使う。

＊

　「numpy.ndarray」を生成する関数を**表12.4**に示す。

表 12.4　「ndarray」を生成する「NumPy」の関数

関数名	関数の意味	引数	引数の意味	戻り値
empty( )	未初期化配列を生成	shape	配列の形状を指定	numpy.ndarray
		dtype	配列の中身の型を指定	
		order	データの保存方法を指定	
array( )	配列を生成	object	リストやタプルを使って配列の中身を指定	
		dtype	配列の中身の型を指定	
ones( )	すべての要素が1の配列の生成	shape	配列の形状を指定	
		dtype	配列の中身の型を指定	
		order	データの保存方法を指定	
random.rand( )	一様分布の乱数を出力	d0, d1, …, dn	配列の shape を指定	
random.normal( )	正規分布の乱数配列を出力	loc	正規分布の平均値を指定	
		scale	正規分布の標準偏差を指定	
		size	配列の shape を指定	
random.randint( )	特定区間の整数をランダムに出力	low	最小値を指定	
		high	最大値を指定	
		size	配列の shape を指定	

　「Python」に標準で備わっている「random」モジュールがある（**9.2.3参照**）。

　しかし、乱数を扱う場合は、「NumPy」の「random」モジュールを使うことでより高速に処理ができる。

＊

　「NumPy」の「random」モジュールを使った「乱数」を生成する**プログラム12.1**を示す。

プログラム 12.1　「NumPy」の使用例

```
001 import numpy as np              #NumPy を読み込み
002
003 rand = np.random.rand( )        # 一様分布の乱数を生成
004 print(rand)                     # 一様分布の乱数を出力
```

```
005
006 array1 = np.random.normal(-2, 0.5, (3, 3))     # 正規分布の乱数を生成
007 print(array1)                                    # 正規分布の乱数を出力
008
009 array2 = np.random.randint(1, 10, (3, 3))        # 特定区間の整数をランダムに生成
010 print(array2)                                     # 特定区間の整数をランダムに出力
```

【実行結果】

```
0.34981830555662907
[[-2.7072576  -2.67790744 -1.96833688]
 [-1.72846667 -2.15695272 -1.48161208]
 [-1.90173991 -2.61499667 -3.38359953]]
[[6 1 1]
 [9 3 6]
 [7 3 4]]
```

【プログラム解説】

001 行目	「import」文を使って、「NumPy」を「np」として、インポートする。
003 行目	「rand」を「NumPy」の「random.rand」関数を使って、一様分布の乱数で初期化する。この場合、引数を指定していないため、1つの乱数が生成される。
004 行目	「print」関数を使って、「rand」を出力する。
006 行目	「array1」を「NumPy」の「random.normal」関数を使って、平均「-2」、標準偏差「0.5」の正規分布の乱数を「(3, 3)」の「NumPy 配列」で初期化する。
007 行目	「print」関数を使って、「array1」を出力する。
009 行目	「array2」を「NumPy」の「random.randint」関数を使って、「1」以上「10」未満で整数の乱数を「(3, 3)」の「NumPy 配列」で初期化する。
010 行目	「print」関数を使って、「array2」を出力する。

*

次に、主な「NumPy 配列」のメソッドを**表 12.5** に示す。

表 12.5 「NumPy 配列」のメソッド

メソッド名	メソッドの意味	引数	引数の意味	戻り値
argmax( )	配列の最大値を取得	axis	次元を指定	numpy.ndarray
		out	返されたインデックスの値を収納する配列を指定	
mean( )	平均値を算出	axis	次元を指定	
		out	返されたインデックスの値を収納する配列を指定	
		dtype	配列の中身の型を指定	
asarray( )	array と異なり出来上がった配列の id が同じ	dtype	配列の中身の型を指定	
		order	メモリに格納する多次元配列を行優先(C)、または列優先(F)で指定	

　配列の値が「0」から「9」の場合、スライスを使って要素を取り出す**プログラム 12.2** を示す。

「NumPy」では、スライスを表わす「:」（コロン）で、「リスト」「文字列」「タプル」などの「シーケンス・オブジェクト」の一部を指定し、データを取り出す。

スライスは **[start : stop : step]** と表記し、それぞれ **[開始位置 : 終了位置 : 増分]** を表わす。

プログラム 12.2　スライスの使用例

```
001 import numpy as np                              #NumPy を読み込み
002
003 array = np.array([0, 1, 2, 3, 4, 5, 6, 7, 8, 9])   #0 から 9 の範囲で NumPy 配列
                                                       を初期化
004
005 print(array[:5])                                #インデックスが [0] から [4]
                                                     の要素を出力
006 print(array[::2])                               #増分 2 の要素を出力
007 print(array[1:7])                               #インデックスが [1] から [6]
                                                     の要素を出力
008 print(array[1:10:2])                            #インデックスが [1] から [9]
                                                     で増分 2 の要素を出力
009 print(array[:])                                 #すべての要素を出力
```

【実行結果】

```
[0 1 2 3 4]
[0 2 4 6 8]
[1 2 3 4 5 6]
[1 3 5 7 9]
[0 1 2 3 4 5 6 7 8 9]
```

【プログラム解説】

001 行目	「import 文」を使って、「NumPy」を「np」として、インポートする。
003 行目	「array」を「NumPy」の「array」関数を使って、「NumPy 配列」として初期化する。
005 行目	「print」関数を使って、「array」の先頭からインデックス [5] の 1 つ前のインデックスまでの要素を出力する。
006 行目	「print」関数を使って、「array」の先頭から末尾の間で、増分「2」の要素を出力する。
007 行目	「print」関数を使って、「array」のインデックス [1] から [7] の 1 つ前のインデックスまでの要素を出力する。
008 行目	「print」関数を使って、「array」のインデックス [1] から [10] の 1 つ前のインデックスの間で、増分「2」の要素を出力する。
009 行目	「print」関数を使って、「array」のすべての要素を出力する。

● Pandas

「Pandas」は、「データの取り込みや加工」「統計量の表示」「集計処理」「グラフ化」など、「データ解析」のためのライブラリ。

「Pandas」には大きく分けて2つのクラスが存在する。

・1次元配列である**「Series」クラス**。

・「行」と「列」をもった配列である**「DataFrame」クラス**。

「Pandas」を使うことで「データ分析」が容易に行なえる。

また、多くの関数やメソッドが準備されているため、主な「前処理」や「解析」に活用できる。

＊

「DataFrame」クラスの主なメソッドを**表12.6**に示す（**13.3.2参照**）。

表12.6 「DataFrame」クラスの主なメソッド

メソッド名	メソッドの意味	引数	引数の意味	戻り値
to_csv( )	csvファイルに書き込み	path	ファイルパス	str
dropna( )	欠損値のある行を削除	axis	行	DataFrame
resample( )	時系列データの解像度を変更	rule	時間のフォーマット	Resampler

「Pandas」で「DataFrame」を作る**プログラム12.3**を示す。

プログラム12.3 「DataFrame」の作成例

```
001 import pandas as pd                                        #Pandas を読み込み
002
003 list = [["M", 170, 70], ["F", 160, 50], ["M", 180, 85]]    #3行3列のリスト
                                                                 を初期化
004 idx = [" 一郎 ", " 花子 ", " 二郎 "]                         #index の初期化
005 col = [" 性別 ", " 身長 ", " 体重 "]                          #columns の初期化
006 df = pd.DataFrame(data = list, index = idx, columns = col)  #DataFrame の作成
007
008 print(df)                                                   #DataFrame の出力
```

【実行結果】

```
       性別    身長    体重
一郎    M     170    70
花子    F     160    50
二郎    M     180    85
```

【プログラム解説】

001 行目	「import文」を使って、「Pandas」を「pd」として、インポートする。
003 行目	「list」を「(3, 3)」の配列として「DataFrame」に格納するデータで初期化する。
004 行目	「idx」を「DataFrame」に設定するインデックスで初期化する。
005 行目	「col」を「DataFrame」に設定するコラムで初期化する。
006 行目	「df」を「DataFrame」として、データ「list」、インデックス「idx」とコラム「col」を代入する。
008 行目	「print」関数を使って「df」を出力する。

● scikit-learn

「scikit-learn」は、「**機械学習**」を行なう場合に使う「ライブラリ」。

「**NumPy**」と「**SciPy**」の２つの「ライブラリ」に依存する。

「scikit-learn」では「NumPy 配列」が基本的なデータ構造となり、「NumPy 配列」で入力を受け取る。

そのため、扱うデータは「NumPy 配列」に変換する必要がある。

＊

「scikit-learn」の主なツールを**表 12.7** に示す。

表 12.7　「scikit-learn」の主なツール

ツール名	使用用途
base	クラスや関数のベース
svm	回帰・分類
cluster	クラスタリングとバイクラスタリング
covariance	母集団の共分散行列を推定
decomposition	次元削減、行列分解
ensemble	アンサンブル学習
manifold	非線形次元を削減

「scikit-learn」には、「iris データセット」が標準で備わっている。

「iris データセット」は、150 個のアヤメを計測したデータ。

属性が４つ用意されており、それぞれ「がく片の長さ」「がく片の幅」「花弁の長さ」「花弁の幅」になる。

花の種類が正解値に設定され、４つの属性を活用して正解値を予測するために使うことが主な用途。

＊

「scikit-learn」から「iris データセット」を読み込み、「Pandas」の「DataFrame」として表示する**プログラム 12.4** を示す。

プログラム 12.4　「iris データセット」の読み込みと表示

```
001 from sklearn.datasets import load_iris        #load_iris 関数の読み込み
002 import pandas as pd                            #Pandas の読み込み
003
004 iris = load_iris( )                            #iris データセットの読み込み
005 df = pd.DataFrame(iris.data, columns = iris.feature_names)   #DataFrame の作成
006 print(df)                                      #DataFrame の出力
```

【実行結果】

	sepal length(cm)	sepal width(cm)	petal length(cm)	petal width(cm)
0	5.1	3.5	1.4	0.2
1	4.9	3.0	1.4	0.2
2	4.7	3.2	1.3	0.2
3	4.6	3.1	1.5	0.2
…	…	…	…	…
148	6.2	3.4	5.4	2.3
149	5.9	3.0	5.1	1.8

〔150 rows × 4 columns〕

【プログラム解説】

001 行目	「import 文」と「from 文」を使って、「sklearn.dataset」モジュールから「load_iris」関数をインポートする。
002 行目	「import 文」を使って、「Pandas」を「pd」として、インポートする。
004 行目	「load_iris」関数を使って、「iris」を「iris データセット」で初期化する。
005 行目	「df」を「DataFrame」として、データ「iris.data」とコラム「iris.features_names」を代入する。
006 行目	「print」関数を使って、「df」を出力する。

■ 12.2.2　Anaconda

　「Anaconda」は「NumPy」「Pandas」「scikit-learn」などの**「機械学習」**や**「数値計算」**を行なうデータサイエンス関連の「ライブラリ」が 250 以上含まれる。
　そのため、「ライブラリ」や「ツール」をまとめてインストールできるので便利。

> ※「Anaconda」は（https://www.anaconda.com/products/individual）からダウンロード可能。

　「Anaconda」は、オープンソース版「Anaconda Distribution」とエンタープライズ版「Anaconda Enterprise」の 2 種類がある。
　「オープンソース版」は、非営利目的・慈善サービス・教育目的の場合は無償。
　しかし、商用目的の場合は有償のため、「エンタープライズ版」のインストールが必要。

　「Anaconda」内における「オープンソース・ライブラリ」は、著作権表示および本許諾表示をソフトウェアのすべての複製、または重要な部分に記載するものと定められている。
＊
　「pip」と異なり、「Anaconda」に準備されている**「conda install」コマンド**を使って「ライブラリ」をインストールする。
　「conda install」コマンドを使ったインストール方法を次に示す。

【「Anaconda」ライブラリをインストールする記述方法】

```
conda install ライブラリ名
```

　「Anaconda」でインストールした「ライブラリ」の確認を行なう場合は、**「conda list」コ**マンドで実行する。

【「Anaconda」ライブラリを確認する記述方法】

```
conda list
```

12.3　練習問題

　練習問題①

「NumPy」を使って、5つの一様分布の乱数を要素にもつ「NumPy 配列」を生成するプログラムを作りなさい。

【実行結果】

[0.42330605 0.28648422 0.23903577 0.81986271 0.20609541]

■ 12.3.2　練習問題②

「NumPy」を使って、「20」から「50」の整数を 2×2 の「NumPy 配列」をランダムに生成するプログラムを作りなさい。

【実行結果】

[[31 49]
 [45 45]]

■ 12.3.3　練習問題③

「NumPy」を使って、角度が 30°の場合の「sin θ , cos θ , tan θ」の値を求めるプログラムを作りなさい。

【実行結果】

sin30 , 0.4999999999999999
cos30 , 0.8660254037844387
tan30 , 0.5773502691896257

第 2 部

応用編

第2部では、「Excel 操作」「Web 処理」「画像処理」「GUI
アプリケーション」などの応用事例について紹介。

すべてソースコードを例示しているため、動作確認した後
に、プログラムの内容についても理解を深めてほしい。

第13章 Excel 操作の自動化

Excel 操作を自動化する方法は主に 2 つある。

1 つ目は、「Excel VBA」(Visual Basic for Applications) を使う方法。

「VBA」は、「Microsoft Office」が提供するアプリケーションソフトの拡張機能であり、Excel や「Access」などの Office 製品で利用できるプログラミング言語。Office 製品の複雑な処理を自動化できる。

2 つ目は、「Python」を使う方法。

「Python」の外部ライブラリである「OpenPyXL」を使って Excel 操作を自動化する。

*

本章では、「OpenPyXL」を使った Excel 自動化について説明する。

13.1 Excel 操作の概要

■ 13.1.1 Excel 自動化について

「Python」から Excel を操作するメリットは 2 つある。

・「Excel VBA」に比べてシンプルなコードで済むため、コーディング時間を短縮できる。

・「Python」に用意されている豊富なライブラリと連携することで Excel 業務の自動化が容易になる。

■ 13.1.2 「OpenPyXL」について

「OpenPyXL」には、複数のパッケージとモジュール (**9.1.1 参照**) が含まれている。

Excel を操作する機能がパッケージごとに分類されている。

本章で使用するパッケージとモジュールを**表 13.1**、モジュール内のクラスを**表 13.2** に示す。

表 13.1 本章で使用する「OpenPyXL」のパッケージとモジュール

パッケージ名	モジュール名
workbook	workbook.py
worksheet	worksheet.py
cell	cell.py
chart	bar_chart.py

表 13.2 本章で使用する「OpenPyXL」のクラス

クラス名	クラスの意味
Workbook	Excel ファイルに関する処理
Worksheet	Excel シートに関する処理
Cell	Excel シートのセルに関する処理
BarChart	グラフオブジェクトに関する処理

■ 13.1.3　Excel ファイルの基本操作

　ここでは、「OpenPyXL」の「Workbook」クラスを使って、Excel ファイルの作成を行なう **プログラム 13.1** を示す。

　「Workbook」クラスのコンストラクタ **(8.3.1 参照)** を **表 13.3**、メソッドを **表 13.4**、属性を **表 13.5** に示す。

表 13.3 「Workbook」クラスのコンストラクタ

コンストラクタ	コンストラクタの意味	引数	引数の意味
Workbook( )	ブックの新規作成	なし	なし

表 13.4 「Workbook」クラスのメソッド

メソッド名	メソッドの意味	引数	引数の意味	戻り値
create_sheet( )	「Worksheet」を作成するメソッド	title	シート名を指定	Worksheet
save( )	「Workbook」を保存するメソッド	filename	ファイル名を指定	Workbook

表 13.5 「Workbook」クラスの属性

属性	属性の意味
active	「Workbook」オブジェクト生成時、自動的に作られるシートを取得する

【ワークブック（Excel ファイル）を作成する記述方法】

```
wb = Workbook( )
```

　「ワークブック」（Excel ファイル）を新規作成する場合、「Workbook」クラスを使う。
　「Workbook」クラスから生成した「ワークブック」（Workbook オブジェクト）を「wb」（Workbook の略）に代入する。

　本章では、「Workbook」クラスにより生成した「ワークブック」内の「ワークシート」は「ws」（Worksheet の略）に代入する。

【ワークシートを取得する記述方法】

```
ws = wb.active
```

　生成したワークブック内には、ワークシートが必ず 1 つ自動的に作成される。
　そのワークシートを「Workbook」オブジェクトの「active」属性で「Worksheet」オブジェクトを取得し、「ws」に代入する。

【タイトル名を設定する記述方法】

```
ws.title = "ワークシート名"
```

　取得したワークシートの名前をデフォルト状態（Sheet1）から必要に応じて変更する。
　ワークシート名は、「Worksheet」オブジェクトの「title」属性で設定する。

【ワークシートを作成する記述方法】

```
wb.create_sheet(title = " シート名 ")
```

シートを新しく作成する場合、「Workbook」オブジェクトの「create_sheet」メソッドを使う。引数「title」にシート名を代入する。

【ワークブックを保存する記述方法】

```
wb.save(" ファイル名 ")
```

「Workbook」オブジェクトの「save」メソッドの引数にファイル名を指定することで新たなワークブックを保存する。

「wb」にファイル名を指定し、「Workbook」オブジェクトの「save」メソッドを使ってファイルを保存する**プログラム 13.1** を示す。

また、**プログラム 13.1** で作成できるファイル情報を**図 13.1** に示す。

プログラム 13.1　ファイルの作成

```
001 from openpyxl import Workbook                    #Workbook クラスの読み込み
002
003 print(" 作成するブック数を入力してください。")      # 文字列の出力
004 count_book = int(input( ))                        # 整数型で値の入力
005 print(" 作成するシート数を入力してください。")      # 文字列の出力
006 count_sheet = int(input( ))                       # 整数型で値の入力
007 for i in range(count_book):                       #count_book の値だけ繰り返し
008     wb = Workbook( )                              # クラスのインスタンス化
009     ws = wb.active                                # 取得したシートを代入
010     ws.title = " シート _1"                        # シートのタイトルを代入
011     for j in range(2, count_sheet + 1):          #count_sheet の値だけ繰り返し
012         wb.create_sheet(title = f" シート _{j}")       # 新規シートの作成
013     wb.save(f" 資料 _{i + 1}.xlsx")                #作成したブックをファイルとして保存
```

【実行結果】

```
作成するブック数を入力してください。
5
作成するシート数を入力してください。
3
```

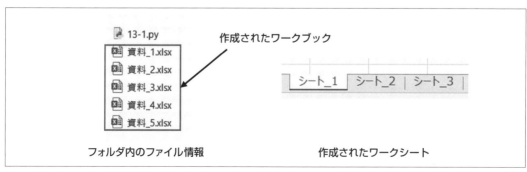

図 13.1　複数ファイルの新規作成から保存

【プログラム解説】

001 行目	「import 文」と「from 文」を使って、「OpenPyXL」から「Workbook」クラスをインポートする。
003 行目〜 004 行目	「print」関数で、文字列を出力する。次に、「input」関数で、「count_book」へ値を入力する。
005 行目〜 006 行目	「print」関数で、文字列を出力する。次に、「input」関数で、「count_sheet」へ値を入力する。
007 行目	「for 文」を使って、「count_book」に対して繰り返し処理を行なう。
008 行目	「wb」に「Workbook」オブジェクトを代入する。
009 行目	「ws」に「wb」の「active」属性を代入する。この場合、「wb」のワークシートが代入される。
010 行目	「ws」の「title」属性に「" シート _1"」を代入する。
011 行目	「for 文」と「range」関数で、初期値が「2」で最終値が「count_sheet」と「1」を加算した値に対して繰り返し処理を行なう。
012 行目	「Workbook」クラスの「create_sheet」メソッドの引数に「title = 文字列」を指定して、新たなワークシートを作成する。
013 行目	「Workbook」オブジェクトの「save」メソッドの引数に文字列を指定して、「wb」を「Excel ファイル」として保存する。

13.2 複数のワークブックを１つのワークブックに転記

　ここでは、同じフォルダ内にある複数のワークブック（Excel ファイル）のデータを、新たに生成したワークブックに転記する方法を示す。

＊

　方法としては、特定のセルをコピー＆ペーストする繰り返しの単純作業を自動化する。
　本節で作成できるファイルと Excel ファイルの例を**図 13.2** に示す。

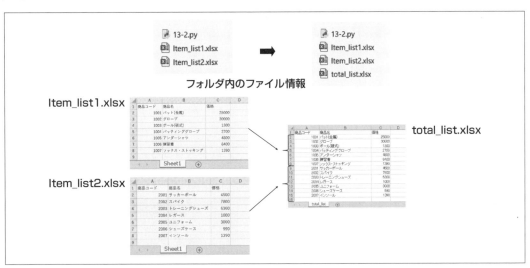

図 13.2　複数のワークブックを１つのワークブックに転記

「Python」の標準モジュールである「pathlib」モジュールを使う。

「pathlib」モジュールは、指定するファイルやフォルダのパスをオブジェクトとして操作するためのモジュール。

本項で使う「Path」クラスのコンストラクタを**表 13.6**、メソッドを**表 13.7**に示す。

表 13.6　「Path」クラスのコンストラクタ

コンストラクタ	コンストラクタの意味	引数	引数の意味
Path( )	「Path」オブジェクトの作成	path	フォルダへの相対パスもしくは絶対パス

表 13.7　「Path」クラスのメソッド

メソッド名	メソッドの意味	引数	引数の意味	戻り値
glob( )	引数の条件に一致するファイルを取得するメソッド	pattern	取得するファイルのパターン	pathlib.WindowsPath

【「Path」オブジェクトを作成する記述方法】

```
path = Path(" フォルダへの相対パスもしくは絶対パス ")
```

「Path」オブジェクトを作る場合、「pathlib」モジュールの「Path」クラスを使う。

「Path」クラスから生成した「Path」オブジェクトを「path」に代入する。

「カレント・ディレクトリ」内を示す場合には、「Path(".")」と記述することで、「カレント・ディレクトリ」のパス情報を示すことができる。

次に、「Path」オブジェクトの「glob」メソッドを使って、条件に一致するファイルを取得する。

「glob」メソッドの引数では、「メタ文字」(**9.2.5 参照**)を正規表現として使う。

既存のワークブックを読み込むには、「OpenPyXL」ライブラリ内の「load_workbook」関数を使う。

第1引数に、読み込む「ワークブック名」を指定する。

そして、第2引数に「read_only = True」と指定することで、そのワークブックを読み込み専用で取得できる。

「OpenPyXL」ライブラリ内の「load_workbook」関数を**表 13.8**に示す。

表 13.8　「OpenPyXL」の関数

関数名	関数の意味	引数	引数の意味	戻り値
load_workbook( )	取得したファイルを読み込む	filename	読み込むファイルのパスを指定	Workbook
		read_only	True の場合、読み込み専用	

【既存ブックを読み込む記述方法】

```
load_workbook(filename, read_only = True)
```

■ 13.2.3　Excel シートの設定方法

【セルに値を設定する記述方法】

```
ws[" セル番地 "] = " 値 "
```

シートの特定の番地に値を設定する。

【ブック内のシートを取得する記述方法】

```
ws = wb[" シート名 "]
```

「" シート名 "」に取得するシート名を記述する。

【シートの幅を変更する記述方法】

```
ws.column_dimensions[" 列名 "].width = 数字
```

「Worksheet」オブジェクトの「column_dimensions」プロパティの「width」属性に列幅として数字を代入する。

＊

複数のブックを 1 つのブックに転記する**プログラム 13.2** を示す。

「Item.list1.xlsx」と「Item.list2.xlsx」は、「カレント・ディレクトリ」に用意されているものとする。

プログラム 13.2　複数のブックを 1 つのブックに転記

```
001 from openpyxl import Workbook, load_workbook    #Workbook クラス ,load_
                                                     workbook 関数の読み込み
002 from pathlib import Path                         #Path クラスの読み込み
003
004 wb_total = Workbook( )                           # クラスのインスタンス化
005 ws_total = wb_total.active                       # 取得したシートを代入
006 ws_total.title = "total_list"                    # シートのタイトルを代入
007 ws_total["A1"] = " 商品コード "                    # セルに値を代入
008 ws_total["B1"] = " 商品名 "                       # セルに値を代入
009 ws_total["C1"] = " 価格 "                         # セルに値を代入
010 ws_total.column_dimensions["B"].width = 25       # 列幅を代入
011
012 file_path = Path(".")                            # カレント・ディレクトリのパス
                                                     を代入
013
014 for file in file_path.glob("*.xlsx"):           #Excel ファイルを取得
015     wb = load_workbook(file, read_only = True)   # 取得したファイルの読み込み
016     ws = wb["Sheet1"]                            # シートを取得
017     for row in ws["A2:C8"]:                      # 指定範囲内のセル情報を取得
018         values = []                              # 空のリストの初期化
019         for col in row:                          # データの範囲を 1 行ずつ取得
020             values.append(col.value)             # リストにデータを追加
021         ws_total.append(values)                  # シートにリストを追加
022     wb_total.save("total_list.xlsx")            # ブックの保存
```

【実行結果】

> 【図 13.2 複数ブックを1つのブックに転記】を参照

【プログラム解説】

001 行目	「import 文」と「from 文」を使って、「OpenPyXL」から「Workbook」クラスと「load_workbook」関数をインポートする。
002 行目	「import 文」と「from 文」を使って、「pathlib」モジュールから「Path」クラスをインポートする。
004 行目〜 006 行目	「wb_total」を「Workbook」オブジェクトで初期化する。次に、「ws_total」を「wb_total」の「active」属性で初期化する。この場合、「wb_total」のワークシートで初期化される。そして、「ws_total」の「title」属性を「"total_list"」で初期化する。
007 行目	「ws_total」のセル番地「A1」を「" 商品コード "」で初期化する。
008 行目	「ws_total」のセル番地「B1」を「" 商品名 "」で初期化する。
009 行目	「ws_total」のセル番地「C1」を「" 価格 "」で初期化する。
010 行目	「ws_total」の「column_dimensions」プロパティの「width」属性を「25」で初期化する。この場合、「column_dimensions」プロパティに「B 列」を指定しているため、「B 列」の「width」属性が「25」に設定される。
012 行目	「file_path」に「Path」オブジェクトを代入する。
014 行目	「for 文」と「Path」クラスの「glob」メソッドを使って、「Excel ファイル」のみに対して繰り返し処理を行なう。この場合、「file」には「Excel のファイルのパス」が代入される。
015 行目	「load_workbook」関数の第 1 引数に「file」、第 2 引数に「read_only = True」を指定し、「wb」に「Workbook」オブジェクトを代入する。
016 行目	「ws」に「wb」の「"Sheet1"」を代入する。
017 行目	「for 文」を使って、「ws」のセル番地「A2」から「C8」のセル情報に対して繰り返し処理を行なう。この場合、「row」には 1 行のセル情報が代入される。
018 行目	「values」を空のリストとして初期化する。
019 行目	「for 文」を使って、「row」に対して繰り返し処理を行なう。この場合、「col」には「row」の要素が代入される。
020 行目	「append」メソッドを使って、「values」に新たな要素「col.value」を追加する。
021 行目	「append」メソッドを使って、「ws_total」に新たな要素「values」を追加する。
022 行目	「Workbook」オブジェクトの「save」メソッドの引数に文字列を指定して、「wb_total」を「Excel ファイル」として保存する。

13.3 複数の CSV ファイルの入力

　ここでは、複数の CSV ファイルを 1 つの Excel ファイルに転記する処理を自動化する方法を示す。

　本節で作成できる複数の CSV ファイルを 1 つの Excel にまとめた例を**図 13.3** に示す。

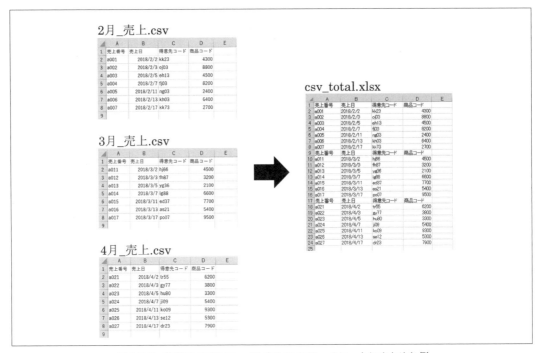

図 13.3　複数の CSV ファイルを 1 つの Excel シートにまとめた例

■ 13.3.1　CSV ファイル

　「CSV」（Comma Separated Values）ファイルは、「,」（カンマ）で区切ったものが入っているファイルのことを指す。

　主に、データのやり取りで使われる互換性の高いファイル。

　「Python」で CSV 形式のデータを取り扱う場合、「csv」モジュール以外に「Pandas」**(12.2.1 参照)** でも扱うことができる。

■ 13.3.2　「DataFrame」の概要と使用例

　「DataFrame」は、「Pandas」ライブラリが提供する 2 次元配列のデータ構造を表示する形式の 1 つ。

　「DataFrame」オブジェクトは「リスト」「辞書」「NumPy 配列」**(12.2.1 参照)** などから作ることができる。

＊

　「DataFrame」クラスのコンストラクタを**表 13.9**、メソッドを**表 13.10** に示す。

表 13.9　「DataFrame」クラスのコンストラクタ

コンストラクタ	コンストラクタの意味	引数	引数の意味
DataFrame( )	「DataFrame」オブジェクトの生成	data	格納するデータ
		index	行の名前
		columns	列の名前

表 13.10　「DataFrame」クラスのメソッド

メソッド名	メソッドの意味	引数	引数の意味	戻り値
sort_values( )	「DataFrame」の要素をソート	by	ソートする列名	DataFrame
		ascending	False の場合、降順にソート	

【「DataFrame」を作成する記述方法】

```
df = pd.DataFrame(data = 格納するデータ , index = 行の名前 , columns = 列の名前)
```

　「DataFrame」を作る場合、第 1 引数にデータの基となるリストを設定する。

　第 2 引数に、データの「行の名前」を設定する。

　第 3 引数に、データの「列の名前」を設定する。

【「DataFrame」の要素をソートする記述方法】

```
DataFrame オブジェクト.sort_values(by = ソートする列名 , ascending = True or False)
```

　「DataFrame」オブジェクトの要素をソートする場合、第 1 引数にソートする列名を設定する。

　第 2 引数に降順であれば「ascending = False」を設定する。

　「DataFrame」オブジェクトの構造を**プログラム 13.3** に示す。

プログラム 13.3　「DataFrame」の作成例

```
001 import pandas as pd                                    #Pandas の読み込み
002
003 list = [["P001", "家電", "128000"],
004         ["P002", "ゲーム", "38000"],
005         ["P003", "テレビ", "47000"]]                   #リストの初期化
006 columns = ["分類コード", "分類名", "売上額"]          #リストに列名を初期化
007 df = pd.DataFrame(data = list, columns = columns)     #DataFrame の作成
008
009 print(df, end = "\n\n")                               #DataFrame の出力
010 print(df.sort_values(by = "分類名"))                  #ソートした DataFrame の出力
```

【実行結果】

	分類コード	分類名	売上額
0	P001	家電	128000
1	P002	ゲーム	38000
2	P003	テレビ	47000

	分類コード	分類名	売上額
0	P002	ゲーム	38000
2	P003	テレビ	47000
1	P001	家電	128000

【プログラム解説】

001 行目	「import 文」を使って、「Pandas」を「pd」として、インポートする。
003 行目～ 005 行目	「list」を「(3, 3)」のリストとして「DataFrame」オブジェクトに格納するデータで初期化する。
006 行目	「columns」を「DataFrame」オブジェクトに設定するコラムで初期化する。
007 行目	「df」を「DataFrame」オブジェクトとして 2 次元の「list」と「columns」で初期化する。
009 行目	「print」関数を使って、「df」を出力する。
010 行目	「print」関数と「df」の「sort_values」メソッドを使って、「df」の「" 分類名 "」列の要素にしたがってソートした結果を出力する。

■ 13.3.3　CSV ファイルの読み込み方法

【CSV ファイルを読み込む記述方法】

```
pd.read_csv(CSV ファイル名 , header = None)
```

　「read_csv」関数内において、第 2 引数に「header = None」を記述しない場合、読み込む CSV ファイルの **1 行目**が自動的にヘッダーとして認識される。
　「read_csv」関数で読み込んだ「CSV ファイル」は、「DataFrame」オブジェクトになる。

【「DataFrame」オブジェクトに格納されたデータを取得する記述方法】

```
dataframe_to_rows(DataFrame オブジェクト , index = None, header = True)
```

　「dataframe_to_rows」関数は、「OpenPyXL」ライブラリ内の「utils.dataframe」モジュールに定義されているため、「import 文」でインポートする必要がある。
　「DataFrame」オブジェクトを行単位でリストに追加する。

【行の読み込み後 Excel シートに張り付ける記述方法】

```
Worksheet.append( イテラブルオブジェクト )
```

　複数の CSV ファイルを読み込み、その内容を 1 つにまとめる**プログラム 13.4** を示す。
　CSV ファイルは、「カレント・ディレクトリ」に保存されているものとする。
　CSV ファイルを読み込むには、「Pandas」をインポートする必要がある。
　プログラム 13.4 で使う関数とメソッドを**表 13.11 から表 13.13** に示す。

表 13.11 「Pandas」の関数

関数名	関数の意味	引数	引数の意味	戻り値
read_csv( )	CSV ファイルを読み込む	filename	読み込む CSV ファイル	DataFrame
		header	header=None **1 行目**を読み込まない	

表 13.12 「Worksheet」クラスのメソッド

メソッド名	メソッドの意味	引数	引数の意味	戻り値
append( )	シートに行単位で値を設定する方法	list	追加する要素	Worksheet

表 13.13 「OpenPyXL」の関数

関数名	関数の意味	引数	引数の意味	戻り値
dataframe_to_rows( )	行データの取得	DataFrame	取得する「Dataframe」オブジェクト	list

プログラム 13.4　複数の CSV ファイルを読み込み、Excel に転記

```
001 import pandas as pd                                    #Pandas の読み込み
002 from openpyxl import Workbook                          #Workbook クラスの読み込み
003 from pathlib import Path                               #Path クラスの読み込み
004 from openpyxl.utils.dataframe import dataframe_to_rows
                                                           #dataframe_to_rows 関数の読み込み
005
006 wb = Workbook( )                                       # クラスのインスタンス化
007 ws = wb.active                                         # 取得したシートを代入
008
009 file_path = Path(".")                                  # カレント・ディレクトリのパスを代入
010 for file in file_path.glob("*.csv"):                   #CSV ファイルを取得
011     df = pd.read_csv(file)                             # 取得したファイルの読み込み
012     for row in dataframe_to_rows(df, index = None, header = True):
                                                           #df を 1 行ずつ row に代入
013         ws.append(row)                                 # シートに追加
014 wb.save("csv_total.xlsx")                              # ブックの保存
```

【実行結果】

【図 13.3 複数の CSV ファイルを 1 つの Excel シートにまとめた例】を参照

【プログラム解説】

001 行目	「import 文」を使って、「Pandas」を「pd」として、インポートする。
002 行目	「import 文」と「from 文」を使って、「OpenPyXL」から「Workbook」クラスをインポートする。
003 行目	「import 文」と「from 文」を使って、「pathlib」モジュールから「Path」クラスをインポートする。
004 行目	「import 文」と「from 文」を使って、「openpyxl.utils.dataframe」から「dataframe_to_rows」関数をインポートする。

006 行目～007 行目	「wb」を「Workbook」オブジェクトで初期化する。次に、「ws」を「wb」の「active」属性で初期化する。この場合、「wb」のワークシートで初期化される。
009 行目	「file_path」を「Path」クラスで初期化する。
010 行目	「for 文」と「Path」オブジェクトの「glob」メソッドを使って、「CSV ファイル」のみに対して繰り返し処理を行なう。この場合、「file」には「CSV のファイルのパス」が代入される。
011 行目	「Pandas」の「read_csv」関数の引数に「file」を指定し、「df」に「DataFrame」オブジェクトを代入する。
012 行目～013 行目	「for 文」と「dataframe_to_rows」関数の第 1 引数に「df」、第 2 引数に「index = None」、第 3 引数に「header = True」を指定し、「DataFrame」オブジェクトに対して繰り返し処理を行なう。この場合、「row」には「df」の 1 行が代入される。次に、「ws」の「append」メソッドを使って、「ws」に新たな要素「row」を追加する。
014 行目	「Workbook」オブジェクトの「save」メソッドの引数に文字列を指定して、「wb」を「Excel ファイル」として保存する。

13.4 グラフの作成

ここでは、既存の Excel データを基に、目的に合ったグラフを作る処理を自動化する。

Excel データを基に作成できるグラフの例を**図 13.4** に示す。

■ 13.4.1 グラフオブジェクトの種類

「OpenPyXL」でグラフを作る場合、グラフの種類によって使うオブジェクトが異なる。

代表的なグラフの種類を**表 13.14** に示す。

表 13.14　グラフを作成するオブジェクトの種類

オブジェクト	グラフの種類
BarChart	棒グラフ
PieChart	円グラフ
LineChart	折れ線グラフ

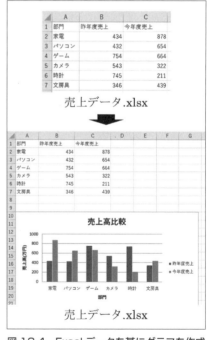

図 13.4　Excel データを基にグラフを作成

「棒グラフ」を作成する場合は、「BarChart」クラスを使う。
「BarChart」クラスは、「OpenPyXL」内の「chart」モジュールに定義されているため、「import 文」を追記する必要がある。

■ 13.4.2　グラフの作成・設定方法

　グラフを作る場合、データを選択する「Reference」クラスも必須であるため、「BarChart」クラスと同時にインポートする。

　Excel グラフの設定項目の例を**図 13.5** に示す。

【「BarChart」クラスと「Reference」クラスをインポートする記述方法】

```
from openpyxl.chart import BarChart, Reference
```

【グラフを作成・設定する記述例】

```
chart = BarChart( )                          # クラスのインスタンス化

chart.type = "col"                           # 縦の棒グラフとして初期化
chart.style = 10                             # グラフの色を初期化
chart.title = " 売上高比較 "                  # グラフのタイトル名を初期化
chart.y_axis.title = " 売上高 ( 万円 )"        # グラフの縦軸のタイトル名を初期化
chart.x_axis.title = " 部門 "                 # グラフの横軸のタイトル名を初期化
```

【実行結果例】

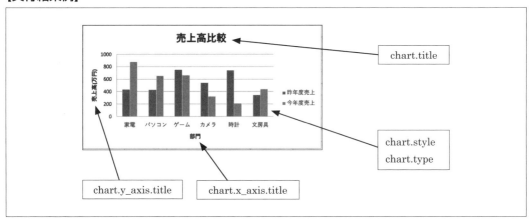

図 13.5　Excel グラフの設定項目の例

■ 13.4.3　「chart」モジュールの使用例

　「chart」モジュールで使うコンストラクタを**表 13.15**、メソッドを**表 13.16**、「Reference」クラスのコンストラクタを**表 13.17**、「Worksheet」クラスのメソッドを**表 13.18** に示す。

表 13.15　「chart」モジュールのコンストラクタ

コンストラクタ	コンストラクタの意味	引数	引数の意味
BarChart( )	棒グラフオブジェクトの作成		
PieChart( )	円グラフオブジェクトの作成	なし	なし
LineChart( )	折れ線グラフオブジェクトの作成		

表 13.16 「chart」モジュールのメソッド

メソッド名	メソッドの意味	引数	引数の意味	戻り値
add_data( )	グラフにデータを追加	Reference	データの基となる「Reference」オブジェクトを取得	なし
set_categories( )	グラフ横軸のラベル名を取得	Reference	データの基となる「Reference」オブジェクトを取得	なし

表 13.17 「Reference」クラスのコンストラクタ

コンストラクタ	コンストラクタの意味	引数	引数の意味
Reference( )	データのラベルとなる範囲を選択	Worksheet	ラベルの基となる「Worksheet」オブジェクトを指定
		min_col	最小の列番号を指定
		min_row	最小の行番号を指定
		max_col	最大の列番号を指定
		max_row	最大の行番号を指定

表 13.18 「Worksheet」クラスのメソッド

メソッド名	メソッドの意味	引数	引数の意味	戻り値
add_chart( )	シートにグラフを追加	グラフオブジェクト	追加するグラフオブジェクトを指定	なし
		セル番地	追加するセル番地を指定	

【データの範囲を選択する記述方法】

```
Reference(Worksheetオブジェクト , min_col = 最小の列番号 , min_row = 最小の行番号 ,
max_col = 最大の列番号 , max_row = 最大の行番号 )
```

　「Reference」オブジェクトの第2から第5の引数には、「読み取るデータ範囲の最小、最大の列番号と行番号」を設定する。
　同様に、グラフの横軸に設定するデータの範囲も指定する。
　データの範囲が1列または1行のみの場合、引数には、最小の列番号または行番号の指定のみで可能。

【グラフにデータを追加する記述方法】

```
BarChart オブジェクト.add_data(Reference オブジェクト, titles_from_data = True)
```

　「BarChart」オブジェクトの「add_data」メソッドを使って、グラフにデータを追加する。
　「Reference」オブジェクトで指定したデータの**1行目**をグラフの凡例項目にする場合、「add_data」メソッドの第2引数に「titles_from_data = True」を代入する。

【グラフの横軸のラベル名を設定する記述方法】

```
BarChart オブジェクト.set_categories(Reference オブジェクト )
```

　「BarChart」オブジェクトの「set_categories」メソッドを使って、横軸のラベル名を設定する。

【シートにグラフを追加する記述方法】

Worksheet オブジェクト.add_chart(BarChart オブジェクト，追加するシートのセル番地)

　グラフの作成は完了したため、最後に、「Worksheet」オブジェクトの「add_chart」メソッドを使って、シートにグラフを追加する。

＊

　本節で解説したグラフを作る方法を使って、既存 Excel データ（**図 13.4**）を基にグラフを作る**プログラム 13.5** を示す。

　グラフ作成に必要なモジュールとメソッドをインポートした後は、次の 3 つのステップを踏む。

① 「Workbook」を作成し、読み込むファイルを取得する。

② グラフオブジェクトの「種類」や「タイトル」の設定を行なう。

③ グラフにデータや「ラベル名」を追加し、シートにグラフを貼り付ける。

プログラム 13.5　Excel データを基に棒グラフを作成

```
001 from openpyxl import Workbook, load_workbook    #Workbook クラス ,load_work
                                                     book 関数の読み込み
002 from openpyxl.chart import BarChart, Reference  #BarChart,Reference クラスの
                                                     読み込み
003
004 path = "売上データ.xlsx"                         # 条件に合うファイルを代入
005 wb = load_workbook(path)                        # ファイルの読み込み
006 ws = wb["Sheet1"]                               # 取得したシートを代入
007
008 chart = BarChart( )                             # クラスのインスタンス化
009 chart.type = "col"                              # グラフの種類を初期化
010 chart.style = 10                                # グラフの色を初期化
011 chart.title = "売上高比較 "                      # グラフのタイトルを初期化
012 chart.y_axis.title = "売上高（万円）"             # グラフの縦軸タイトルを初期化
013 chart.x_axis.title = " 部門 "                    # グラフの横軸タイトルを初期化
014
015 data = Reference(ws, min_col = 2, max_col = 3, min_row = 1, max_row = 7)
                                                    # データの範囲を選択
016 labels = Reference(ws, min_col = 1, min_row = 2, max_row = 7)
                                                    # ラベルの範囲を選択
017
018 chart.add_data(data, titles_from_data = True)   # グラフにデータを追加
019 chart.set_categories(labels)                    # グラフ横軸のラベル名を設定
020 ws.add_chart(chart, "A10")                      #シートにグラフを貼付
021
022 wb.save("売上データ.xlsx")                        # ブックの保存
```

【実行結果】

【図 13.4 Excel データを基にグラフを作成】を参照

【プログラム解説】

001 行目	「import 文」と「from 文」を使って、「OpenPyXL」から「Workbook」クラスと「load_workbook」関数をインポートする。
002 行目	「import 文」と「from 文」を使って、「openpyxl.chart」から「BarChart」クラスと「Reference」クラスをインポートする。
004 行目～ 006 行目	「path」を文字列で初期化する。次に、「load_workbook」関数の引数に「path」を指定し、「wb」を「Workbook」オブジェクトで初期化する。そして、「ws」を「wb」の "Sheet1" で初期化する。
008 行目	「chart」を「棒グラフオブジェクト」で初期化する。
009 行目	「chart」の「type」属性を「"col"」で初期化する。
010 行目	「chart」の「type」属性を「10」で初期化する。
011 行目	「chart」の「type」属性を「" 売上高比較 "」で初期化する。
012 行目	「chart」の「y_axis」プロパティの「type」属性を「" 売上高 (万円)"」で初期化する。
013 行目	「chart」の「x_axis」プロパティの「type」属性を「" 部門 "」で初期化する。
015 行目	「Reference」オブジェクトを使って、「data」にグラフ化するデータの範囲を代入する。
016 行目	「Reference」オブジェクトを使って、「labels」にグラフ化するデータの範囲を代入する。この場合、ラベルのデータ範囲は 1 列のため、「max_col」は指定せず「min_col」のみ指定する。
018 行目	「chart」の「add_data」メソッドの第 1 引数に「data」、第 2 引数に「titles_from_data = True」を指定して、「chart」に追加する。この場合、第 1 引数に指定した「Reference」オブジェクトの**1行目**がグラフのラベルに設定される。
019 行目	「chart」の「set_categories」メソッドを使って、「chart」の横軸のラベルを「labels」で設定する。
020 行目	「ws」の「add_chart」メソッドを使って、「chart」をセル番地「A10」に貼り付ける。
022 行目	「Workbook」オブジェクトの「save」メソッドの引数に文字列を指定して、「wb」を「Excel ファイル」として保存する。

13.5　練習問題

■ 13.5.1　練習問題①

　フォルダ内に複数存在するファイルの中から、Excel のファイル名が「Item_」で始まり、拡張子が「.xlsx」のファイルを取得する。

　1 行目をキーにして行を並べ替える。

　そして、その取得したファイルのデータを新規作成した Excel ファイル「total_list.xlsx」に転記しなさい。

【実行結果】

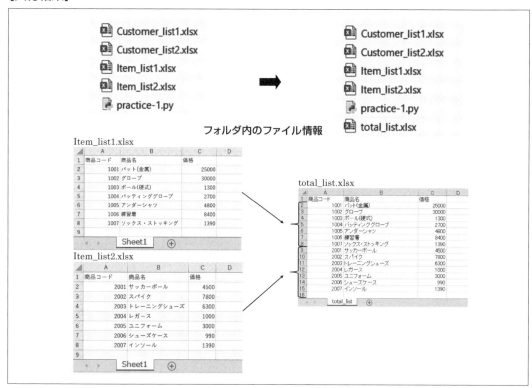

■ 13.5.2 　練習問題②

　既存の Excel データ **(図 13.4)** のうち、「今年度売上」列のデータの範囲を基に円グラフを作りなさい。

① 「円グラフ」は、割合が大きいデータから表示させる。

そのために、「DataFrame」オブジェクトの「sort_values」メソッドを使うことで、指定した項目の値を基にソートできる。

② 「sort_values」メソッドの第 2 引数に昇順の場合は「True」、降順の場合は「False」を代入する **(13.3.2 参照)**。

③ 円グラフに各データの割合を図中に表示させる。

各データの割合を表示させるには、円グラフオブジェクトの「DataLabel.showPercent」属性を「True」にする。

【データの割合を表示する記述方法】

```
円グラフオブジェクト.dataLabels = DataLabelList( )
円グラフオブジェクト.dataLabels.showPercent = True
```

【実行結果】

	A	B	C
1	部門	昨年度売上	今年度売上
2	家電	434	878
3	パソコン	432	654
4	ゲーム	754	664
5	カメラ	543	322
6	時計	745	211
7	文房具	346	439

売上データ _2.xlsx

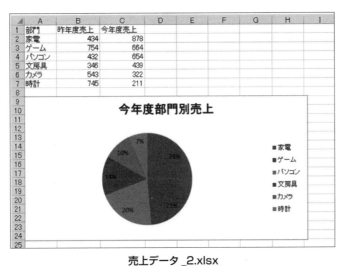

売上データ _2.xlsx

■ **13.5.3** 練習問題③

「カレント・ディレクトリ」内にある CSV ファイルを Excel ファイルに転記する。

そして、その転記させた Excel データを基に昨年度売上と今年度売上を比較する棒グラフを作りなさい。

【売上データ _3.csv】

```
部門,昨年度売上,今年度売上
家電,434,878
パソコン,432,654
ゲーム,754,664
カメラ,543,322
時計,745,211
文房具,346,439
```

【実行結果】

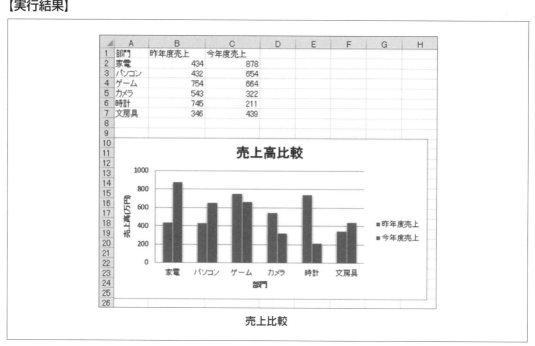

売上比較

第14章 Web スクレイピング

「Web スクレイピング」とは、必要とする情報を Web サイトから抽出して収集すること
を指す。

たとえば、芸能ニュースに興味がある場合、数多くあるニュースサイトから芸能に関連
する情報だけを入手して、オリジナルのニュースサイトを作ることができる。

その他にも、スポーツ情報を取り扱う Web サイトから選手の試合成績を取得することで、
スポーツの戦術分析のための研究活動に活かすこともできる。

そのため、Web スクレイピングは、幅広い用途で活用することができる。

本章では、ネットショッピングサイトから情報を抽出して、「商品の情報」と「値段」を
リストで出力するプログラムを示す。

14.1 「Web スクレイピング」の概要

■ 14.1.1 Web スクレイピング

「Web スクレイピング」の基礎知識となる、「HTML」と「クローリング」について解説する。

「Web スクレイピン
グ」の工程を 3 段階に
分けたものを**図 14.1**
に示す。

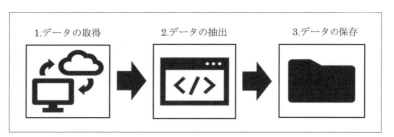

1.データの取得　　2.データの抽出　　3.データの保存

図 14.1
「Web スクレイピング」の手順

■ 14.1.2 HTML

「HTML」とは、Web ページを構成する視覚的な表現や文書構造を記述するマークアップ言
語のこと。

正式名称を「HyperText Markup Language」と呼ぶ。

「HTML」と Web 上での表示を**図 14.2**に示す。

```
1  <!DOCTYPE html>
2  <html>
3      <head>
4          <meta charset="utf-8">
5          <title>Sample.file</title>
6      </head>
7      <body>
8          <h1>test1</h1>
9          <h2>test2</h2>
10         <h3>test3</h3>
11         <p>test_p</p>
12         <a href = "https://www.kansai-u.ac.jp/ja/">a_link</a>
13     </body>
14 </html>
```

test1

test2

test3

test_p

a_link

図 14.2　「HTML」と Web 上での表示

私たちが閲覧している Web サイトは、この「HTML」で構成される。

「HTML」内には、「< >」に囲まれた「タグ」を使う。先頭を「開始タグ」、末端を「終了タグ」と言う。

タグ名ごとによってさまざまな意味がある。タグ名とその意味の一部を**表 14.1** に示す。

「タグ」を使うことで、「HTML」に記述された文字に効果を付けることができる。

表 14.1　「タグ」名と意味

タグ名	意味
h1 ～ h6	見出し（「h1」が一番大きい見出しになり、数字が大きくなるにつれて下位の見出しになる）
p	段落を示し、テキスト部分に使われる
a	アンカーを示し、「href」属性の中に「URL」を入れるとリンクになる

また、デザインを構成する場合、「CSS」（Cascading Style Sheets）や動きを制御する「JavaScript」のプログラミング言語と組み合わせて使う場合がある。

■ 14.1.3　「クローリング」と「スクレイピング」

「クローリング」とは、**Web サイトを巡回して情報を取得**することを指す。

「クローリング」により、既存サイトから新たに作成されたサイトまで、くまなく情報を取得できる。

一方、「スクレイピング」は、**Web サイトの中から指定した情報を抽出**する。

■ 14.1.4　スクレイピング時の注意点

「スクレイピング」を行なう場合、注意しなければならない点がある。

・著作権法、利用規約の順守
・サーバへの過度なアクセス

「スクレイピング」という行為は、一種の**著作物の複製行為**に当たるため、創作性が認められる Web サイトの情報を勝手に取得した場合、著作権法に違反する可能性がある。

しかし、**情報解析**を目的とした記録の場合に限り、著作者の同意を得ることなく、「スクレイピング」によって Web サイトの情報を取得することが許可されている。

＊

また、情報を取得するサイトの**利用規約**に注意する必要がある。

サイトによっては、利用規約によりスクレイピング行為を禁止している場合があるため、事前に規約を確認しておく必要がある。

＊

さらに、**取得先のサーバへ負荷**をかけるような「クローリング」や「スクレイピング」は控えるべき。

過去に、高頻度のリクエストを Web サイトへ送り付けたため、当該行為を行なっていた人

物が偽計業務妨害容疑で逮捕された事例がある。

＊

「クローリング」や「スクレイピング」を行なう場合には、以上の点に十分に注意する必要がある。

Web サーバへ負荷をかけないために「time」モジュールを使うことをおすすめする（9.2.4参照）。

14.2 Web ページの取得

■ 14.2.1 「URL」の指定方法

実際に Web ページの HTML データを取得するにあたり、「URL」（Uniform Resource Locator）について解説する。

＊

「URL」は、インターネット上に存在する Web ページやデータの情報や位置を示す表示方法。

「URL」には、「絶対 URL」「相対 URL」「基底 URL」の 3 種類に大きく分けられる。

ここでは、【「URL」の例】の構成を**表 14.2** に示す。

【「URL」の例】

```
https://www.kansai-u.ac.jp/ja/about/pr/news/
```

表 14.2 「URL」の構成

パーツ名	パーツの位置
スキーム（scheme）	https:
オーソリティ（authority）	//www.kansai-u.ac.jp
パス（path）	/ja/about/pr/news/

● 絶対 URL

「絶対 URL」とは、「http」や「https」といったスキーム部分から始まる完全な URL のことを指す。

「絶対 URL」は、Web サイトの場所を厳格に示す。

【「絶対 URL」の例】

```
https://www.kansai-u.ac.jp/ja/about/pr/news/
```

● 相対 URL

「相対 URL」とは、閲覧者がいる Web サイトの任意の地点から目的のページまでのアドレスを示したもの。

「相対パス」の場合、「スキーム」は記述されない。

【「相対 URL」の例】

```
www.kansai-u.ac.jp
about/pr/news/
```

● 基底 URL

「基底 URL」とは、ページの移動、解析時に基点となる「URL」のことを指す。

【「基底 URL」の例】

> https://www.kansai-u.ac.jp

■ 14.2.2 「絶対 URL」の生成

ここでは「urllib.parse」モジュールを使って、「相対 URL」と「基底 URL」を指定し、それらを組み合わせて「絶対 URL」へ置換する方法を解説する。

＊

「urllib.parse」モジュールの関数を**表 14.3** に示す。

表 14.3　「urllib.parse」モジュールの関数

関数名	関数の意味	引数	引数の意味	戻り値
urljoin( )	「基底 URL」と「相対 URL」を合成して「絶対 URL」を生成	base	基底 URL	str
		url	指定の URL	

「絶対パス」を生成して出力する**プログラム 14.1** を示す。

「urllib.parse」モジュールを使うことで、「URL」の文字列をその構成要素によって分解して再構成できる。

プログラム 14.1　「絶対 URL」の生成と出力例

```
001 import urllib.parse                              #urllib.parse モジュールの読み込み
002
003 source_url = "https://www.kansai-u.ac.jp"        # 基底 URL の指定
004 relative_url = "ja/about/pr/news/"               # 相対 URL の指定
005 url_link = urllib.parse.urljoin(source_url, relative_url)  # 絶対 URL の生成
006 print(" 基底 URL : " + source_url)               # 基底 URL の出力
007 print(" 相対 URL : " + relative_url)             # 相対 URL の出力
008 print(" 絶対 URL : " + url_link)                 # 絶対 URL の出力
```

【実行結果】

> 基底 URL : https://www.kansai-u.ac.jp
> 相対 URL : ja/about/pr/news/
> 絶対 URL : https://www.kansai-u.ac.jp/ja/about/pr/news/

【プログラム解説】

001 行目	「import 文」を使って、「urllib.parse」モジュールをインポートする。
003 行目	「source_url」を文字列として「基底 URL」で初期化する。
004 行目	「relative_url」を文字列として「相対 URL」で初期化する。
005 行目	「urllib.parse」モジュールの「urljoin」関数の第 1 引数に「source_url」、第 2 引数に「relative_url」を指定して、「url_link」を「source_url」と「relative_url」を結合した値で初期化する。
006 行目～ 008 行目	「print」関数を使って、「source_url」「relative_url」「url_link」を出力する。

■ 14.2.3 　指定した URL から HTML の取得と出力

　「urllib.request」モジュールを使って、指定した「URL」の Web サイトを開き、「HTML」
の取得や出力時の**「デコード」**の方法について解説する。

＊

　「デコード」とは、データを元の形へ復号することを指す。

　Web サーバから送られてくるデータは、安全かつ効率よくやり取りするために暗号化され
ているため、出力時に復号化する必要がある。

　それらを行なうために使う関数を**表 14.4** に示す。

表 14.4 　「urllib.request」モジュールの関数

関数名	関数の意味	引数	引数の意味	戻り値
urlopen( )	引数に「URL」を指定し、戻り値にオブジェクトとして返す（戻り値に「read」メソッドを使うことで読み取ることができる）	url	URL の指定	http.client.HTTPResponse

　「戻り値」の「http.client.HTTPResponse」は、Web サイトとの接続の成功時に返される
オブジェクト。

　実行処理は一部省略している。

＊

　「URL」を指定し、「HTML」を出力する**プログラム 14.2** を示す。

プログラム 14.2 　「HTML」の取得と出力を行なうプログラムの記述例

```
001 import urllib.request                              #urllib.request モジュール
                                                         の読み込み
002
003 url = "https://www.kansai-u.ac.jp/ja/?stt_lang=ja" # ホームページの URL の指定
004 response = urllib.request.urlopen(url)             # サイトデータの取得
005 text = response.read( ).decode("utf-8")            # 文字コードの変換
006 print(text)                                        #HTML データの出力
```

【実行結果】

```
<!DOCTYPE HTML>
<html lang="ja-JP">
<head prefix="og: http://ogp.me/ns# fb: http://ogp.me/ns/fb# article: http://ogp.me/ns/article#">
〜省略〜
<script src="/ja/assets/js/top.js"></script>
</body>
</html>
```

【プログラム解説】

001 行目	「import 文」を使って、「urllib.request」モジュールをインポートする。
003 行目	「url」を文字列として指定した「URL」で初期化する。

004 行目	「urllib.request」モジュールの「urlopen」関数を使って、「response」に「url」のサイトデータを代入する。
005 行目	「response」の「read」メソッドを使って、「text」に取得したデータを「decode」メソッドによりデコードした値を代入する。
006 行目	「print」関数を使って、「text」を出力する。

14.3　Webページの抽出

　ここでは、「HTML」の解析に使われる標準ライブラリの **「HTMLParser」クラス** の使い方を解説する。

＊

　各メソッドの振る舞いを実装するためにはこのクラスを継承し、独自のクラスを定義する必要がある。

　このクラスは「HTML」のデータを解析し、「開始タグ」「終了タグ」およびその他の要素が見つかるたびにメソッドを呼び出す。

　「HTMLParser」クラスのメソッドを **表 14.5** に示し、「HTMLParser」クラスの使用例を **プログラム 14.3** に示す。

表 14.5　「HTMLParser」クラスのメソッド

メソッド名	メソッドの意味	引数	引数の意味	戻り値
feed( )	「HTML」の解析を開始し、各種のメソッドを呼び出す	data	「HTML」等のマークアップ言語	なし
handle_starttag( )	開始タグを読み込まれると呼び出される	tag	読み込まれたタグ名	
		attrs	タグ内の属性名と属性値のペアのタプル型	
handle_endtag( )	終了タグを読み込まれると呼び出される	tag	読み込まれたタグ名	
handle_data( )	開始タグと終了タグ内のテキストを読み込まれると呼び出される	data	読み込まれたテキストデータ	

プログラム 14.3　「HTMLParser」クラスの使用例

```
001 from html.parser import HTMLParser        #HTMLParser クラスの読み込み
002
003 class TestHTMLParser(HTMLParser):          #HTMLParser を継承し TestHTML
                                                Parser クラスを定義
004     def handle_starttag(self, tag, attrs): #handle_starttag をオーバーライド
005         print("開始タグ : ", tag)          # 値の出力
006
007     def handle_endtag(self, tag):          #handle_endtag をオーバーライド
008         print("終了タグ : ", tag)          # 値の出力
009
010     def handle_data(self, data):           #handle_data をオーバーライド
011         print("テキスト : ", data)         # 値の出力
```

```
012
013 parser = TestHTMLParser( )                          # クラスのインスタンス化
014 parser.feed("<html><head><title> ハロー </title></head><body><h1> ワールド </
           h1></body></html>")                          #feed メソッドを呼び出し解析
```

【実行結果】

```
開始タグ：html
開始タグ：head
開始タグ：title
テキスト：ハロー
終了タグ：title
終了タグ：head
開始タグ：body
開始タグ：h1
テキスト：ワールド
終了タグ：h1
終了タグ：body
終了タグ：html
```

【プログラム解説】

001 行目	「import 文」と「from 文」を使って、「html.parser」から「HTMLParser」クラスをインポートする。
003 行目〜 011 行目	「HTMLParser」クラスを継承し「TestHTMLParser」クラスを定義する。
004 行目〜 005 行目	「HTMLParser」クラスの「handle_starttag」メソッドをオーバーライドし、「開始タグ」を出力する「handle_starttag」メソッドを定義する。この場合、「print」関数を使って、「開始タグ」を出力する。
007 行目〜 008 行目	「HTMLParser」クラスの「handle_endtag」メソッドをオーバーライドし、「終了タグ」を出力する「handle_endtag」メソッドを定義する。この場合、「print」関数を使って、「終了タグ」を出力する。
010 行目〜 011 行目	「HTMLParser」クラスの「handle_data」メソッドをオーバーライドし、開始タグと終了タグの間のデータを出力する「handle_data」メソッドを定義する。この場合、「print」関数を使って、開始タグと終了タグの間のデータを出力する。
013 行目	「parser」を「TestHTMLParser」クラスで初期化する。
014 行目	「parser」の「feed」メソッドを使って、引数に指定したマークアップ言語の「開始タグ」「終了タグ」「開始タグと終了タグの間のデータ」を出力する。

14.4　EC サイトの「スクレイピング」

ここではショッピングサイトの「スクレイピング」を行なう。

＊

練習用の EC サイト（**図 14.3**）を想定した HTML **プログラム 14.4** を使う。

楕円の領域に書かれたタグを発見し、その内部の情報をリスト型で繰り返し取得して出力する**プログラム 14.5** を示す。

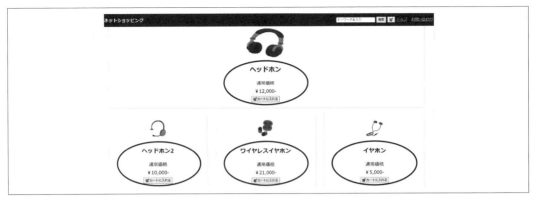

図 14.3　EC サイト

プログラム 14.4　練習用 EC サイトの「HTML」

```
001 <!DOCTYPE html>
002 <html>
003     <head>
004         <style>
               ～省略～
093         </style>
094     </head>
095     <body>
096         <header class = "header">
097             <div class = "head-left">
098                 <h1> ネットショッピング </h1>
099             </div>
100             <div class = "head-right">
101                 <input type="search" name="search" placeholder="
                    キーワードを入力">
102                 <input type="submit" name="submit" value=" 検索 ">
103                 <input type="submit" name="submit" value=" 🛒 ">
104                 <a href="#"> トップ </a>
105                 <a href="#"> お問い合わせ </a>
106             </div>
107         </header>
108         <div class = "main">
               ～省略～
156     </body>
157 </html>
```

プログラム 14.5　EC サイトの情報を取得する「MYHTMLParser」クラス

```
001 from html.parser import HTMLParser          #HTMLParser クラスの読み込み
002 import re                                    #re モジュールの読み込み
003 import time                                  #time モジュールの読み込み
004
005 class MYHTMLParser(HTMLParser):              #HTMLParser を継承し
                                                   MYHTMLParser クラスを定義
006     def __init__(self):                      #__init__ のオーバーライド
007         super( ).__init__( )                 # 親クラスのインスタンス化
008         self.found_h = False                 #h2 と h3 タグ内の解析用変数
009         self.found_p1 = False                #p タグ内の解析用変数
```

```
010          self.found_p2 = False                          #p タグ内の解析用変数
011          self.count = 0                                 # カウント変数の初期化
012          self.info = []                                 # 空のリストの初期化
013
014    def handle_starttag(self, tag, attrs):              #handle_starttag をオーバーライド
015        if re.search("h[2-3]", tag):                    #h2, h3 タグの開始タグの確認
016            self.found_h = True                         #self.found_h に True を代入
017        if re.search("p", tag):                         #p タグの開始タグの確認
018            if ("class", "goods-text") in attrs:        #goods-text の解析
019                self.found_p1 = True                    #self.found_p1 に True を代入
020            if ("class", "goods-price") in attrs:       #goods-price の解析
021                self.found_p2 = True                    #self.found_p2 に True を代入
022
023    def handle_data(self, text):                        #handle_data をオーバーライド
024        if self.found_h or
               self.found_p1 or self.found_p2:             #3 つの変数のいずれかが真の時
025            self.info.append(re.sub(r"¥s", "", text))   # タグ内ならその中身
                                                             をリストに追加
026            self.count = self.count + 1                 # 値を加算し代入
027            if self.count % 3 == 0:                     #3 で割り切れる場合
028                print(self.info)                        # 値を出力
029                self.info = []                          # 空のリストの初期化
030
031    def handle_endtag(self, tag):                       #handle_endtag をオーバーライド
032        if re.search("h[2-3]", tag):                    #h2, h3 タグの終了タグの確認
033            self.found_h = False                        #self.found_h に False を代入
034        if self.found_p1 or self.found_p2:              #p タグの終了タグの確認
035            self.found_p1 = False                       #self.found_p1 に False を代入
036            self.found_p2 = False                       #self.found_p2 に False を代入
037
038 def main( ):                                           #main 関数の定義
039    parser = MYHTMLParser( )                            # クラスのインスタンス化
040    i = 1                                               #i を初期化
041    print(" パスを入力してください。")                    # 文字列の出力
042    url = input( )                                      # 値の入力
043
044    try:                                                # エラー処理
045        f = open(url, encoding = "utf-8")               # ファイルオープン
046        html = f.read( )                                # ファイルの読み込み
047        f.close( )                                      # ファイルを閉じる
048    except FileNotFoundError:                           # エラーが返ってきた場合
049        print(" ファイルが見つかりませんでした。")        # 文字列の出力
050        exit( )                                         # プログラム終了
051
052    while True:                                         # 繰り返し処理
053        print(f"¥n{i} 回目 ")                           # 値を挿入し出力
054        parser.feed(html)                               #feed メソッドを呼び出し解析
055        i = i + 1                                       #i に 1 加算して代入
056        time.sleep(1)                                   #1 秒停止
057
058        if i % 3 == 0:                                  #3 で割り切れる場合
059            html = html.replace(" 通常価格 ", " セール ")    #" 通常価格 " を " セール " に置換
060            html = html.replace("12,000", "9,999")         #"12,000" を "9,999" に置換
061            html = html.replace("21,000", "13,000")        #"21,000" を "13,000" に置換
```

209

```
062              html = html.replace("10,000", "9,000")      #"10,000" を "9,000" に置換
063              html = html.replace("5,000", "2,500")       #"5,000" を "2,500" に置換
064          else:                                            #3 で割り切れない場合
065              html = html.replace(" セール ", " 通常価格 ")  #" セール " を " 通常価格 " に置換
066              html = html.replace("9,999", "12,000")      #"9,999" を "12,000" に置換
067              html = html.replace("13,000", "21,000")     #"13,000" を "21,000" に置換
068              html = html.replace("9,000", "10,000")      #"9,000" を "10,000" に置換
069              html = html.replace("2,500", "5,000")       #"2,500" を "5,000" に置換
070
071          if i > 5:                                        #5 より大きい場合
072              break                                        # 処理終了
073
074  if __name__ == "__main__":                               #__name__ が __main__ の場合
075      main( )                                              #main 関数の呼び出し
```

【実行結果】

```
パスを入力してください。
C:¥Users¥UserName¥Python_TextBook¥Chapter14¥test.html
1 回目
[' ヘッドホン ',' 通常価格 ',' ￥12,000-']
[' ヘッドホン 2',' 通常価格 ',' ￥10,000-']
[' ワイヤレスイヤホン ',' 通常価格 ',' ￥21,000-']
[' イヤホン ',' 通常価格 ',' ￥5,000-']

2 回目
[' ヘッドホン ',' 通常価格 ',' ￥12,000-']
[' ヘッドホン 2',' 通常価格 ',' ￥10,000-']
[' ワイヤレスイヤホン ',' 通常価格 ',' ￥21,000-']
[' イヤホン ',' 通常価格 ',' ￥5,000-']

3 回目
[' ヘッドホン ',' 通常価格 ',' ￥12,000-']
[' ヘッドホン 2',' 通常価格 ',' ￥10,000-']
[' ワイヤレスイヤホン ',' 通常価格 ',' ￥21,000-']
[' イヤホン ',' 通常価格 ',' ￥5,000-']

4 回目
[' ヘッドホン ',' セール ',' ￥9,999-']
[' ヘッドホン 2',' セール ',' ￥9,000-']
[' ワイヤレスイヤホン ',' セール ',' ￥13,000-']
[' イヤホン ',' セール ',' ￥2,500-']

5 回目
[' ヘッドホン ',' 通常価格 ',' ￥12,000-']
[' ヘッドホン 2',' 通常価格 ',' ￥10,000-']
[' ワイヤレスイヤホン ',' 通常価格 ',' ￥21,000-']
[' イヤホン ',' 通常価格 ',' ￥5,000-']
```

【プログラム解説】

001 行目〜 003 行目	「import 文」と「from 文」を使って、「HTMLParser」クラス、「re」モジュールと「time」モジュールをインポートする。
005 行目〜 036 行目	「HTMLParser」クラスを継承し「MYHTMLParser」クラスを定義する。
006 行目〜 012 行目	「MYHTMLParser」クラスを初期化するコンストラクタを定義する。この場合、「MYHTMLParser」クラスの親クラスである「HTMLParser」クラスのコンストラクタを呼び出す。次に、「MYHTMLParser」のインスタンス変数「found_h」「found_p1」「found_p2」「count」「info」をそれぞれ「False」「False」「False」「0」「空のリスト」で初期化する。
014 行目〜 021 行目	「HTMLParser」クラスの「handle_starttag」メソッドをオーバーライドし、「handle_starttag」メソッドを定義する。
015 行目〜 016 行目	「if 文」と「re」モジュールの「search」関数を使って、「tag」が「"h2"」または「"h3"」であるかどうかを判定する。次に、条件式を満たす場合、「MYHTMLParser」のインスタンス変数「found_h」を「True」で代入する。
017 行目〜 021 行目	「if 文」のネスト型と「re」モジュールの「search」関数を使って、「tag」が「"p"」である場合に、「attrs」が「"class", "goods-text"」または「"class", "goods-text"」であるかどうかを判定する。「attrs」が「"class", "goods-price"」である時、「MYHTMLParser」のインスタンス変数「found_p1」を「True」で代入する。「attrs」が「"class", "goods-price"」である時、「MYHTMLParser」のインスタンス変数「found_p2」に「True」を代入する。
023 行目〜 029 行目	「HTMLParser」クラスの「handle_data」メソッドをオーバーライドし、「handle_data」メソッドを定義する。
024 行目〜 025 行目	「if 文」を使って、「MYHTMLParser」のインスタンス変数「found_h」「found_p1」「found_p2」のいずれかが「True」であるかどうかを判定する。次に、条件式を満たす場合、「re」モジュールの「sub」関数を使って、「text」の空白を「""」で置換した値を「MYHTMLParser」のインスタンス変数「info」に追加する。
026 行目	「MYHTMLParser」のインスタンス変数「count」に「count」と「1」を加算した値を代入する。
027 行目〜 029 行目	「if 文」を使って、「MYHTMLParser」のインスタンス変数「count」を「3」で割った余りが「0」である場合、「print」関数を使って、「MYHTMLParser」のインスタンス変数「info」を出力する。次に、「MYHTMLParser」のインスタンス変数「info」を空のリストで初期化する。
031 行目〜 036 行目	「HTMLParser」クラスの「handle_endtag」メソッドをオーバーライドし、「handle_endtag」メソッドを定義する。
032 行目〜 033 行目	「if 文」と「re」モジュールの「search」関数を使って、「tag」が「"h2"」または「"h3"」であるかどうかを判定する。次に、条件式を満たす場合、「MYHTMLParser」のインスタンス変数「found_h」に「False」を代入する。
034 行目〜 036 行目	「if 文」を使って、「MYHTMLParser」のインスタンス変数「found_p1」または「found_p2」が「True」であるかどうかを判定する。次に、条件式を満たす場合、「MYHTMLParser」のインスタンス変数「found_p1」と「found_p2」に「False」を代入する。
038 行目〜 072 行目	「main」関数を定義する。

039 行目〜 042 行目	「parser」を「MYHTMLParser」クラスで初期化する。次に、「i」を「1」で初期化する。そして、「print」関数を使って、文字列を出力する。さらに、「input」関数を使って、「url」へ値を入力する。
044 行目	「try 文」を使って、例外が発生する可能性のある処理を記述する。
045 行目〜 047 行目	「open」関数を使って、「f」に「url」のファイルを開いた「ファイルオブジェクト」を代入する。次に、「html」に「f」の「read」メソッドを代入する。そして、「f」の「close」メソッドでファイルを閉じる。
048 行目〜 050 行目	「except 文」を使って「FileNotFoundError」が発生した場合の例外処理を行なう。この場合、「print」関数で、指定したパスのファイルが存在しないことを出力し、「exit」関数でプログラムを終了する。
052 行目	「while 文」を使って、繰り返し処理を行なう。この場合、条件式の値が「True」であるため、「while 文」の中で繰り返し処理を終了する記述が必要になる。
053 行目〜 054 行目	「print」関数を使って、繰り返し処理回数を出力する。次に、「parser」の「feed」メソッドを使って、引数に指定した「html」の「商品名」「セールの有無」「価格」を出力する。
055 行目	「i」に「i」と「1」を加算した値を代入する。
056 行目	「time」モジュールの「sleep」関数で、「1 秒間」スレッドの実行を停止する。
058 行目〜 069 行目	「if 文」を使って、「i」を「3」で割った余りが「0」となるかどうかを判定する。次に条件式を満たす場合、「html」の「replace」メソッドの第 1 引数に指定した文字列を第 2 引数で指定した文字列に置換する。条件式を満たさない場合も同様に文字列を置換する。
071 行目〜 072 行目	「if 文」と「break 文」を使って、「i」が「5」よりも大きい場合、「while 文」を終了する。
074 行目〜 075 行目	プログラムが単体実行されたときのみ「main」関数を呼び出す。クラスを定義し、プログラムを「main」から起動するときにこのような構成にした方が望ましい。

14.5 練習問題

■ 14.5.1 練習問題①

　練習用 HTML（**プログラム 14.4**）から取得した価格情報をもとに、2 次元のリストで昇順に並べ替えて出力しなさい。

【実行結果】

```
パスを入力してください。
C:¥Users¥UserName¥Python_TextBook¥Chapter14¥test.html
1 回目
[[' イヤホン ', ' 通常価格 ', 5000], [' ヘッドホン 2', ' 通常価格 ', 10000], [' ヘッドホン ', ' 通常価格 ',
12000], [' ワイヤレスイヤホン ', ' 通常価格 ', 21000]]

2 回目
[[' イヤホン ', ' 通常価格 ', 5000], [' ヘッドホン 2', ' 通常価格 ', 10000], [' ヘッドホン ', ' 通常価格 ',
```

12000], ['ワイヤレスイヤホン', '通常価格', 21000]]

3回目
[['イヤホン', '通常価格', 5000], ['ヘッドホン2', '通常価格', 10000], ['ヘッドホン', '通常価格', 12000], ['ワイヤレスイヤホン', '通常価格', 21000]]

4回目
[['イヤホン', 'セール', 2500], ['ヘッドホン2', 'セール', 9000], ['ヘッドホン', 'セール', 9999], ['ワイヤレスイヤホン', 'セール', 13000]]

5回目
[['イヤホン', '通常価格', 5000], ['ヘッドホン2', '通常価格', 10000], ['ヘッドホン', '通常価格', 12000], ['ワイヤレスイヤホン', '通常価格', 21000]]

■ 14.5.2 練習問題②

練習問題①で作成した昇順に並べたデータを前章で使った「Pandas」を使って、次のように Excel ファイルに張り付け、最終的にスクレイピングごとに次のシートを作りなさい（13章参照）。

【実行結果】

■ 14.5.3 練習問題③

練習用 HTML（**プログラム 14.4**）から URL を取り出し、画像データをダウンロードしなさい。

【実行結果】

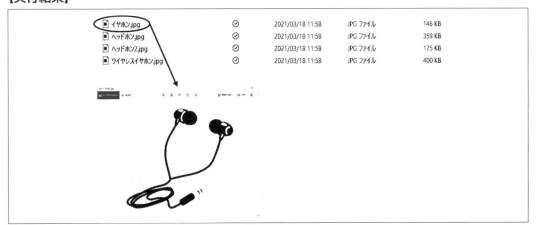

第15章 画像処理

「画像処理」とは、画像データに対して、目的に応じてさまざまな処理を行なうこと。

デジタルカメラで撮影した画像データに対して、画像処理技術を使うことで、特定の物体の除去や異なる物体の合成などの処理ができる。

ここでは、「画像処理」の基礎知識に加え、「画像」のノイズ除去でよく使われる処理方法を使って解説する。

15.1 「画像処理」の概要

■ 15.1.1 「アナログ画像」と「デジタル画像」

「画像」とは、2次元の平面上に色や明るさが分布したもの。

この分布が滑らかに変化する画像は「アナログ画像」。

フィルム式のカメラで撮影された画像は「アナログ画像」になる。

これに対して、**「デジタル画像」** は「画素」と呼ばれるマス目が碁盤目状に並んでいる。

この画素の数を増加させることで画像の細かい部分まで表現できる。

*

「アナログ・データ」と「デジタル・データ」の違いを**図 15.1**に示す。

「アナログ・データ」（**図 15.1（a）**）は連続的に変化するデータで表される。

一方、「デジタル・データ」（**図 15.1（b）**）はとびとびの離散的なデータで表される。

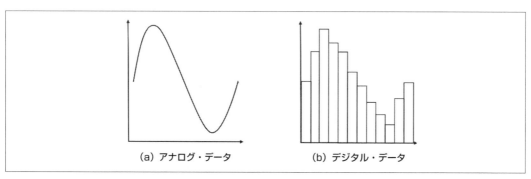

(a) アナログ・データ　　　　(b) デジタル・データ

図 15.1 「アナログ・データ」と「デジタル・データ」の違い

■ 15.1.2 色の表現法

デジタル画像は画素の値を変化させることで画像の色合いを表現できる。

ここでは「グレースケール画像」「RGB 画像」「RGBA 画像」について解説する。

*

「グレースケール画像」は、白と黒で表現される画像のこと。

「RGB 画像」は、光の 3 原色である「Red（赤）」「Green（緑）」「Blue（青）」の混合比によっ

214

て表現される画像のこと。

「RGB」による色表現を**図 15.2** に示す。

＊

「RGBA 画像」とは、「RGB」に加えて「Alpha」（アルファチャンネル）と呼ばれる透明度を表現する情報を加えた画像のこと。

> ※「アルファチャンネル」を扱う場合は、画像ファイルの拡張子が「PNG」である必要がある。

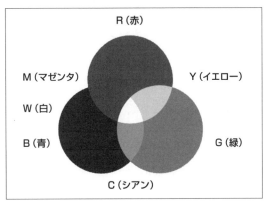

図 15.2 「RGB」による色表現

■ 15.1.3 画像の入出力

本章では、画像処理のライブラリである**「OpenCV」**（**12.2.1 参照**）を使う。

「OpenCV」を「Python」で扱うためには、「cv2」モジュールをインポートする必要がある。

＊

「cv2」モジュールの関数を**表 15.1** に示す。

表 15.1 「cv2」モジュールの関数

関数名	関数の意味	引数	引数の意味	戻り値
imread( )	画像の読み込み	filename	入力画像のファイルを指定	numpy.ndarray
		flags	flags = −1 RGBA で画像を読み込む	
			flags = 0 グレースケールで画像を読み込む	
			flags = 1 RGB で画像を読み込む	
namedWindow( )	ウィンドウを作成	winname	ウィンドウのタイトルを指定	なし
		flags	WINDOW_NORMAL ウィンドウのリサイズが可能	
			WINDOW_AUTOSIZE 自動的に画像のサイズに応じたウィンドウサイズが設定され、リサイズは不可能	
imshow( )	画像を出力	winname	画像を表示するウィンドウの指定	
		img	表示する画像の指定	
waitKey( )	キー情報を取得	delay	delay <= 0 キーが入力されるまで待機し、入力されると処理を終了	int
			delay > 0 待機時間（ミリ秒）を指定し、指定時間になると処理を終了	
destroyAllWindows( )	すべてのウィンドウを削除	なし	なし	なし

画像ファイルを読み込み、表示する**プログラム 15.1** を示す。

使用する画像は、「カレント・ディレクトリ」に「sample.jpg」というファイル名で保存されているものとする。

プログラム 15.1　画像の入出力の例

```
001 import cv2                                           #cv2 モジュールの読み込み
002
003 image = cv2.imread("sample.jpg", 1)                  # 画像ファイルの読み込み
004 cv2.namedWindow("window", cv2.WINDOW_AUTOSIZE)       # ウィンドウの作成
005 cv2.imshow("window", image)                          # 画像の表示
006 cv2.waitKey(0)                                       # キーボード入力処理
007 cv2.destroyAllWindows( )                             # すべてのウィンドウを削除
```

【実行結果】

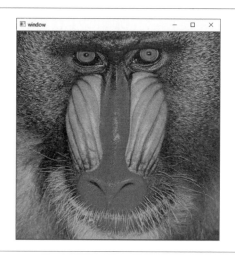

【プログラム解説】

001 行目	「import 文」を使って、「cv2」モジュールをインポートする。
003 行目	「cv2」モジュールの「imread」関数の第 1 引数にファイルパス、第 2 引数に RGB で読み込む「1」を指定して、「image」を「"sample.jpg"」で初期化する。
004 行目	「cv2」モジュールの「namedWindow」関数を使って、ウィンドウを作成する。
005 行目	「cv2」モジュールの「imshow」関数を使って、第 1 引数に表示するウィンドウ、第 2 引数に「image」を指定し、「image」を表示する。
006 行目	「cv2」モジュールの「waitKey」関数を使って、キーが入力されるのを待機し、入力されると処理を終了する。
007 行目	「cv2」モジュールの「destroyAllWindows」関数を使って、すべてのウィンドウを削除する。

15.2 「塗りつぶし画像」の生成

■ 15.2.1 塗りつぶし画像

「塗りつぶし画像」とは、画像の一部に塗りつぶし加工をした画像のこと。

「塗りつぶし画像」の例を**図 15.3**に示す。これは、一部分が黒く塗りつぶされた画像。

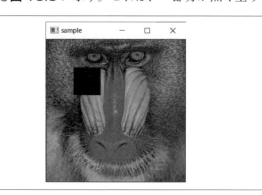

図 15.3 「塗りつぶし画像」の例

■ 15.2.2 画素

「画素」とは、**デジタル画像を構成する最小単位**のことで、画像には画素が碁盤目状に並んでいる。

「画素」の例を**図 15.4**に示す。

「画素」の例のサンプル画像（**図 15.4 (a)**）は、大きさが「256 × 256」の画像、横に 256 個、縦に 256 個の「画素」が並んでいる。

「画素」の数を増加させることで、画像の細部まで表現できる。

一部分を拡大した画像（**図 15.4 (b)**）では「画素」が正方形で碁盤目状に並んでいることが分かる。

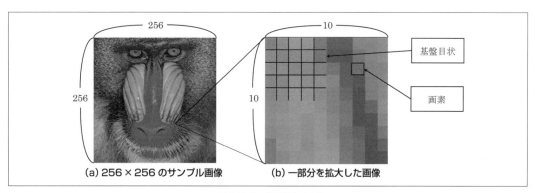

(a) 256 × 256 のサンプル画像　　(b) 一部分を拡大した画像

図 15.4 「画素」の例

「画素値」の例を**図 15.5**に示す。

各画素の属性として、RGB の「画素値」を保持する。

「画素値」は「0」から「255」までの整数で表現し、「赤（Red）」「緑（Green）」「青（Blue）」の配合比率を変化させて、色を表現することができる。

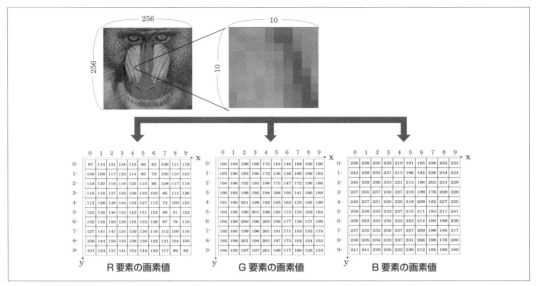

図 15.5　「画素値」の例

■ 15.2.3　「画素値」と「NumPy 配列」

「OpenCV」では、「NumPy 配列」で「画素値」を表現する。
そのため、画像データの処理を行なう場合は、「NumPy」ライブラリを使う。

＊

「NumPy 配列」と「画素」の関係を**図 15.6** に示す。

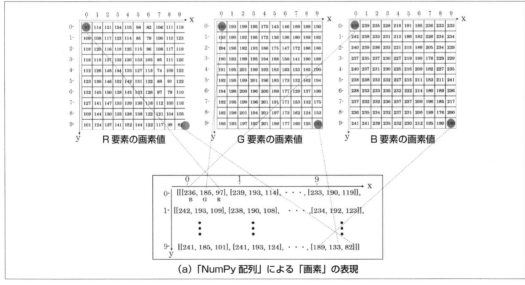

(a)「NumPy 配列」による「画素」の表現

図 15.6　「NumPy 配列」と「画素」の関係

「NumPy 配列」と「画素」の例では、「RGB 値」を「NumPy 配列」に置き換えた様子を示す。
　画像を扱う場合、「NumPy 配列」は、3 次元の「NumPy 配列」を表わしており、画素の色情報を保持する。
　「OpenCV」を使って画像を読み込む場合、「NumPy 配列」に「RGB 値」を [B, G, R] の順

番で格納する。

たとえば、「RGB値」はそれぞれ [97, 185, 236] だが、「OpenCV」では [236, 185, 97] という順番で「NumPy配列」に「RGB値」を格納する。

■ 15.2.4 「塗りつぶし画像」の作成

「256 × 256」のサンプル画像に対して、「50 ≦ x ≦ 100」、「50 ≦ y ≦ 100」の範囲内で黒に塗りつぶした画像を表示する**プログラム15.2**を示す。

※ 画像は「カレント・ディレクトリ」に「sample.jpg」というファイル名で保存されているものとする。

読み込む画像は、「NumPy配列」として読み込まれるため、指定範囲の配列の値を「0」に変更することで、塗りつぶし画像を作成できる。

プログラム15.2 「塗りつぶし画像」の作成例

```
001 import cv2                                    #cv2 モジュールの読み込み
002 import numpy as np                            #NumPy を np として読み込み
003
004 image = cv2.imread("sample.jpg", 1)           # 画像ファイルの読み込み
005 image[50:100, 50:100, :] = 0                  # 指定範囲の画素値を変更
006 cv2.namedWindow("window", cv2.WINDOW_NORMAL)  # ウィンドウの作成
007 cv2.imshow("window", image)                   # 画像の表示
008 cv2.waitKey(0)                                 # キーボード入力処理
009 cv2.destroyAllWindows( )                       # すべてのウィンドウを削除
```

【実行結果】

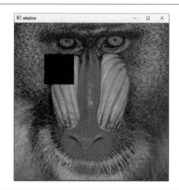

【プログラム解説】

001 行目	「import 文」を使って、「cv2」モジュールをインポートする。
002 行目	「import 文」を使って、「NumPy」を「np」として、インポートする。
004 行目	「cv2」モジュールの「imread」関数の第1引数にファイルパス、第2引数にRGBで読み込む「1」を指定して、「image」を「"sample.jpg"」で初期化する。

219

005 行目	「image」の指定した範囲の要素に「0」を代入し、黒く塗りつぶす。
006 行目	「cv2」モジュールの「namedWindow」関数を使って、ウィンドウを作成する。
007 行目	「cv2」モジュールの「imshow」関数を使って、第1引数に表示するウィンドウ、第2引数に「image」を指定し、「image」を表示する。
008 行目	「cv2」モジュールの「waitKey」関数を使って、キーが入力されるのを待機し、入力されると処理を終了する。
009 行目	「cv2」モジュールの「destroyAllWindows」関数を使って、すべてのウィンドウを削除する。

15.3 「ボケ画像」の生成

■ 15.3.1 「ボケ画像」とは

「ボケ画像」とは、輪郭がボケた画像。

「ボケ画像」が生成される条件は2種類ある。

・被写体にピントが合っていない状態で画像を撮影した場合。

・すでに撮影された画像を意図的にボカした場合。

画像を意図的にボカすことで画像の細部や輪郭をボカし、人物や物体の特徴を分かりづらくすることができる。

画像中に含まれる文字を識別が困難な状態にすることができる。

*

画像中に含まれる任意の物体のボカす強さを変化させることによって、物体の特徴に応じたボカし処理ができる。

ボカす強さによる画像の違いを**図15.7**に示す。

弱くボカした画像（**図15.7（a）**）は、全体的にボヤけているが、文字を識別することができる。

一方、強くボカした画像（**図15.7（b）**）は、漢字のような複雑な形状をした文字では細部がつぶれて、文字を識別することができない。

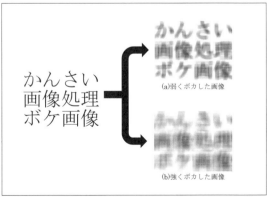

図 15.7　ボカす強さによる画像の違い

このようにボカし処理では、画像中に含まれる情報の鮮明さを落とすことができるため、プライバシー情報の加工などに利用できる。

■ 15.3.2　フィルタリング

「フィルタリング」では、画像中における各画素の情報を使って、「ノイズの除去」や「特徴の強調」を行なう。

*

「注目画素」の「RGB」の平均値を算出し、その平均値を「RGB」の各値に設定する「フィルタリング」の例を**図 15.8** に示す。

① 「フィルタリング」の例では、まず、「注目画素」の「RGB 値」を取得する。

② その「RGB」の各値の平均値を求める。

③ 算出した「RGB」の各値を「注目画素」に設定する。

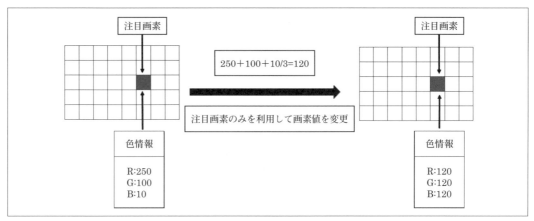

図 15.8　「フィルタリング」の例

■ 15.3.3　空間フィルタリング

「空間フィルタリング」は、前項の「フィルタリング」とは異なり、「注目画素」に加えて「近傍画素」も使って処理を行なう。

「近傍画素」とは、変換する「注目画素」の周囲に位置する画素のこと。

*

「空間フィルタリング」の例（**図 15.9**）では、入力画像の「注目画素」の値と「近傍画素」の値を使った計算を行ない、出力画像の「注目画素」の値を算出する。

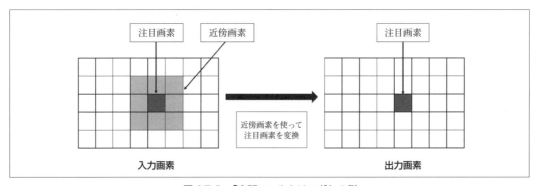

図 15.9　「空間フィルタリング」の例

「近傍画素」の例を**図 15.10** に示す。

「空間フィルタリング」は、使う「近傍画素」の範囲によって処理結果が変化する。

一般的によく使われる「近傍画素」には、**「4 近傍画素」「8 近傍画素」「24 近傍画素」**がある。

・「4 近傍画素」(**図 15.10 (a)**) では、「注目画素」の上下左右にある 4 画素を使う。

・「8 近傍画素」(**図 15.10 (b)**) では、「4 近傍画素」と斜めにある 4 画素を加えた 8 画素を使う。

・「24 近傍画素」(**図 15.10 (c)**) では、「8 近傍画素」の範囲をさらに 1 近傍上下左右に広げた 24 画素を使う。

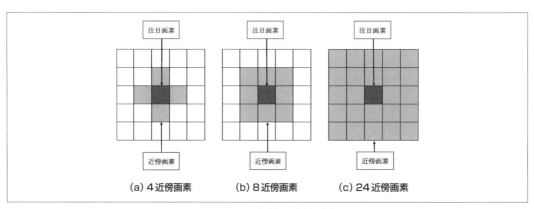

図 15.10　「近傍画素」の例

「空間フィルタリング」は、「カーネル」によって入力画像の「注目画素」と「近傍画素」に重みを与える処理。

「カーネル」とは、**図 15.11** に示すように各画素に対して任意の重みを与える集合。

＊

「3 × 3」の「カーネル」(**図 15.11 (a)**) は、「注目画素」と「8 近傍画素」に重みを与える。

これらの 9 画素の平均値を「注目画素」に与える場合、「3 × 3」の「カーネル」におけるすべての重みを「9」で除算した値に設定する。

「5 × 5」の「カーネル」(**図 15.11 (b)**) は、「注目画素」と「24 近傍画素」に重みを与える。

これらの 25 画素の平均値を「注目画素」に与える場合、「5 × 5」の「カーネル」におけるすべての重みを「25」で除算した値に設定する。

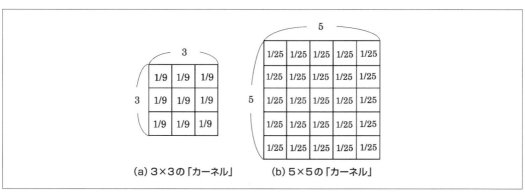

図 15.11　「カーネル」の例

① 「3×3」の「カーネル」の適用例（図15.12）では、まず、入力画素値である「注目画素」と「8近傍画素」の画素値を取得する。
② 次に、抽出した各画素値に「カーネル」の重みを適用する。
   ここで「カーネル」の重みは、注目画素に「2/10」の重み、近傍画素に「1/10」の重みとする。
③ 最後に、「カーネル」の重みを適用した値を「注目画素」に設定する。

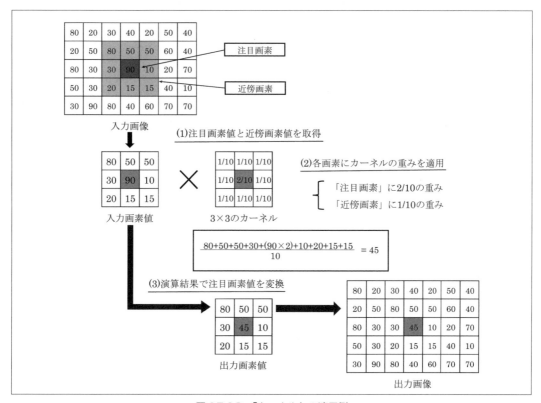

図15.12　「カーネル」の適用例

■ 15.3.4　平均化フィルタ

「平均化フィルタ」とは、「平滑化」を行なう代表的なフィルタの1つ。
「平滑化」とは、画像に含まれるノイズや階段状に見えるエイリアスを軽減することで画像を滑らかにする処理。
「平均化フィルタ」は、すべての重みが同じで、「カーネル」の範囲内の画素値の平均値を「注目画素」に設定する。

＊

「平均化フィルタ」の適用例を図15.13に示す。
「平均化フィルタ」を適用した結果得られる画像（図15.13）は入力画像をボカしたような画像となる。
「5×5」の「平均化フィルタ」を適用したボケ画像（図15.13 (b)）は、「3×3」の「平均化フィルタ」を適用した画像（図15.13 (a)）よりもボケ画像となる。

このように、適用するフィルタによってボカす強さを調節できる。

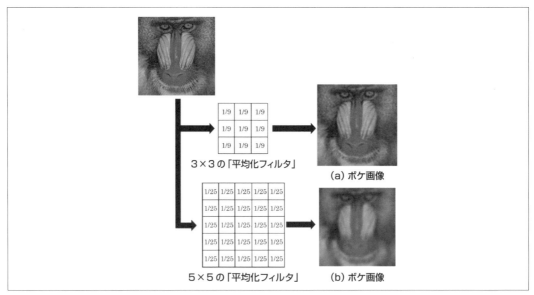

図 15.13　「平均化フィルタ」の適用例

■ 15.3.5　「ボケ画像」の作成

「平均化フィルタ」を適用した「ボケ画像」を表示し、保存する**プログラム 15.3** を示す。
このプログラムでは、「カーネル」を定義するために「NumPy」ライブラリを使う。

プログラム 15.3 で使う「cv2」モジュールの関数と「組み込み関数」を**表 15.2** と**表 15.3** に示す。

表 15.2　「cv2」モジュールの関数

関数名	関数の意味	引数	引数の意味	戻り値
filter2D( )	画像のフィルタリング	src	入力画像を指定	numpy.ndarray
		ddepth	ビット深度を指定 ddepth ＝ －1 を指定すると、入力画像の深度を適用	
		kernel	フィルタリングを行なうフィルタのカーネルを指定	
imwrite( )	画像を保存	filename	出力画像のファイル名を指定	なし
		img	出力画像を指定	

表 15.3　本項で使用する「組み込み関数」

関数名	関数の意味	引数	引数の意味	戻り値
ord( )	1 文字を引数に保持し、その文字の「Unicode」コードポイントを取得	c	1 文字	int

　入力画像と入力画像に「5×5」の「平均化フィルタ」を適用した「ボケ画像」を同時に画面上に表示し、「s」キーが押された場合は「ボケ画像」を「blur.jpg」というファイル名で保存する**プログラム 15.3** を示す。

> ※ 入力画像は「カレント・ディレクトリ」に「sample.jpg」というファイル名で保存されているものとする。

プログラム 15.3 「ボケ画像」の作成例

```
001 import cv2                                          #cv2 モジュールの読み込み
002 import numpy as np                                  #NumPy を np として読み込み
003
004 image = cv2.imread("sample.jpg", -1)                # 画像ファイルの読み込み
005 blur_kernel = np.array(
        [[1/25, 1/25, 1/25, 1/25, 1/25],
         [1/25, 1/25, 1/25, 1/25, 1/25],
         [1/25, 1/25, 1/25, 1/25, 1/25],
         [1/25, 1/25, 1/25, 1/25, 1/25],
         [1/25, 1/25, 1/25, 1/25, 1/25]])               # 平均化フィルタの定義
006
007 blur_image = cv2.filter2D(image, -1, blur_kernel)   # 平均化フィルタの適用
008
009 cv2.namedWindow("Input Image", cv2.WINDOW_AUTOSIZE)   # ウィンドウの作成
010 cv2.namedWindow("Output Image", cv2.WINDOW_AUTOSIZE)  # ウィンドウの作成
011 cv2.imshow("Input Image", image)                    # 画像の表示
012 cv2.imshow("Output Image", blur_image)              # 画像の表示
013
014 key = cv2.waitKey(0)                                # キーボード入力処理
015
016 if key == ord('s'):                                 #s キーが押された場合
017     cv2.imwrite("blur.jpg", blur_image)             # 画像ファイルの保存
018 cv2.destroyAllWindows( )                            # すべてのウィンドウを削除
```

【実行結果】

入力画像 　　　　　ボケ画像

【プログラム解説】

001 行目	「import 文」を使って、「cv2」モジュールをインポートする。
002 行目	「import 文」を使って、「NumPy」を「np」として、インポートする。
004 行目	「cv2」モジュールの「imread」関数の第1引数にファイルパス、第2引数に RGBA 画像で読み込む「−1」を指定して、「image」を "sample.jpg" で初期化する。
005 行目	「NumPy」の「array」関数を使って、「blur_kernel」を「(5, 5)」の「NumPy 配列」としてすべての要素を「1 / 25」で初期化する。
007 行目	「cv2」モジュールの「filter2D」関数を使って、第1引数に「image」、第2引数に深度、第3引数に「blur_kernel」を指定し、画像のフィルタリングを行ない「blur_image」に代入する。

009 行目〜010 行目	「cv2」モジュールの「namedWindow」関数を使って、ウィンドウを作成する。
011 行目〜012 行目	「cv2」モジュールの「imshow」関数を使って、第1引数に表示するウィンドウ、第2引数にそれぞれ「image」と「blur_image」を指定し、「image」と「blur_image」を表示する。
014 行目	「cv2」モジュールの「waitKey」関数を使って、キーが入力されるのを待機し、入力されると処理を終了する。
016 行目〜017 行目	「if 文」を使って、「s」キーが押されたかどうかを判定する。次に、条件式を満たす場合、「cv2」モジュールの「imwrite」関数を使って、「blur_image」を保存する。
018 行目	「cv2」モジュールの「destroyAllWindows」関数を使って、すべてのウィンドウを削除する。

15.4　「ボケ補正画像」の生成

■ 15.4.1　「ボケ補正」の概要

　「ボケ画像」は、輪郭がボヤけている画像のこと（**15.3.1 参照**）。
　そのため、全体的に見づらくなっている。ボケ画像を鮮明な画像に変換するには、「ボケ補正」を行なう必要がある。

＊

　「ボケ補正」とは、「ボケ画像」を補正し、画像を見やすくする処理。
　「ボケ画像」が撮影される原因は2つある。

・撮影時にカメラを持つ手が揺れることで生じる **「手ぶれ」**。
・撮影時にレンズの焦点が対象物に合わないために起こる **「ピンボケ」**。

　「ボケ補正」の方法は2つある。

・デジタルカメラに搭載された「ボケ補正機能」を使って、レンズの焦点が対象物に合うようにピントを調整する。
・画像処理技術を使って、システムで「ボケ補正」を行なう。

　システムで処理することにより、「ボケ補正」機能を搭載していないデジタルカメラで撮影した画像でも「ボケ補正」ができる。

＊

　ここでは、2つ目の「システムによるボケ補正」の方法について解説する。

■ 15.4.2　「鮮鋭化」とは

　「鮮鋭化」とは、「鮮鋭化フィルタ」を使って画像を鮮明にする処理。
　「鮮鋭化フィルタ」とは、原画像の色情報を残したままエッジを強調する「フィルタ」。

＊

　「鮮鋭化フィルタ」を**図 15.14**に示す。

　「鮮鋭化フィルタ」では、「注目画素」の重みを「5」とし、隣接する上下左右の「近傍画素」の重みを「－1」とした「4近傍フィルタ」(**図 15.14 (a)**) と、「注目画素」の重みを「9」とし、その他の「近傍画素」の重みを「－1」とした「8近傍フィルタ」(**図 15.14 (b)**) がある。

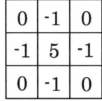

(a) 4 近傍の「鮮鋭化フィルタ」　　　(b) 8 近傍の「鮮鋭化フィルタ」

図 15.14　鮮鋭化フィルタ

■ 15.4.3 「ボケ補正画像」の作成

　本章で解説した画像処理技術を使って、**プログラム 15.3** で保存した「ボケ画像」に対して「鮮鋭化」の処理を行ない、「ボケ補正画像」を出力する**プログラム 15.4** を示す。

プログラム 15.4　「ボケ補正画像」の作成

```
001 import cv2                                              #cv2 モジュールの読み込み
002 import numpy as np                                      #NumPy を np として読
                                                            み込み
003
004 image = cv2.imread("blur.jpg", -1)                      # 画像ファイルの読み込み
005
006 sharp_kernel = np.array([[-1, -1, -1], [-1, 9, -1],
                            [-1, -1, -1]])                  # 鮮鋭化フィルタの定義
007
008 cv2.namedWindow("Input Image", cv2.WINDOW_NORMAL)       # ウィンドウの作成
009 cv2.namedWindow("Output Image", cv2.WINDOW_NORMAL)      # ウィンドウの作成
010
011 sharp_image = cv2.filter2D(image, -1, sharp_kernel)     # 鮮鋭化フィルタの適用
012
013 cv2.imshow("Input Image", image)                        # 画像の表示
014 cv2.imshow("Output Image", sharp_image)                 # 画像の表示
015
016 cv2.waitKey(0)                                          # キーボード入力処理
017
018 cv2.destroyAllWindows( )                                # すべてのウィンドウを削除
```

【実行結果】

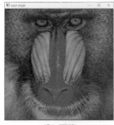

ボケ画像

ボケ補正画像

【プログラム解説】

001 行目	「import 文」を使って、「cv2」モジュールをインポートする。
002 行目	「import 文」を使って、「NumPy」を「np」として、インポートする。
004 行目	「cv2」モジュールの「imread」関数の第1引数にファイルパス、第2引数に RGBA で読み込む「－1」を指定して、「image」を "blur.jpg" で初期化する。
006 行目	「NumPy」の「array」関数を使って、「sharp_kernel」を「(3, 3)」の「NumPy 配列」として8近傍の鮮鋭化フィルタで初期化する。
008 行目～ 009 行目	「cv2」モジュールの「namedWindow」関数を使って、ウィンドウを作成する。
011 行目	「cv2」モジュールの「filter2D」関数を使って、第1引数に「image」、第2引数に深度、第3引数に「sharp_kernel」を指定し、鮮鋭化フィルタリングを行ない「sharp_image」に代入する。
013 行目	「cv2」モジュールの「imshow」関数を使って、第1引数に表示するウィンドウ、第2引数に「image」を指定し、「image」を表示する。
014 行目	「cv2」モジュールの「imshow」関数を使って、第1引数に表示するウィンドウ、第2引数に「sharp_image」を指定し、「sharp_image」を表示する。
016 行目	「cv2」モジュールの「waitKey」関数を使って、キーが入力されるのを待機し、入力されると処理を終了する。
018 行目	「cv2」モジュールの「destroyAllWindows」関数を使って、すべてのウィンドウを削除する。

15.5 練習問題

■ 15.5.1　練習問題①

　「BGR 画像」を画素値操作によって「グレースケール画像」に変換し、その画像を表示するプログラムを作りなさい。
　「グレースケール」変換後の値を「Y」とするとき、「BGR 画像」から「グレースケール画像」に変換する式を次に示す。

【変換の式】

$$Y = 0.114B + 0.587G + 0.299R$$

【実行結果】

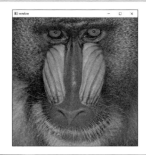

■ 15.5.2　練習問題②

> 　画像を「グレースケール」で読み込み、その画像の輪郭を抽出し、入力画像と「輪郭抽出」を行なった画像を表示するプログラムを作りなさい。

　このプログラムでは、輪郭を抽出するためのフィルタとして「ラプラシアン・フィルタ」を使う。

　「ラプラシアン・フィルタ」の「カーネル」を図 **15.15** に示す。

　「ラプラシアン・フィルタ」では、「注目画素」の重みを「− 4」とし、隣接する上下左右の「近傍画素」の重みを「1」とした「4 近傍フィルタ」(図 **15.15 (a)**)と、「注目画素」の重みを「− 8」とし、その他の「近傍画素」の重みを「1」とした「8 近傍フィルタ」(図 **15.15 (b)**)がある。

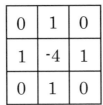
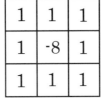

(a) 4 近傍「ラプラシアン・フィルタ」　　(b) 8 近傍「ラプラシアン・フィルタ」

図 15.15　「ラプラシアン・フィルタ」のカーネル

【実行結果】

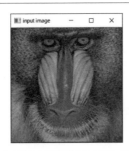
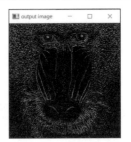

■ 15.5.3　練習問題③

> 　フォルダに保存されている 5 枚の画像に対して、「ボケ画像」と「ボケ画像を鮮鋭化した画像」を新たに生成し、その画像をフォルダ内に保存するプログラムを作りなさい。
> 　画像の拡張子は「jpg」で画像ファイル名は「image0」、「image1」、…、「image4」とする。

　ファイルの構造を図 **15.16** に示し、プログラムのファイルを「practice.py」、画像が保存されているフォルダ名を「images」とする (図 **15.16 (a)**)。

　プログラムを実行すると、ボケ画像には「_blur」、鮮鋭化した画像には「_sharp」が入力画像名の末尾に追加され、新たなファイルが生成される (図 **15.16 (b)**)。

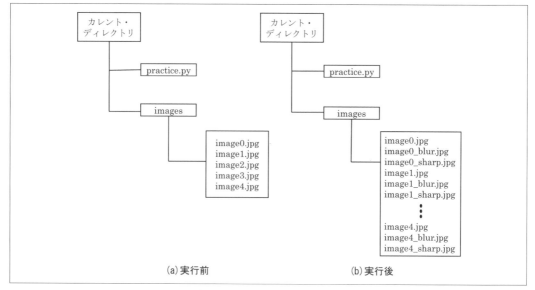

図 15.16　プログラムの実行前と実行後のフォルダの変化

【実行結果】

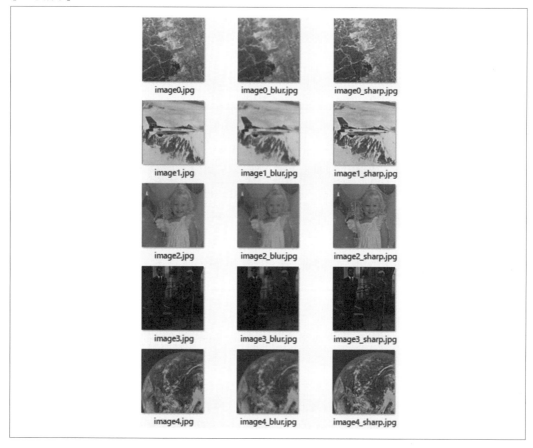

第16章 GUI アプリケーション

ここでは、「GUI アプリケーション」の基礎知識となる、「メインウィンドウ」の作成と「ウィジェット」について解説する。

本章では、Python の標準ライブラリである「tkinter」を使って「Python」で「GUI」を作る。

16.1 「GUI アプリケーション」の概要

■ 16.1.1 「GUI」の概要

「GUI」(Graphical User Interface) とは、ユーザーがアプリケーションを操作する場合の「マンマシン・インターフェイス」のこと。

「GUI」には、図 16.1 に示すように「アイコン」や「ボタン」などがある。
また、フォルダ内に保存しているファイルの一覧を見やすく表示する。

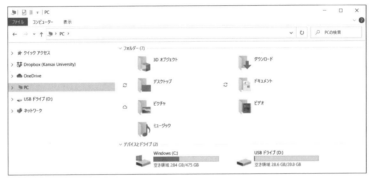

図 16.1 「GUI」の例

「tkinter」とは、「Tcl/Tk (Tool Command Language/toolkit)」を基に、「Python」から「GUI」を構築、操作するための標準ライブラリ。
「Tcl」と「Tk」の概要を表 16.1 に示す。

表 16.1 「tkinter」の構成

ツール名	概　　要
Tcl	1988 年に登場したスクリプト言語
Tk	「Tcl」で「GUI」を開発するためのツールキット

「tkinter」は、これら 2 つを「Python」で扱うためのライブラリ。

■ 16.1.2 メインウィンドウの作成

「Tk」クラスのコンストラクタ (8.3.1 項) を表 16.2、メソッドを表 16.3 に示す。
ここでは、「tkinter」の「Tk」クラスを使って、メインウィンドウの出力を行なうための**プログラム 16.1** を示す。

表 16.2　「Tk」クラスのコンストラクタ

コンストラクタ	コンストラクタの意味	引数	引数の意味
Tk( )	メインウィンドウの作成	なし	なし

表 16.3　「Tk」クラスのメソッド

メソッド名	メソッドの意味	引数	引数の意味
title( )	タイトルの設定	titlename	ウィンドウのタイトル名の指定
geometry( )	サイズの設定	windowsize	ウィンドウのサイズの指定
mainloop( )	ユーザーからの操作があるまで画面の表示	なし	なし
update( )	ウィンドウの更新	なし	なし

プログラム 16.1　メインウィンドウの出力

```
001 import tkinter              #tkinter モジュールの読み込み
002
003 root = tkinter.Tk( )        # ウィンドウの作成
004 root.title("タイトル")       # ウィンドウのタイトルを設定
005 root.geometry("350x250")    # ウィンドウの画面サイズを設定
006
007 root.mainloop( )            # ユーザーからの操作を待機
```

【実行結果】

【プログラム解説】

001 行目	「import 文」を使って、「tkinter」モジュールをインポートする。
003 行目	「root」を作成したメインウィンドウで初期化する。
004 行目	「root」の「title」メソッドを使って、メインウィンドウのタイトルを設定する。
005 行目	「root」の「geometry」メソッドを使って、メインウィンドウのサイズを設定する。
007 行目	「root」の「mainloop」メソッドを使って、作成したメインウィンドウを表示し続ける。

■16.1.3　ウィジェット

　「ウィジェット」とは、ウィンドウに配置するボタンや「テキストボックス」といった部品のこと。

　「tkinter」には、12 種類の「ウィジェット」が用意されている。これらを使って、GUI を作成する。
　ここでは、その中でも 4 種類の「ウィジェット」について解説する。

● ボタン（Button）

　「ボタン」（Button）とは、決定やキャンセルなどの事項を選択する場合に使うコンポーネント。
　「ボタン」を選択することで、任意の関数を実行できる。

　「ボタン」の表示例を**図 16.2** に示す。

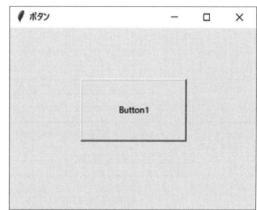

図 16.2　「ボタン」の表示例

　「Button」クラスのコンストラクタを**表 16.4** に、メソッドを**表 16.5** に示す。

表 16.4　「Button」クラスのコンストラクタ

コンストラクタ	コンストラクタの意味	引数	引数の意味
Button( )	「Button」オブジェクトの作成	root	設置するウィンドウの指定
		command	「ボタン」が押された場合に実行する関数の指定
		text	「ボタン」上に表示する文字の指定
		width	「ボタン」の横幅の指定
		height	「ボタン」の縦幅の指定
		state	state = "normal" 「ボタン」の有効化
			state = "disable" 「ボタン」の無効化

表 16.5　「Button」クラスのメソッド

メソッド名	メソッドの意味	引数	引数の意味
place( )	「ボタン」の配置（座標形式）	x	X 座標の指定
		y	Y 座標の指定

233

● ラベル（Label）

「ラベル」（Label）とは、ウィンドウに文字列や画像を表示する場合に使う「ウィジェット」。

「ラベル」の表示例を**図16.3**に示す。

図16.3　「ラベル」の表示例

「Label」クラスのコンストラクタを**表16.6**に、メソッドを**表16.7**に示す。

表16.6　「Label」クラスのコンストラクタ

コンストラクタ	コンストラクタの意味	引数	引数の意味
Label( )	「Label」オブジェクトの作成	text	ラベル上に表示する文字の指定
		width	ボタンの横幅の指定
		height	ボタンの縦幅の指定

表16.7　「Label」クラスのメソッド

メソッド名	メソッドの意味	引数	引数の意味
place( )	「ラベル」の配置（座標形式）	x	X 座標の指定
		y	Y 座標の指定

● テキストボックス（Textbox）

「テキストボックス」（Textbox）とは、文字や数字を入力する「ウィジェット」。

「テキストボックス」は、1行の文字列を扱うことができる。

「テキストボックス」を作るには「Entry」クラスを使う。

「テキストボックス」の表示例を**図16.4**に示す。

図16.4　テキストボックスの表示例

「Entry」クラスのコンストラクタを**表16.8**に、メソッドを**表16.9**に示す。

表16.8　「Entry」クラスのコンストラクタ

コンストラクタ	コンストラクタの意味	引数	引数の意味
Entry( )	「Entry」オブジェクトの作成	frame	表示させたい親ウィジェットの指定
		width	「テキストボックス」の横幅の指定

表 16.9 「Entry」クラスのメソッド

メソッド名	メソッドの意味	引数	引数の意味
place( )	「テキストボックス」の配置（座標形式）	x	X 座標の指定
		y	Y 座標の指定
insert( )	「テキストボックス」内の初期値を設定	index	セットする文字の位置の指定
		string	入力する文字列の指定
get( )	「テキストボックス」の値を取得	なし	なし

● キャンバス（Canvas）

「キャンバス」（Canvas）とは、線や円などの図形を表示するためのベースとなる「ウィジェット」。

「キャンバス」の表示例を図 16.5 に示す。

図 16.5 「キャンバス」の表示例

「Canvas」クラスのコンストラクタを表 16.10 に、メソッドを表 16.11 に示す。

表 16.10 「Canvas」クラスのコンストラクタ

コンストラクタ	コンストラクタの意味	引数	引数の意味
Canvas( )	「Canvas」オブジェクトの作成	frame	表示させたい親ウィジェットの指定
		width	「キャンバス」の横幅の指定
		height	「キャンバス」の縦幅の指定
		bg	「キャンバス」の背景色の指定

表 16.11 「Canvas」クラスのメソッド

メソッド名	メソッドの意味	引数	引数の意味
place( )	「キャンバス」の配置（座標形式）	x	X 座標の指定
		y	Y 座標の指定
create_rectangle( )	長方形の描画	x0	長方形の左上の X 座標値
		y0	長方形の左上の Y 座標値
		x1	長方形の右下の X 座標値
		y1	長方形の右下の Y 座標値
		outline	枠線の色の指定
		fill	図形の色の指定
		tag	タグの指定
delete( )	指定したタグのオブジェクトの削除	tag	削除するタグの指定

■ 16.1.4　GUI の基本操作

本項で説明する GUI の完成例を**図 16.6** に示す。

本項で説明する GUI は、「2 つのボタン」「テキストボックス」「ラベル」「キャンバス」で構成されている。

「ボタン」の動作を**表 16.12** に示す。

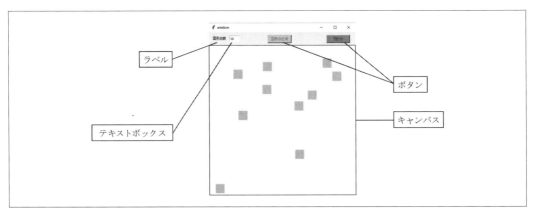

図 16.6　GUI の完成例

表 16.12　作成する「ボタン」の動作

ボタン名	ボタンの動作
図形の生成	「テキストボックス」に入力されている数だけ、四角形を「キャンバス」に配置
リセット	「キャンバス」に配置されている四角形を削除し、初期状態に戻す

「ウィジェット」を使って、任意の数の四角形を「キャンバス」に表示する**プログラム 16.2** を示す。

プログラム 16.2　GUI の基本操作

```
001  import tkinter as tk              #tkinter モジュールを tk として
                                          読み込み
002  import random                     #random モジュールの読み込み
003
004  class GuiController( ):           #GUI を管理するクラスの定義
005      def __init__(self, width, height):   # 幅を設定するメソッドの定義
006          self.width = width        # ウィンドウの横幅の初期化
007          self.height = height      # ウィンドウの縦幅の初期化
008
009      def create_gui(self):         #GUI を作成するメソッドの定義
010          self.root = tk.Tk( )      #tk オブジェクトのインスタンス化
011          self.root.title("window") # ウィンドウタイトルの設定
012          self.root.geometry(
                 str(self.width) + "x" +
                 str(self.height + 40)) # ウィンドウの画面サイズを設定
013
014          self.canvas = tk.Canvas(  #Canvas オブジェクトのインスタンス化
                 self.root,            # 表示するウィンドウの指定
```

```
                    width = self.width,            #キャンバスの横幅の初期化
                    height = self.height,          #キャンバスの縦幅の初期化
                    bg = "white")                  #キャンバスの背景色の設定
015         self.canvas.place(x = 0, y = 40)       #キャンバスの配置
016
017         self.label = tk.Label(text = "図形の数")  #Labelオブジェクトのインスタンス化
018         self.label.place(x = 10, y = 10)       #ラベルの配置
019
020         self.text = tk.Entry(width = 5)        #Entryオブジェクトのインスタンス化
021         self.text.insert(0, "10")              #テキストボックスの初期値の設定
022         self.text.place(x = 70, y = 12)        #テキストボックスの配置
023
024         self.create_btn = tk.Button(           #Buttonオブジェクトのインスタンス化
                    self.root,                     #配置するウィンドウの指定
                    text = "図形の生成",            #ボタンの文字の初期化
                    command = self.create_obj,     #実行するメソッドの指定
                    width = 10,                    #ボタン横幅の初期化
                    state = "normal",              #ボタンの有効化
                    bg = "#c6ff8c")                #ボタンの色の初期化
025         self.create_btn.place(x = 200, y = 10) #ボタンの配置
026
027         self.reset_btn = tk.Button(            #Buttonオブジェクトのインスタンス化
                    self.root,                     #配置するウィンドウの指定
                    text = "リセット",              #ボタンの文字の初期化
                    command = self.reset,          #実行するメソッドの指定
                    width = 10,                    #ボタン横幅の初期化
                    state = "disable",             #ボタンの無効化
                    bg = "#ff8c8c")                #ボタンの色の初期化
028         self.reset_btn.place(x = 400, y = 10)  #ボタンの配置
029
030         self.root.mainloop()                   #ユーザーからの操作を待機
031
032     def create_obj(self):                      #図形を生成するメソッドの定義
033         self.create_btn["state"] = "disable"   #ボタンの無効化
034         self.reset_btn["state"] = "normal"     #ボタンの有効化
035         size = 30                              #四角形のサイズを初期化
036         num = int(self.text.get())             #テキストボックスの取得
037         for i in range(num):                   #numの値まで繰り返し
038             x = random.uniform(1, self.width - size - 1)    #乱数の代入
039             y = random.uniform(1, self.height - size - 1)   #乱数の代入
040
041             self.canvas.create_rectangle(      #四角形を描画するメソッドの呼び出し
                    x, y,                          #左上の座標の定義
                    x + size, y + size,            #右下の座標の定義
                    outline = "pink",              #枠の色の初期化
                    fill = "pink",                 #図形の色の初期化
                    tag = "field")                 #タグの初期化
042
043         self.root.mainloop()                   #ユーザーからの操作を待機
044
045     def reset(self):                           #リセットボタンのメソッドの定義
046         self.create_btn["state"] = "normal"    #ボタンの有効化
047         self.reset_btn["state"] = "disable"    #ボタンの無効化
```

```
048            self.canvas.delete("field")          #オブジェクトの削除
049            self.root.mainloop( )                 #ユーザーからの操作を待機
050
051 def main( ):                                      #main 関数の定義
052     field = GuiController(500, 500)               # クラスのインスタンス化
053     field.create_gui( )                           #GUI を作成するメソッドの呼び出し
054
055 if __name__ == "__main__":                        #__name__ が __main__ の場合
056     main( )                                       #main 関数の実行
```

【実行結果】

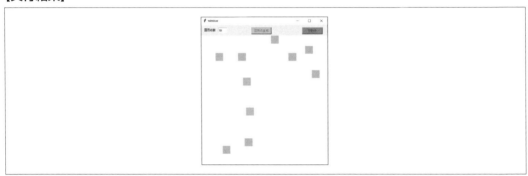

【プログラム解説】

001 行目〜 002 行目	「import 文」を使って、「tkinter」モジュールと「random」モジュールをインポートする。
004 行目〜 049 行目	「GuiController」クラスを定義する。
005 行目〜 007 行目	「GuiController」クラスを初期化するコンストラクタを定義する。この場合、メインウィンドウの縦幅、横幅に関する変数の初期化を行なう。
009 行目〜 030 行目	GUI の基本画面を生成する「create_gui」メソッドを定義する。
010 行目〜 012 行目	タイトルが「window」、大きさがインスタンス変数である「width」と「height ＋ 40」で GUI のタイトルと大きさを設定する。
014 行目〜 015 行目	「root」上に大きさがインスタンス変数である「width」と「height」、背景色が白色のキャンバスを作成する。次に、画面上のキャンバスの配置場所を「x = 0」、「y = 40」で設定する。
017 行目〜 018 行目	テキストが「図形の数」のラベルを作成する。次に、画面上のラベルの配置場所を「x = 10」、「y = 10」で設定する。
020 行目〜 022 行目	横幅が「5」のテキストボックスを作成する。次に、テキストボックスの初期値を「10」で設定する。そして、画面上のテキストボックスの配置場所を「x = 70」、「y = 12」で設定する。
024 行目〜 025 行目	テキストが「図形の生成」のボタンを作成する。次に、画面上のそのボタンの配置場所を「x = 200」、「y = 10」で設定する。この場合、「create_obj」メソッドを呼び出す。
027 行目〜 028 行目	テキストが「リセット」ボタンを作成する。次に、画面上の「リセット」ボタンの配置場所を「x = 400」、「y = 10」で設定する。この場合、「reset」メソッドを呼び出す。

030 行目	ウィンドウへのユーザーの操作を待ち受ける処理を開始し、ユーザーからの何らかの操作を待機する。
032 行目〜 043 行目	図形を生成する「create_obj」メソッドを定義する。
033 行目〜 039 行目	「図形の生成」のボタンを無効化、「リセット」のボタンを有効化する。次に、テキストボックスの値に対して繰り返し処理を行なう。そして、画面上のキャンバスにサイズ「30」の四角形を作成する。この時、四角形の配置場所はランダムな値で設定する。
041 行目	四角形を描画するメソッドを呼び出す。呼び出す四角形は、左上の座標が **038 行目**と **039 行目**でランダムに設定された値、右下の座標が **038 行目**と **039 行目**でランダムに設定された値に「30」を加算した値、枠と図形の色が「pink」でタグが「field」を指定する。
043 行目	ウィンドウへのユーザーの操作を待ち受ける処理を開始し、ユーザーからの何らかの操作を待機する。
045 行目〜 049 行目	画面上のキャンバスの図形を削除する「reset」メソッドを定義する。
046 行目〜 049 行目	「図形の生成」のボタンを有効化、「リセット」のボタンを無効化する。次に、画面上のキャンバス上の図形を削除する。そして、ウィンドウへのユーザーの操作を待ち受ける処理を開始し、ユーザーからの何らかの操作を待機する。
051 行目〜 053 行目	「main」関数を定義し、「GuiController」クラスの作成と GUI（ウィンドウ）の作成、初期化を行なう。
055 行目〜 056 行目	プログラムが単体実行されたときのみ「main」関数を呼び出す。

16.2 統一モデリング言語

■ 16.2.1 「統一モデリング言語」とは

「統一モデリング言語」（UML：Unified Modeling Language）とは、さまざまな開発現場で使われている設計書を読みやすくする目的で規定された言語で、1997 年に「OMG」（Object Management Group）により標準化された。

*

オブジェクト指向言語は機能ごとにプログラムを分割することからプログラムの修正が容易に行なえることや、再利用できるなどの利点がある。

本章では、「UML」を使ってクラスの関係性を可視化し、可読性を向上させる。

*

「UML」には設計書を可視化するために、「クラス図」「オブジェクト図」「パッケージ図」「コンポジット図」「コンポーネント図」「配置図」が使われる。

ここでは、**「クラス図」**について解説する。

■ 16.2.2 クラス図

「クラス図」とは、「UML」の基本となる図の 1 つ。

「クラス図」を使うことで、たとえプログラムが複雑であったとしてもプログラムを示さずに他者に全体像を説明できる。

*

「クラス図」は、システムを構成するクラスの関係を表現する。

各クラス（**図 16.7**）は、「クラス名」「属性」「メソッド」の要素で構成される。

| クラス名 |
| 属性 |
| メソッド |

図 16.7　クラスの要素

クラスの要素を示す場合には、属性やメソッドの「スコープ」を示す必要がある。

「クラス図」では、これらの「スコープ」を示すため、「属性名」や「メソッド名」の前に記号（**表 16.13**）をつける。

表 16.13　「スコープ」を表わす記号とその意味

記　号	意　味
+	public な変数やメソッドを示す
-	private な変数やメソッドを示す
#	protected な変数やメソッドを示す

16.3　「GUI アプリケーション」の作成

「Python」は、「オブジェクト指向」の言語であり、役割ごとにクラスに分けることでプログラムを作成しやすくなる。

ここでは、「GUI アプリケーション」を作成し、オブジェクト指向プログラムの考え方について解説する。

■ 16.3.1　GUI アプリケーションの概要

本章では、GUI アプリケーションの例として**「アリ巡回プログラム」**を示す。

これは、アリがどのようにして散乱しているゴミを数か所に集めるのかをシミュレーションするもの。

具体的には、

・アリがキャンバス上をランダムに巡回する。
・もしもアリがゴミに衝突した場合はそのゴミを拾う。
・別のゴミに衝突した場合は持っているゴミをその場に置く。

アリがこのような行動を繰り返し行なうことで、開始時は散乱していたゴミが結果的に数か所に集められる。

*

アリの行動パターンを**表 16.14**に示す。

表 16.14　アリの行動パターン

条　件	行　動
アリが壁に衝突した場合	移動する向きの変更
ゴミを持っているアリがゴミに衝突した場合	持っているゴミを置く
ゴミを持っていないアリがゴミに衝突した場合	衝突したゴミを拾う

　以降のプログラム（**図 16.8**）では、アリを白、ゴミをピンクの四角で表現し、ゴミをもっているアリは黒の四角を一部に描く。

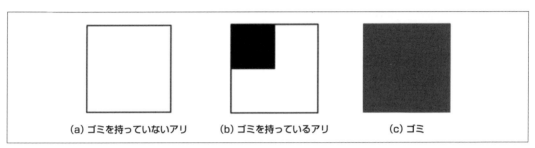

(a) ゴミを持っていないアリ　　　(b) ゴミを持っているアリ　　　(c) ゴミ

図 16.8　キャンバスに表示する図形

　本節で作る GUI の完成例を**図 16.9** に示す。

　アリやゴミの数は、テキストボックスに入力された値によって調節し、開始ボタンやリセットボタンなどを使ってウィンドウを操作する。

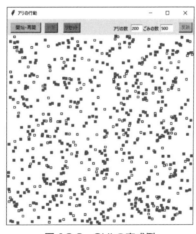

図 16.9　GUI の完成例

■ 16.3.2　プログラムのクラス図とクラスの詳細

　ここでは、アリ巡回プログラムのクラス図を示し、各クラスの詳細を解説する。
　アリ巡回プログラムでは、アリ、ゴミとウィンドウの操作など、役割ごとにクラスを分割してプログラムを作る。
　これらのクラスの関連性を示すために、本プログラムのクラス図を**図 16.10** に、各クラスの概要を**表 16.5** に示す。

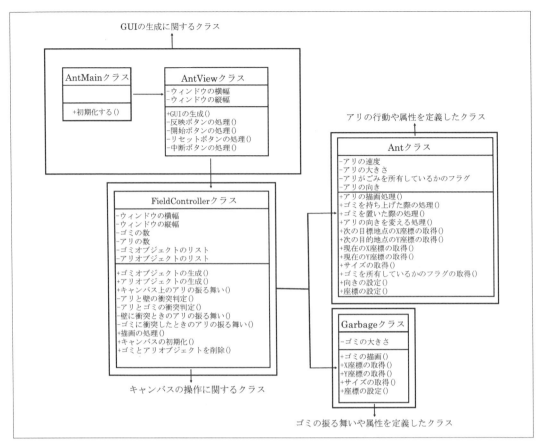

図 16.10　アリ巡回プログラムのクラス図

表 16.15　アリ巡回プログラムのクラス内容

クラス	クラスの解説
「AntMain」クラス	「AntMain」クラスは、本プログラムを実行するために必要なクラス。「AntMain」クラスは、本プログラムの画面である「AntView」クラスに対してメッセージを送る。
「AntView」クラス	「AntView」クラスは、GUI の生成とボタンによる描画処理を管理するクラス。「FieldController」クラスに対してメッセージを送る。
「FieldController」クラス	「FieldController」クラスは、キャンバス上にてアリがゴミや壁と接触した場合の動作を定義したクラス。「Ant」クラスと「Garbage」クラスにメッセージを送る。
「Ant」クラス	「Ant」クラスは、アリの属性と振る舞いについて定義したクラス。
「Garbage」クラス	「Garbage」クラスは、ゴミの属性と振る舞いについて定義したクラス。

■ 16.3.3　アリ巡回プログラムの作成

　ここでは、GUI の技術とアリ巡回プログラムのクラス図を使って、アリ巡回プログラムを**プログラム 16.3 ～プログラム 16.7** に示す。

＊

　まず、GUI の詳細を**図 16.11** に示す。

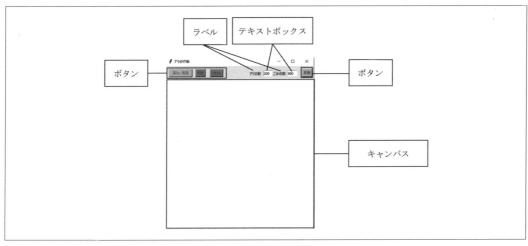

図16.11　GUIの詳細

　GUIには、「4つのボタン」「2つのテキストボックス」「2つのラベル」「キャンバス」から構成される。

　それぞれのボタンが押された場合の動作を**表16.16**に示す。

表16.16　作成するボタンと動作

ボタン名	動　作
反映	テキストボックスに入力された数のアリとゴミをキャンバスに反映
開始・再開	アニメーションの開始または一時停止後の再開
中断	アニメーションの一時停止
リセット	キャンバスの初期化

　本プログラムでは、クラスごとにファイルを分割し、クラス図をもとにクラスをインポートする（8.2.5 参照）。

プログラム16.3　「AntMain」クラス（antmain.py）

```
001 from antview import AntView              #AntView クラスの読み込み
002
003 class AntMain( ):                        #AntMain クラスの定義
004     def initialize(self):                # 初期化を行なうメソッドの定義
005         antview = AntView(width = 500, height = 500)
                                             #AntView のインスタンス化
006         antview.create_GUI( )            #GUI を生成するメソッドの呼び出し
007
008 def main( ):                             #main 関数の定義
009     antmain = AntMain( )                 #AntMain クラスのインスタンス化
010     antmain.initialize( )                # 初期化を行なうメソッドの呼び出し
011
012 if __name__ == "__main__":               #__name__ が __main__ の場合
013     main( )                              #main 関数の実行
```

【プログラム解説】

001 行目	「import 文」と「from 文」を使って、「antview」モジュールから「AntView」クラスをインポートする。
003 行目	「AntMain」クラスを定義する。
004 行目〜 006 行目	「AntView」クラスを初期化し、GUI の初期化を行なう「initialize」メソッドを定義する。
008 行目〜 010 行目	「main」関数を定義し、「AntMain」クラスの作成と GUI の作成、初期化を行なう。
012 行目〜 013 行目	プログラムが単体実行されたときのみ「main」関数を呼び出す。

プログラム 16.4 「AntView」クラス (antview.py)

```
001 from fieldcontroller import FieldController    #FieldController クラスの読み込み
002 import time                                    #time モジュールの読み込み
003 import tkinter as tk                           #tkinter モジュールを tk として
                                                       読み込み
004
005 class AntView( ):                              #AntView クラスの定義
006
007     def __init__(self, width, height):        #GUI の値を初期化するメソッドの定義
008         self.width = width                    #GUI の横幅の初期値を代入
009         self.height = height                  #GUI の縦幅の初期値を代入
010
011     def create_GUI(self):                     #GUI を生成するメソッドの定義
012         self.root = tk.Tk( )                  #Tk クラスのインスタンス化
013         self.root.title(" アリの行動 ")       # ウィンドウのタイトルの設定
014         self.root.geometry(                   # ウィンドウのサイズの指定
                str(self.width) + "x" +
                str(self.height+40))
015
016         self.canvas = tk.Canvas(              #Canvas クラスのインスタンス化
                self.root,                        # メインウィンドウの指定
                width = self.width,               # 横幅の値を代入
                height = self.height,             # 縦幅の値を代入
                bg = "white")                     # 背景色を white に設定
017         Self.canvas.place(x = 0, y = 40)      #Canvas の配置
018
019         self.start_btn = tk.Button(           # 開始ボタンの作成
                self.root,                        # メインウィンドウの指定
                text = " 開始・再開 ",            # ボタンのテキストの設定
                command = self.start,             # 実行するメソッドの指定
                width = 10,                       # 横幅の値を代入
                state = "disable",                # ボタンの状態の指定
                bg="#c6ff8c")                     # 背景色を #c6ff8c に設定
020         self.start_btn.place(x = 10, y =10)   # ボタンの配置
021
022         self.pause_btn = tk.Button(           # 中断ボタンの作成
                self.root,                        # メインウィンドウの指定
                text = " 中断 ",                  # ボタンのテキストの設定
                command = self.pause,             # 実行するメソッドの指定
                state = "disable",                # ボタンの状態の指定
                bg = "#ff8c8c")                   # 背景色を #ff8c8c に設定
```

```
023            self.pause_btn.place(x = 100, y = 10)      # ボタンの配置
024
025            self.reset_btn = tk.Button(               # リセットボタンの作成
                   self.root,                            # メインウィンドウの指定
                   text = " リセット ",                   # ボタンのテキストの設定
                   command = self.reset,                 # 実行するメソッドの指定
                   state = "disable",                    # ボタンの状態の指定
                   bg = "#ff8c8c")                       # 背景色を #ff8c8c に設定
026            self.reset_btn.place(x = 150, y = 10)      # ボタンの配置
027
028            ant_label = tk.Label(text = " アリの数 ")    # ラベルのテキストの設定
029            ant_label.place(x = 280, y = 15)           # ラベルの位置の指定
030            self.ant_txt = tk.Entry(width = 5)          # テキストボックスの作成
031            self.ant_txt.insert(0, "200")              # テキストボックスを挿入する値の設定
032            self.ant_txt.place(x = 330, y = 15)         # テキストボックスの配置
033
034            garbage_label = tk.Label(text = " ゴミの数 ")  # ラベルのテキストの設定
035            garbage_label.place(x = 360, y = 15)        # ラベルの位置の設定
036            self.garbage_txt = tk.Entry(width = 5)      # テキストボックスの作成
037            self.garbage_txt.insert(0, "500")          # テキストボックスを挿入する値の設定
038            self.garbage_txt.place(x = 410, y = 15)     # テキストボックスの配置
039
040            self.reflect_btn = tk.Button(             # 反映ボタンの作成
                   self.root,                            # メインウィンドウの指定
                   text = " 反映 ",                       # ボタンのテキストの設定
                   state = "normal",                     # ボタンの状態の指定
                   command = self.reflect,               # 実行するメソッドの指定
                   bg = "#c6ff8c")                       # 背景色を #c6ff8c に設定
041            self.reflect_btn.place(x = 460, y = 10)     # ボタンの配置
042            self.root.mainloop( )                     # ユーザーの操作を待機
043
044     def reflect(self):                             # 反映ボタンの処理
045            self.ant_num =
                   int(self.ant_txt.get( ))            # テキストボックスの取得
046            self.garbage_num =
                   int(self.garbage_txt.get( ))        # テキストボックスの取得
047
048            self.start_btn["state"] = "normal"      # 開始ボタンの有効化
049            self.reset_btn["state"] = "normal"      # リセットボタンの有効化
050            self.reflect_btn["state"] = "disable"   # 反映ボタンの無効化
051
052            self.field_controller =
                   FieldController(                    # クラスのインスタンス化
                       self.root,                      # メインウィンドウの指定
                       self.canvas,                    # キャンバスの指定
                       self.width,                     # ウィンドウの横幅を定義
                       self.height,                    # ウィンドウの縦幅を定義
                       self.garbage_num,               # ゴミの数の変数を定義
                       self.ant_num)                   # アリの数の変数を定義
053            self.field_controller.create_ant_obj( )     # アリオブジェクトの生成
054            self.field_controller.create_garbage_obj( )  # ゴミオブジェクトの生成
055            self.field_controller.draw( )           # 描画の処理
056            self.root.mainloop( )                   # ユーザーの操作を待機
057
058     def start(self):                               # 開始ボタンの処理
```

```
059        self.reflect_btn["state"] = "disable"          # 反映ボタンの無効化
060        self.start_btn["state"] = "disable"            # 開始ボタンの無効化
061        self.pause_btn["state"] = "normal"             # 中断ボタンの有効化
062        while True:                                    # アニメーションの繰り返し
063            self.field_controller.ant_behave( )        # アリの振る舞い
064            self.field_controller.draw( )              # 描画の処理
065            self.field_controller.delete_all( )        # キャンバスのオブジェクト
                                                              を削除
066            time.sleep(0.1)                            # 0.1 秒待機
067
068    def reset(self):                                   # リセットボタンの処理
069        self.field_controller.delete_all( )            # キャンバスのオブジェクトを削除
070        self.field_controller.delete_obj( )            # アリとゴミオブジェクトを削除
071        self.start_btn["state"] = "disable"            # 開始ボタンの無効化
072        self.pause_btn["state"] = "disable"            # 中断ボタンの無効化
073        self.reset_btn["state"] = "disable"            # リセットボタンの無効化
074        self.reflect_btn["state"] = "normal"           # 反映ボタンの有効化
075        self.root.mainloop( )                          # ユーザーの操作を待機
076
077    def pause(self):                                   # 中断ボタンの処理
078        self.start_btn["state"] = "normal"             # 開始ボタンの有効化
079        self.root.mainloop( )                          # ユーザーの操作を待機
```

【プログラム解説】

001 行目～ 003 行目	「import 文」と「from 文」を使って、「FieldController」クラス、「time」モジュールと「tkinter」モジュールをインポートする。
005 行目～ 079 行目	GUI の生成と管理に関する処理をまとめた「AntView」クラスを定義する。
007 行目～ 009 行目	GUI の横幅と縦幅を初期化する「AntView」クラスのコンストラクタを定義する。
011 行目～ 042 行目	GUI 上のボタン、ラベル、テキストボックスとキャンバスを生成する「create_GUI」メソッドを定義する。
012 行目	「Tk」クラスをインスタンス化する。
013 行目	ウィンドウのタイトルを設定する。
014 行目	ウィンドウのサイズを設定する。
016 行目	「Canvas」クラスをインスタンス化し、キャンバスの横幅と縦幅、背景色を設定する。
017 行目	canvas の配置位置を設定する。
019 行目	ボタン「start_btn」を作成し、ボタンのテキストと横幅、背景色を設定し、実行するためのメソッド、ボタンの状態を設定する。
020 行目	ボタン「start_btn」の配置位置を設定する。
022 行目	ボタン「pause_btn」を作成し、ボタンのテキストと背景色を設定し、実行するためのメソッド、ボタンの状態を設定する。
023 行目	ボタン「pause_btn」の配置位置を設定する。
025 行目	ボタン「reset_btn」を作成し、ボタンのテキストと背景色を設定し、実行するためのメソッド、ボタンの状態を設定する。

026 行目	ボタン「reset_btn」の配置位置を指定する。
028 行目〜 032 行目	ラベル「ant_label」とテキストボックス「ant_txt」を設定し、位置とテキストボックスの配置位置を設定する。
034 行目〜 038 行目	ラベル「garbage_label」とテキストボックス「garbage_txt」を設定し、位置とテキストボックスの配置位置を設定する。
040 行目	ボタン「reflect_btn」を作成し、ウィンドウのテキストと背景色を設定し、実行するための関数、ボタンの状態を設定する。
041 行目	ボタン「reflect_btn」の配置位置を指定する。
042 行目	ユーザーからの何らかの操作を待機する。
044 行目〜 056 行目	反映ボタンが押された場合に起動する「reflect」メソッドを定義する。
045 行目〜 046 行目	「ant_txt」と「garbage_txt」のテキストを取得する。
048 行目〜 050 行目	ボタン「start_btn」、「reset_btn」と「reflect_btn」のボタン状態を設定する。
052 行目	「FieldController」クラスをインスタンス化し、ウィンドウの横幅と縦幅、ゴミの数の変数、アリの数の変数を定義する。
053 行目〜 056 行目	アリオブジェクトとゴミオブジェクトを生成し、描画の処理を行なって、ユーザーからの何らかの操作を待機する。
058 行目〜 066 行目	開始ボタンが押された場合に起動する「start」メソッドを定義する。
059 行目〜 061 行目	ボタン「reflect_btn」、「start_btn」と「pause_btn」のボタン状態を設定する。
062 行目〜 066 行目	繰り返し処理でアリの振る舞いを設定する。
068 行目〜 075 行目	リセットボタンが押された場合に起動する「reset」メソッドを定義する。
069 行目〜 070 行目	キャンバスのオブジェクトを削除し、アリオブジェクトとゴミオブジェクトを削除する。
071 行目〜 075 行目	ボタン「start_btn」、「pause_btn」、「reset_btn」と「reflect_btn」のボタン状態を設定し、ユーザーからの何らかの操作を待機する。
077 行目〜 079 行目	中断ボタンが押された場合に起動する「pause」メソッドを定義する。ボタン「start_btn」のボタン状態を設定し、ユーザーからの何らかの操作を待機する。

プログラム 16.5 「FeildController」クラス（fieldcontroller.py）

```
001 from ant import Ant              #Ant クラスの読み込み
002 from garbage import Garbage      #Garbage クラスの読み込み
003 import random                    #random モジュールの読み込み
004 import math                      #math モジュールの読み込み
005
006 class FieldController( ):         #FieldController クラスの定義
007     TOP = 1                      #TOP の初期化
008     LEFT = 2                     #LEFT の初期化
009     BOTTOM = 3                   #BOTTOM の初期化
010     RIGHT = 4                    #RIGHT の初期化
011     ants = []                    # アリオブジェクトの初期化
012     garbages = []                # ゴミオブジェクトの初期化
013     connection = {}              # アリとゴミの辞書の初期化
014
015     def __init__(                # コンストラクタの定義
            self, root,              # メインウィンドウの指定
```

```
              canvas, width,                           # キャンバスの幅の定義
              height, garbage_num, ant_num):           # パラメータの定義
016           self.width = width                       # 横幅の代入
017           self.height = height                     # 縦幅の代入
018           self.garbage_num = garbage_num           # ゴミの数の代入
019           self.ant_num = ant_num                   # アリの数の代入
020           self.root = root                         # メインウィンドウの指定
021           self.canvas = canvas                     # キャンバスの指定
022
023       def create_garbage_obj(self):                # ゴミオブジェクトの生成
024           for i in range(self.garbage_num):        # ゴミの数だけ繰り返し
025               garbage = Garbage( )                 # インスタンス化
026               garbage.set_coordinates(
                      random.uniform(1,
                          self.width-garbage.get_size( ) - 1),
                      random.uniform(1,
                          self.height-garbage.get_size( ) - 1))
                                                       # 座標の設定
027               self.garbages.append(garbage)        # リストに追加
028
029       def create_ant_obj(self):                    # アリオブジェクトの生成
030           for i in range(self.ant_num):            # アリの数だけ繰り返し
031               ant = Ant( )                         # インスタンス化
032               ant.set_coordinates(
                      random.uniform(1,
                          self.width-ant.get_size( ) - 1),
                      random.uniform(1,
                          self.height - ant.get_size( ) - 1))
                                                       # 座標の設定
033               self.ants.append(ant)               # リストに追加
034
035       def ant_behave(self):                        # アリの振る舞いの定義
036           for target_ant in self.ants:             # アリオブジェクトの繰り
                                                       #   返し動作
037               move = True                          # move に True を代入
038               target_x =
                      target_ant.get_target_x( )       # 移動先の X 座標を取得
039               target_y =
                      target_ant.get_target_y( )       # 移動先の Y 座標を取得
040               size = target_ant.get_size( )        # 大きさを取得
041               wall = self.hit_wall(                # アリと壁の衝突判定
                      target_x,                        # 移動先の X 座標
                      target_y,                        # 移動先の Y 座標
                      size)                            # アリの大きさ
042
043               if wall != None:                     # 壁に衝突した場合
044                   self.action_hit_wall(
                          target_ant, wall)            # 衝突した場合の動作
045                   move = False                     # move に False を代入
046
047               target_garbage =self.hit_garbage_at( # アリとゴミの衝突判定
048                   target_x,                        # 移動先の X 座標
049                   target_y,                        # 移動先の Y 座標
050                   size)                            # アリの大きさ
051
052               if target_garbage != False:          # ゴミに衝突した場合
053                   self.action_hit_garbage(
```

```
                              target_ant,
                              target_garbage)            # 衝突した場合の動作
054                      move = False                    #move に False を代入
055
056              if move:                                #move が True の場合
057                  target_ant.set_coordinates(
                         target_x, target_y)             # 座標を設定
058
059      def hit_wall(self, x, y, size):                 # アリと壁の衝突判定
060          if y <= 1:                                  # 座標とウィンドウの比較
061              return self.TOP                         # 上の壁の値を返す
062          elif x <= 1:                                # 座標とウィンドウの比較
063              return self.LEFT                        # 左の壁の値を返す
064          elif self.height - size - 1 <= y:           # 座標とウィンドウの比較
065              return self.BOTTOM                      # 下の壁の値を返す
066          elif self.width - size - 1 <= x:            # 座標とウィンドウの比較
067              return self.RIGHT                       # 右の壁の値を返す
068
069      def hit_garbage_at(self, x, y, size):           # アリとゴミの衝突判定
070          for g in self.garbages:                     # ゴミオブジェクトの繰り
                                                         # 返し動作
071              if (max(x, g.get_x( )) <= min(
                     x + size, g.get_x( ) + g.get_size( ))
                     and max(y, g.get_y( )) <=
                     min(y + size, g.get_y( ) + g.get_size( ))):
                                                         # アリとゴミの座標比較
072                  return g                            # 戻り値としてゴミオブ
                                                         # ジェクトを返す
073          return False                                # 戻り値として False を返す
074
075      def action_hit_wall(self, ant, wall):           # 壁に衝突した場合の動作
076          if wall == self.TOP:                        # 上の壁の場合
077              ant.set_direction(
                     (random.random( ) + 1.0) * math.pi) # 向きの変更
078          elif wall == self.LEFT:                     # 左の壁の場合
079              ant.set_direction(
                     (random.random( ) + 1.5) * math.pi) # 向きの変更
080          elif wall == self.BOTTOM:                   # 下の壁の場合
081              ant.set_direction(
                     random.random( ) * math.pi)         # 向きの変更
082          elif wall == self.RIGHT:                     # 右の壁の場合
083              ant.set_direction(
                     (random.random( ) + 0.5) * math.pi) # 向きの変更
084
085      def action_hit_garbage(self, ant, garbage):     # ゴミに衝突した場合の
                                                         # メソッドの定義
086          if ant.get_flag( ):                         # ゴミを持っていた場合
087              garbage = self.connection[ant]          # 持っているゴミを代入
088              self.connection.pop(ant)                # 辞書からアリを削除
089              garbage.set_coordinates(
                     ant.get_target_x( ),
                     ant.get_target_y( ))                # ゴミの配置座標を設定
090              self.garbages.append(garbage)           # リストに追加
091              ant.put_garbage( )                      # アリがゴミを置いた場合の処理
092          else:                                       # ゴミを持っていない場合
093              self.connection[ant] = garbage          # ゴミとアリを関連させる
094              self.garbages.remove(garbage)           # リストから削除
```

```
095              ant.lift_garbage( )          # ゴミを持ち上げる
096          ant.turn_direction( )            # 向きの変更
097
098      def draw(self):                      # 描画に関するメソッドの定義
099          for a in self.ants:              # リストから取り出す
100              a.draw(self.canvas)          # キャンバスに描画
101          for g in self.garbages:          # リストから取り出す
102              g.draw(self.canvas)          # キャンバスに描画
103          self.root.update( )              # ウィンドウの更新
104
105      def delete_all(self):                # すべてのオブジェクトを削除するメソッドの定義
106          self.canvas.delete("field")      # キャンバスのオブジェクトを削除
107
108      def delete_obj(self):                # オブジェクトを削除するメソッドの定義
109          self.ants.clear( )               # アリオブジェクトの削除
110          self.garbages.clear( )           # ゴミオブジェクトの削除
```

【プログラム解説】

001 行目〜 004 行目	「import 文」と「from 文」を使って、「Ant」クラス、「Garbage」クラス、「random」モジュールと「math」モジュールをインポートする。
006 行目〜 110 行目	アリとゴミの行動に関する処理を行なう「FieldController」クラスを定義する。
007 行目〜 013 行目	「FieldController」クラスの「クラス変数」を初期化する。
015 行目〜 021 行目	メインウィンドウの基本設定、ゴミの数、アリの数、キャンバスと「FieldController」クラスのコンストラクタを定義する。
023 行目〜 027 行目	「FieldController」クラスのゴミオブジェクトを生成する「obj_create」メソッドを呼び出す「create_garbage_obj」メソッドを定義する。
029 行目〜 033 行目	「FieldController」クラスのアリオブジェクトを生成する「obj_create」メソッドを呼び出す「create_ant_obj」メソッドを定義する。
035 行目〜 057 行目	アリの振る舞いに関する「ant_behave」メソッドを定義する。まず、アリが次に動く X 座標と Y 座標を取得する。次に、その座標が壁やゴミに衝突しているかどうかを判定する。そして、アリの次の行動を条件によって決定する。
059 行目〜 067 行目	壁に衝突しているかどうかを判定する「hit_wall」メソッドを定義する。この場合、アリの X 座標と Y 座標は左上の頂点の座標であるため、壁の下側や右側の衝突判定は、アリの大きさを加算した値を使って判定する。
069 行目〜 073 行目	アリとゴミが衝突しているかどうかを判定する「hit_garbage_at」メソッドを定義する。この場合、衝突判定はアリとゴミの左上と右下の頂点を比較する。
075 行目〜 083 行目	アリの移動方向を変更する「action_hit_wall」メソッドを定義する。この場合、アリと壁が衝突した後、移動方向をランダムに設定する。
085 行目〜 096 行目	アリとゴミが衝突していた場合のアリの行動に関する「action_hit_garbage」メソッドを定義する。アリがゴミを持っていた場合、そのゴミを現在位置に設置し、新たなゴミを拾い、ゴミを持っていなかった場合は新たなゴミを拾う。
098 行目〜 103 行目	アリとゴミをキャンバス上に描画する「draw」メソッドを定義する。
105 行目〜 106 行目	画面上のキャンバスのオブジェクトを削除する「delete_all」メソッドを定義する。
108 行目〜 110 行目	アリとゴミをすべて削除する「delete_obj」メソッドを定義する。

プログラム 16.6 「Ant」クラス（ant.py）

```
001 import random                                    #random モジュールの読み込み
002 import math                                      #math モジュールの読み込み
003
004 class Ant( ):                                     #Ant クラスの定義
005
006     def __init__(self):                           # コンストラクタの定義
007         self.size = 5                             # 大きさの初期値を代入
008         self.speed = 4                            # スピードの初期値を代入
009         self.garbage_flag = False                 # ゴミを持っているかどうか
010         self.direction =random.random( )          # 向きの設定
011
012     def draw(self, canvas):                       # アリの描画を行なうメソッドの定義
013         if(self.garbage_flag):                    # ゴミを持っている場合
014             canvas.create_rectangle(              # 四角形の描画
                    self.x,                           # 左上頂点の x 座標の設定
                    self.y,                           # 左上頂点の y 座標の設定
                    self.x + self.size,               # 右下頂点の x 座標の設定
                    self.y + self.size,               # 右下頂点の y 座標の設定
                    outline = "black",                # 枠線の色を black に設定
                    tag = "field")                    # タグの設定
015             canvas.create_rectangle(              # 四角形の描画
                    self.x,                           # 左上頂点の x 座標の設定
                    self.y,                           # 左上頂点の y 座標の設定
                    self.x + self.size / 2,           # 右下頂点の x 座標の設定
                    self.y + self.size / 2,           # 右下頂点の y 座標の設定
                    outline = "black",                # 枠線の色を black に設定
                    fill = "black",                   # 図形の色を black に設定
                    tag = "field")                    # タグの設定
016         else:                                     # ゴミを持っていない場合
017             canvas.create_rectangle(              # 四角形を描く
                    self.x,                           # 左上頂点の x 座標の設定
                    self.y,                           # 左上頂点の y 座標の設定
                    self.x + self.size,               # 右下頂点の x 座標の設定
                    self.y + self.size,               # 右下頂点の y 座標の設定
                    outline = "black",                # 枠線の色を black に設定
                    tag = "field")                    # タグの設定
018
019     def lift_garbage(self):                       # ゴミを拾うメソッドの定義
020         self.garbage_flag = True                  #True を代入
021
022     def put_garbage(self):                        # ゴミを置く場合のメソッドの定義
023         self.garbage_flag = False                 #False を代入
024
025     def turn_direction(self):                     # アリの移動方向を変更するメソッドの定義
026         self.direction += (math.pi
                + (random.random( )))                 #180°～約 237° 回転させる
027
028     def get_target_x(self):                       # 次の目的地の x 座標を取得するメソッドの定義
029         return (self.x
                + math.cos(self.direction)
                * self.speed)                         # 戻り値として計算後の値を返す
030
031     def get_target_y(self):                       # 次の目的地の y 座標の取得するメソッドの定義
032         return (self.y
```

```
            math.sin(self.direction)
                * self.speed)              # 戻り値として計算後の値を返す
033
034    def get_x(self):                     # 現在のX座標の取得するメソッドを定義
035        return self.x                    # 戻り値としてX座標の値を返す
036
037    def get_y(self):                     # 現在のY座標の取得するメソッドを定義
038        return self.y                    # 戻り値としてY座標の値を返す
039
040    def get_size(self):                  # 大きさの値の取得するメソッドを定義
041        return self.size                 # 戻り値として大きさの値を返す
042
043    def get_flag(self):                  # ゴミの所持を確認するメソッドを定義
044        return self.garbage_flag         # 戻り値としてフラグを返す
045
046    def set_direction(self, direction):  # 方向の設定をするメソッドを定義
047        self.direction = direction       # 引数の値を代入
048
049    def set_coordinates(self, x, y):     # 座標の設定をするメソッドを定義
050        self.x = x                       # 引数の値を代入
051        self.y = y                       # 引数の値を代入
```

【プログラム解説】

001 行目～ 002 行目	「import 文」を使って、「random」モジュールと「math」モジュールをインポートする。
004 行目～ 051 行目	アリの行動と属性を管理する「Ant」クラスを定義する。
006 行目～ 010 行目	アリの属性を初期化する「Ant」クラスのコンストラクタを定義する。
012 行目～ 017 行目	アリを表わす図形をキャンバスに描画する「draw」メソッドを定義する。この場合、ゴミの有無で描画方法が異なる（図 16.8）。
019 行目～ 020 行目	アリがゴミを拾う「lift_garbage」メソッドを定義する。
022 行目～ 023 行目	ゴミを置く「put_garbage」メソッドを定義する。
025 行目～ 026 行目	アリの移動方向を変更する「turn_direction」メソッドを定義する。
028 行目～ 029 行目	アリが次に移動するX座標を取得する「get_target_x」メソッドを定義する。
031 行目～ 032 行目	アリが次に移動するY座標を取得する「get_target_y」メソッドを定義する。
034 行目～ 035 行目	アリのX座標を取得する「get_x」メソッドを定義する。
037 行目～ 038 行目	アリのY座標を取得する「get_y」メソッドを定義する。
040 行目～ 041 行目	アリの大きさを取得する「get_size」メソッドを定義する。
043 行目～ 044 行目	アリに対するゴミの有無を取得する「get_flag」メソッドを定義する。
046 行目～ 047 行目	アリの移動方向を設定する「set_direction」メソッドを定義する。
049 行目～ 051 行目	アリの座標を設定する「set_coordinates」メソッドを定義する。

プログラム 16.7　「Garbage」クラス（garbage.py）

```
001 class Garbage( ):                       #Garbage クラスの定義
002
003    def __init__(self):                  # コンストラクタの定義
004        self.size = 5                     # 大きさの初期値を代入
005
006    def draw(self,canvas):                # ゴミの描画処理を行なうメソッドの定義
```

```
007          canvas.create_rectangle(        # 四角形の描画
                self.x,                       # 左上の頂点のX座標を定義
                self.y,                       # 左上の頂点のY座標を定義
                self.x + self.size,           # 右下の頂点のX座標を定義
                self.y + self.size,           # 右下の頂点のY座標を定義
                outline = "#ff00ff",          # 外枠の色を #ff00ff に設定
                fill = "#ff00ff",             # 図形の色を #ff00ff に設定
                tag = "field")                # タグの設定
008
009      def get_x(self):                     #X座標を取得するメソッドを定義
010          return self.x                    # 戻り値としてX座標の値を返す
011
012      def get_y(self):                     #Y座標を取得するメソッドを定義
013          return self.y                    # 戻り値としてY座標の値を返す
014
015      def get_size(self):                  # 大きさの値を取得するメソッドを定義
016          return self.size                 # 戻り値として大きさの値を返す
017
018      def set_coordinates(self, x, y):     # 座標の設定をするメソッドを定義
019          self.x = x                       # 引数の値を代入
020          self.y = y                       # 引数の値を代入
```

【プログラム解説】

001 行目～ 020 行目	ゴミの振る舞いと属性を管理する「Garbage」クラスを定義する。
003 行目～ 004 行目	ゴミの大きさを初期化する「Garbage」クラスのコンストラクタを定義する。
006 行目～ 007 行目	ゴミを表わす図形をキャンバス上に描画する「draw」メソッドを定義する。
009 行目～ 010 行目	ゴミのX座標を取得する「get_x」メソッドを定義する。
012 行目～ 013 行目	ゴミのY座標を取得する「get_y」メソッドを定義する。
015 行目～ 016 行目	ゴミの大きさを取得する「get_size」メソッドを定義する。
018 行目～ 020 行目	ゴミの座標を設定する「set_coordinates」メソッドを定義する。

【実行結果】

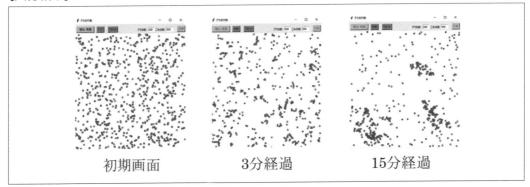

初期画面　　　　3分経過　　　　15分経過

実行結果では、時間の経過に応じてゴミが集まり、15 分後には 3 箇所に集まった。
アリはランダムに動くため、実行する度にゴミの集められる位置は変化する。

索 引

■略歴

[監修]

田中　成典（たなか　しげのり）：関西大学・教授

[編者]

鳴尾　丈司（なるお　たけし）：関西大学・特別任命教授
小林　孝史（こばやし　たかし）：関西大学・准教授
山本　雄平（やまもと　ゆうへい）：関西大学・助教

[編著者]

坂本　一磨（さかもと　かずま）：公立小松大学・助教
田中　ちひろ（たなか　ちひろ）：元；関西大学・特別任命助教

[編著者]（関西大学総合情報学部 4 年）

大上　航平（おおうえ　こうへい）：枚方高等学校
飛田　和輝（ひだ　かずき）：桃山学院高等学校
森　泰斗（もり　やすと）：浜松北高等学校

[著者]（関西大学総合情報学部 3 年）

松本　航希（まつもと　こうき）：追手門学院高等学校
小谷　季輝（こたに　としき）：刀根山高等学校
加藤　光稀（かとう　こうき）：甲南高等学校

[執筆者]（関西大学総合情報学部 3 年）

卜　文昊（ぼく　ぶんごう）：黒龍江省肇東市第一中学
方　俊（ほう　しゅん）：湖北省鄂州市第四中学
近藤　龍（こんどう　りゅう）：済美高等学校
山﨑　雄人（やまざき　ゆうと）：長浜北高等学校
金子　竜也（かねこ　たつや）：高知追手前高等学校

[分担執筆者]（関西大学総合情報学部 3 年）

北原　信（きたはら　しん）：関西大学北陽高等学校
小島　惇史（こじま　あつし）：六甲学院高等学校
大淵　慶輝（おおぶち　よしき）：生野高等学校

[分担協力者]（関西大学総合情報学部 3 年）

杉浦　悠斗（すぎうら　ゆうと）：佼成学園高等学校
土田　陸雄（つちだ　りくお）：関西大学北陽高等学校

本書の内容に関するご質問は、
①返信用の切手を同封した手紙
②往復はがき
③E-mail　editors@kohgakusha.co.jp
のいずれかで、工学社編集部あてにお願いします。
なお、電話によるお問い合わせはご遠慮ください。

サポートページは下記にあります。

[工学社サイト]
http://www.kohgakusha.co.jp/

Ⅰ/ＯBOOKS
Python教科書

2022 年 3 月 30 日　第 1 版第 1 刷発行　©2022
2024 年 3 月 5 日　第 1 版第 2 刷発行

監　修　　田中　成典
発行人　　星　正明
発行所　　株式会社工学社
〒160-0011　東京都新宿区若葉1-6-2 あかつきビル201
電話　　（03）5269-2041（代）[営業]
　　　　（03）5269-6041（代）[編集]
振替口座　00150-6-22510

※定価はカバーに表示してあります。

印刷：シナノ印刷（株）　　　　　　　　　　　　ISBN978-4-7775-2187-6